Contemplatio coeli stellati

Deutsche Literatur
von den Anfängen bis 1700

Herausgegeben von
Alois Maria Haas

Band 11

PETER LANG
Bern · Frankfurt am Main · New York · Paris

Bruno Rieder

Contemplatio coeli stellati

Sternenhimmelbetrachtung in der geistlichen Lyrik des 17. Jahrhunderts

Interpretationen zur neulateinischen Jesuitenlyrik, zu Andreas Gryphius und zu Catharina Regina von Greiffenberg

PETER LANG
Bern · Frankfurt am Main · New York · Paris

CIP-Titelaufnahme der Deutschen Bibliothek

Rieder, Bruno:
Contemplatio coeli stellati: Sternenhimmelbetrachtung in der
geistlichen Lyrik des 17. Jahrhunderts; Interpretation zur neulateinischen Jesuiten-
lyrik, zu Andreas Gryphius und zu Catharina Regina von Greiffenberg / Bruno
Rieder. – Bern; Berlin; Frankfurt am Main; New York; Paris: Lang, 1991
    (Deutsche Literatur von den Anfängen bis 1700; Bd. 11)
    Zugl.: Zürich, Univ., Diss., 1990/91
    ISBN 3-261-04347-4
NE: GT

Die vorliegende Arbeit wurde von der Philosophischen Fakultät I
der Universität Zürich im Wintersemester 1990/91 auf Antrag von
Herrn Prof. Dr. Urs Herzog als Dissertation angenommen.

© Verlag Peter Lang AG, Bern 1991
Nachfolger des Verlages
der Herbert Lang & Cie AG, Bern

Druck: Weihert-Druck GmbH, Darmstadt

Meinen Eltern in Dankbarkeit

INHALTSVERZEICHNIS

II

Zur Einrichtung der Arbeit

Literaturangaben werden in den Fussnoten bloss verkürzt angeführt, d.h. unter Angabe des Verfassernamens und eines Stichworts aus dem Titel. Für die vollständigen Angaben vergleiche man das Literaturverzeichnis.

Quellenzitate erfolgen nach Möglichkeit originalgetreu, mit Ausnahme von geringen, unwesentlichen, typographischen Abweichungen.

Bibelzitate sind entnommen der Luther-Bibel ("Biblia Germanica"), Wittenberg 1545 (siehe Literaturverzeichnis!).

Abbildungen finden sich jeweils auf separaten Seiten gleich anschliessend an deren Erwähnung im Text oder in den Fussnoten.

Abkürzungen

(Für die vollständigen Angaben vgl. das Literaturverzeichnis).

Lexika:

HWbPh	Ritter (Hrsg.), Historisches Wörterbuch der Philosophie.
LCI	Kirschbaum (Hrsg.), Lexikon der christlichen Ikonographie.
LThK	Höfer/Rahner (Hrsg.), Lexikon für Theologie und Kirche.

Jesuiten:

FN IV	Ribadeneyra, Vita Ignatii Loyolae (=Fontes Narrativi de S. Ignatio de Loyola et de Societatis Iesu Initiis. IV).

Andreas Gryphius:

GA I - III	Gesamtausgabe der deutschsprachigen Werke, hrsg. v. Marian Szyrocki u. Hugh Powell, Bd. 1-3.

Catharina Regina von Greiffenberg :

S W	Sämtliche Werke, hrsg. v. Martin Bircher u. Friedhelm Kemp.
L I	Des Allerheiligsten Lebens JESU Christi Sechs andächtige Betrachtungen (= SW 5/6).
L II	Des Allerheiligsten Lebens JESU Christi Ubrige Sechs Betrachtungen (= SW 7/8).
M	Der Allerheiligsten Menschwerdung, Geburt und Jugend JEsu Christi zwölf Andächtige Betrachtungen (= SW 3/4).
P	Des Allerheiligst- und Allerheilsamsten Leidens und Sterbens Jesu Christi, Zwölf andächtige Betrachtungen (= SW 9/10).
Son.	Geistliche Sonnette, Lieder und Gedichte (= SW 1).

VORWORT

Andächtige Betrachtung des gestirnten Himmels - geistliche Gedichte des 17. Jahrhunderts, die diese Situation zu ihrem Inhalt haben, bilden den Gegenstand der folgenden Arbeit. Beabsichtigt ist also nicht eine Sammlung von Belegstellen für die Sternenbildlichkeit in der Barocklyrik. Vielmehr sollen eingehende und detaillierte Interpretationen von wenigen Gedichten exemplarisch zeigen, wie sich religiöse Heilserwartung im 17. Jahrhundert raum-zeitlich konkretisiert im Rahmen des damals gültigen Weltbildes. Damit sollen die entsprechenden Gedichte aber auch nicht bloss als Korrelate zu sozial-, kultur-, frömmigkeits- und mentalitätsgeschichtlichen Phänomenen und Entwicklungen, sondern in ihrem spezifisch literarischen Eigenwert wahrgenommen werden. Dieser allerdings kann nicht nach irgendwelchen "überhistorischen" Kriterien bestimmt werden, sondern nur durch eine präzise Analyse der Texte, die sich des jeweiligen Kon-Texts (Weltbild, Theologie, literarische Tradition, biographische Bezüge u.a.) und der damaligen literarischen Produktions- und Rezeptionsbedingungen, soweit sich dies heute noch erschliessen lässt, bewusst ist.

Die Texte in ihrer historischen Fremdheit zu rezipieren, heisst in diesem konkreten Fall auch, die geistlichen Gedichte in ihrem christlichen Selbstverständnis und der erbaulichen Wirkungsabsicht ernstzunehmen, also weder eine vermeintlich notwendige "Ehrenrettung" vorzunehmen, indem man die Autoren und Autorinnen insgesamt als (Krypto-)Häretiker zu erweisen sucht, noch sie einem durch die Kategorie der Säkularisierung geprägten "Fortschritts"-Schema einzufügen. Dem widerspricht nicht, dass auch die folgende Arbeit auf die an den Texten feststellbaren Unterschiede und Wandlungen in der poetisch-geistlichen Wahrnehmung und Deutung des Sternenhimmels hinweist. Am Paradigma der *Contemplatio coeli stellati* erweist sich das 17. Jahrhundert in besonders augenfälliger Weise als Zeitalter des Übergangs, der Gleichzeitigkeit des Ungleichzeitigen: (immer noch) Renaissance der Antike, Fortleben mittelalterlicher Schemata und Anbruch der Neuzeit, wobei u. E. auf dem literarischen Feld, insofern es Gegenstand dieser Arbeit ist, die Rückbindung an das Tradierte dominiert gegenüber den Anzeichen der "Moderne".

Die gedrängte Erläuterung des Voraussetzungssystems der barocken Sternenhimmelbetrachtung wie auch die Frage nach der Rezeption der sogenannten "Kopernikanischen Wende" nimmt demnach das erste Kapitel der vorliegenden Arbeit ein. Deren Ausgangspunkt war das Gryph'sche Sonett "An die Sternen". Es soll im mittleren, dritten Kapitel interpretiert und in den Kontext des gesamten lyrischen Werkes von Andreas Gryphius gestellt werden. Die Suche nach weiteren Sternengedichten konnte und wollte keine Vollständigkeit anstreben, dennoch wurde versucht, einen einigermassen repräsentativen Überblick zu erhalten. Die Ausbeute an Gedichten, in deren Zentrum die *Contemplatio coeli stellati* steht, war recht bescheiden. Zwei auffallende Schwerpunkte ergaben sich dabei.

Eine erste auffällige Häufung vor Gryphius fand sich zu Beginn des Jahrhunderts bei den Neulateinern des Jesuitenordens, namentlich beim Belgier Bernhardus Bauhusius, beim Deutschen Jakob Bidermann und beim Polen Mathias C. Sarbiewski. Gedichte dieser drei Autoren werden im zweiten Kapitel untersucht. Das besondere Interesse der Jesuitendichter am Thema der Sternenhimmelbetrachtung hat seine Wurzel in der Gewohnheit des Ordensgründers Ignatius, seinen Geist beim Anblick des gestirnten Himmels zu Gott zu erheben und so auf das eschatologische Ziel auszurichten. Die Interpretation neulateinischer Literatur bedeutet im konkreten Einzelfall meist nach wie vor, völliges Neuland zu betreten, ohne sich auf Vorarbeiten und Hilfsmittel stützen zu können. Die literarische Qualität der Texte und die Vielfalt in der poetischen Behandlung des Themas lohnen jedoch u. E. die Mühe.

Das vierte Kapitel der Arbeit ist schliesslich einer protestantischen Dichterin und Mystikerin aus der zweiten Hälfte des Jahrhunderts gewidmet, Catharina Regina von Greiffenberg. Deren Natur-Andacht, obwohl in der Methode ganz der mittelalterlichen Allegorese verpflichtet, ist dennoch bereits unverwechselbares Zeugnis ihrer persönlichen Glaubenserfahrung und weist so über das 17. Jahrhundert hinaus. Im Schlusskapitel wird ein Gedicht vom Ende des 17. Jahrhunderts, die "Gedanken bei dem Gestirne" von Albrecht Christian Rotth, Gelegenheit bieten zum knappen Vergleich der verschiedenen lyrischen Gestaltungen der *Contemplatio coeli stellati* sowie zu einer Besinnung auf das der Sternenhimmelbetrachtung eigene utopische Moment.

Die vorliegende Arbeit wurde angeregt von Prof. Urs Herzog, dem ich an dieser Stelle auch für deren grosszügige Begleitung und die hilfreichen Hinweise danken möchte. Durch seine Lehrveranstaltungen weckte er mein Interesse für die Welt der Barockliteratur und führte vor, wie sich intensive Beschäftigung mit den Einzeltexten und eine "interdisziplinäre" Betrachtungsweise fruchtbar ergänzen. Prof. Alois M. Haas schulde ich Dank für die Aufnahme der Arbeit in die Reihe "Deutsche Literatur von den Anfängen bis 1700".

Gewidmet seien diese Studien zur barocken Sternenhimmelbetrachtung meinen Eltern, die mir in selbstloser und grosszügiger Weise mein Studium ermöglichten. An der Fertigstellung der Arbeit haben nicht geringen Anteil meine Obern und Mitbrüder im Kloster Disentis, denen ebenfalls herzlich gedankt sei, besonders Abt Pankraz Winiker für die Gewährung des nötigen Freiraums, P. Daniel Schönbächler für die Durchsicht des Manuskripts und die wertvollen Hinweise zur Sprachgestalt, P. Martin Heitfeld für die Überprüfung der lateinischen Übersetzungen, P. Pirmin Gnädinger für die Hilfe bei der Textverarbeitung und Br. Marcel Bosshard für die Beratung bei der graphischen Gestaltung. P. Willi Schnetzer SJ gewährte bereitwillig die Benützung der "Jesuitenbibliothek" der Provinz der Schweizer Jesuiten in Zürich.

I. BEDINGUNGEN DER BAROCKEN "CONTEMPLATIO COELI"

1. Einleitung

> ... so gibt der Anblick eines bestirnten Himmels bei einer heitern Nacht eine Art des Vergnügens, welches nur edle Seelen empfinden.[1]
>
> (I. Kant 1755)

> Nichts schien ihm [= Kopernikus] der Betrachtung eines weisen Mannes, und eines unsterblichen Geistes würdiger zu sein, als das prächtige Gebäude des Himmels: welches zwar den Unwissenden als ein blosses Gewölbe vorkommt, das unsern Erdboden bedeckt, und mit viel tausend glänzenden Lampen geschmückt ist; von Sternsehern aber, als ein unermesslicher Raum für unzählige Weltkugeln, ja als eine prächtige Schaubühne angesehen wird, darauf sich die göttliche Allmacht und Weisheit, in aller ihrer Majestät und Grösse darstellen.[2]
>
> (J. Chr. Gottsched 1743)

1.1 Philosophen, Astronomen und Dichter

Zwei Zitate aus der Mitte des 18. Jahrhunderts, von zwei Gelehrten, die wir gewohnt sind, als typische Aufklärer in die Geistesgeschichte einzuordnen. Der aufklärerische Impetus wird zwar auch in den zitierten Gedanken zur *Consideratio*

---

1 Kant, Naturgeschichte S. 369.
2 J. Chr. Gottsched, Gedächtnisrede auf den unsterblich verdienten Domherren in Frauenburg Nicolaus Coppernicus, Leipzig 1743, S. 128 f., zitiert in: Blumenberg, Genesis S. 22.

1

Coeli manifest, und dennoch sind die beiden Äusserungen getragen von einer eigentümlichen Ergriffenheit und religiösen Gestimmtheit. Das Faszinosum des nächtlichen Sternenhimmels erfasst auch noch die beiden Aufklärer, wie vor ihnen unzählige Menschen in allen Kulturen und Religionen.[1] Dem Himmel und den Gestirnen eignete seit jeher ein religiöser Charakter, sei es, dass Himmelskörper als göttliche Symbole oder selbst als Götter verehrt wurden, sei es durch ihre Bedeutung für den Ablauf der Zeiten, für den Regelkreis von Wachstum und Vergehen. Ja, in der veränderten Darstellung der Gestirne und ihrer Ordnung spiegeln sich die Änderungen der Weltbilder in einem umfassenden Sinn.

Doch kehren wir zu unseren beiden Zitaten zurück, besonders zu demjenigen Gottscheds. Es markiert einerseits deutlich die Abgrenzung zur vorausgehenden Zeit des Mittelalters und des Barocks, d.h. zur vorkopernikanischen Zeit. Erst seit ca. 1730 hatte sich das heliozentrische Weltbild endgültig durchgesetzt.[2] Wie wir später noch sehen werden, war das an biblischen und antiken Vorstellungen orientierte geozentrische Weltbild durchs ganze 17. Jahrhundert durchwegs noch geläufig, auch in gebildeten und gelehrten Kreisen. Für diese aus seiner Sicht primitiv-mythischen Vorstellungen hat Gottsched nur noch Verachtung übrig. Das ehemals geschlossene Sphärenmodell hat sich für ihn zum unendlichen Raum geweitet mit nun "unzähligen Weltkugeln".

Die Gegenüberstellung von vor- und nachkopernikanischem Weltbild[3] verknüpft Gottsched mit dem Gegensatzpaar

---

1 Vgl. Lemke, Sonne S. 9. Als Beleg aus der Antike sei ein Epigramm des berühmten Astronomen Ptolemaios angeführt: "Wenn ich - obschon ein Sterblicher und unbeständig - nur eben aufzusehen vermag zum nächtlichen Sternenheer, / Dann steh' ich nicht länger auf der Erde: ich bin dem Schöpfer nahe, und mein lebender Geist trinkt Unsterblichkeit."(zitiert in: Wildiers, Weltbild S. 38).

2 Vgl. Junker, Weltraumbild S. 11; Kuhn, Revolution S. 228-231; Krafft, Stellung S. 158-160.

3 "Kopernikanisch" wird im folgenden in einem erweiterten Sinn verstanden als das umfassende neue kosmologische System der Welt, das sich im

von Weisem und Unwissendem, ein Motiv, welches uns auch im Gryph'schen Epigramm auf Kopernikus begegnen wird. Der Himmel soll nicht bloss Objekt kindlich-mythischer Phantasie, sondern bevorzugter Gegenstand gelehrter Zuwendung sein; als Zugangsform nennt Gottsched aber bemerkenswerterweise nicht wissenschaftlich-empirische Neugier, sondern meditierende Betrachtung als Erkenntnisform des Weisen, des Philosophen. Damit ist der Bogen geschlagen zum 17. Jahrhundert, das zwar eine ausgebildete fachwissenschaftliche Astronomie kannte (man denke nur an Namen wie Galilei, Kepler, Tycho Brahe), das sich aber insbesondere in der Dichtung kaum für technisch-astronomische Fragen interessierte. Für die barocken Dichter, aber ebenso für viele Astronomen, hiess Sternenbeobachtung in erster Linie Lesen im Buch der Natur[1], um so die Allmacht und Weisheit Gottes zu erfahren sowie Lehre fürs christliche Leben zu empfangen. Auf den ersten Blick scheint auch Gottsched ungebrochen diese Tradition fortzuführen; die Metapher der "Schaubühne" korrespondiert zur ebenfalls dem Bereich der Poetik entnommenen vom "Buch". Wenn er im Bild vom göttlichen Theater implizit auch die beiden horazischen Funktionen der Dichtung auf den Himmel überträgt: das *delectare* (durch seine Pracht und Schönheit) und das *prod-esse* (im Verweis auf den ewigen Gott und die Vergänglichkeit des Menschen),[2] so scheint darin auch noch von ferne die didaktische Funktion der Allegorese nachzuhallen. Doch genaueres Hinschauen macht deutlich: Die Metapher ist zum leeren Klischee geworden, das nicht darüber hinwegtäuschen kann, dass

---

16./17. Jahrhundert entwickelte und wovon das Werk des Kopernikus nur einen Teil bildete.

1 So verstand Kepler seine Tätigkeit als Astronom als "Priesterdienst am Buch der Natur" (Hübner, Naturwissenschaft S. 337).

2 Vgl. auch das Kant-Zitat, der ja das Diktum in seiner "Kritik der praktischen Vernunft" (A 288) wiederaufnehmen wird in Verknüpfung mit dem Sittengesetz: "Zwei Dinge erfüllen das Gemüt mit immer neuer und zunehmender Bewunderung und Ehrfurcht, je öfter und anhaltender sich das Nachdenken damit beschäftigt: Der bestirnte Himmel über mir, und das moralische Gesetz in mir."

in Konsequenz der neuzeitlichen Naturwissenschaft begriffliche Erfassung der Welt und Anschauung auseinandergefallen sind, Theorie nicht mehr "anschauende Betrachtung"[1] ist. Ersatz dafür wird die ästhetische Betrachtung der Natur als Landschaft sein, die im Gefühl und in der Empfindung erneut versucht, sich des Ganzen und Unbedingten zu vergewissern, das im Sinnenfälligen der Natur erscheint. Gottsched bleibt noch stehen zwischen zerbrochener, unglaubwürdig gewordener alter Weltsicht und neuem Naturzugang, im Raum abstrakt-rationalistischer Weltkonstruktion, die bloss poetisch drapiert wird. Bei Kant hingegen ist der Schritt vollzogen zur ästhetischen Vergegenwärtigung der dem Sternenhimmel einwohnenden Idee des "Übersinnlichen".[2]

Bei den zu behandelnden Dichtern der Barockzeit ist die Einheit von Schau und (begrifflich-deutender) Betrachtung noch gegeben, und zwar im Medium der Allegorese und der noch vorhandenen Totalität religiöser Welterfahrung. Dennoch werden die ersten Anzeichen des Wandels erkennbar sein, gespiesen aus verschiedenen Quellen: frömmigkeitsgeschichtliche Verinnerlichung und Individualisierung, eine z.T. einseitig futurisch ausgerichtete Eschatologie, lutherische Gnaden- und Rechtfertigungstheologie, Verunsicherung durch die neuen Ergebnisse der Naturwissenschaft. Keinesfalls jedoch sollte versucht werden, aufgrund von Systematisierungszwängen abstrakter Epocheneinteilungen Umwälzungen und Geisteshaltungen in Texte hineinzulesen, die solches bei genauer Analyse gar nicht hergeben. Wenigstens andeutungsweise sollte dieses erste Kapitel solche hermeneutische Bedingtheiten, Gebrochenheiten des Zugangs bewusst machen.

---

1 Ritter, Landschaft S. 144.
2 Vgl. dazu ebd. S. 148 (bes. Anm. 29, S. 176 f.) u. S. 156 f.

4

1.2 Der religiöse Verweischarakter des Sternenhimmels

Wir sahen bereits, dass der Himmel und die Gestirne in einem engen Verhältnis zu religiösen Vorstellungen stehen. Dennoch bleibt noch genauer zu bestimmen, was diese Metapher vor andern im religiösen Kontext auszeichnet. Konkret gefragt: Was rechtfertigt es, für die vorliegende Arbeit zur geistlichen Lyrik des 17. Jahrhunderts gerade Gedichte an die Sterne auszuwählen? Wären andere Motive nicht repräsentativer und ergiebiger gewesen?

Mit der Bestimmung der, um es so zu nennen, religiösen Dignität der Sternenhimmelmetapher wird sich zugleich eine erste und vorläufige Übersicht ergeben über die verschiedenen Motivkomplexe, die in den Kontext der Sternen-Thematik gehören. Genauere Erläuterungen werden dann im Rahmen der Gedichtinterpretationen folgen. Betrachten wir also zunächst in geraffter Form die "Metaphysik des Sternenhimmels"[1].

a) Kosmos und Totalität

Im Rahmen des mittelalterlichen Weltbildes[2] sind der Himmel und die Gestirne konstituierende Teile des Kosmos und markieren die Umschliessung der Totalität der Welt. Sie sind also nicht bloss deren Teile, sondern meinen in ihrer Exteriorität zugleich das Ganze der Natur bzw. Schöpfung.[3] Zudem

---

[1] Biese, Poesie S. 247.

[2] Unter mittelalterlich-antikem Weltbild wird im folgenden das auf antiken und biblisch-christlichen Traditionen beruhende geozentrische Sphärenmodell des Kosmos verstanden. Innerhalb dieses Grundrasters liess es eine beträchtliche Spannbreite von kosmologischen Anschauungen zu.

[3] Vgl. den Beginn von Buch II der "Naturgeschichte" Plinius des Aelteren, einer wichtigen Quelle für die mittelalterliche Kosmologie: *Mundum et hoc quodcumque nomine alio caelum appellare libuit, cuius circumflexu degunt cuncta, ...* (Plinius, Naturkunde S. 14). Plinius seinerseits lässt Platon, Timaios 28 b anklingen; vgl. auch Aristoteles, Himmel S. 85: "Denn das Ganze und das All pflegen wir Himmel zu nennen." - Zur eminenten Bedeutung des Plinius für das Mittelalter vgl. Crombie, Augustinus S. 12 f.

5

verdeutlichen die Hierarchie der Sphären und der regelhafte Lauf der Sterne in augenfälligster Weise die Ordnung (Kosmos) der Welt,[1] unter deren Seinsregionen nach antiker Vorstellung der Sternenhimmel den höchsten Rang einnimmt.

Suche nach einem Weltmodell heisst denn auch in der Wissenschaftsgeschichte weitgehend Suche nach der Harmonie der Welt.[2] Dieses Streben hat seine Wurzeln bereits in pythagoräischen Vorstellungen und bestimmt als zentrales Erkennntnisinteresse noch weitgehend die Forschungen von Kopernikus[3] und Kepler[4]. Die Erforschung und Betrachtung der Gestirne darf so als ganz wesentliches Medium der Suche nach dem, was die Welt eint und begründet, also nach Gott, gelten. Solange die Gestirne noch nicht bloss "kalkulierte Bestandteile der Welt"[5] sind, konstituiert sich in ihrer Betrachtung noch der Gegensatz von Faktizität und Utopie, können sie so auch zu Vehikeln literarischer Reflexion werden.

Zugleich definiert der Mensch vermittels der Himmelsbetrachtung seine eigene Stellung im kosmischen Ordo.[6] *Contemplatio Coeli* führt so automatisch auch zur Selbsterkenntnis des Menschen, der in der Konfrontation mit den kosmischen Gesetzen seine eigene Macht und Machtlosigkeit ermittelt.[7]

b) Scharnier zwischen Diesseits und Jenseits

Christlich gesehen, sind die Sterne vorerst Teil der Welt qua Schöpfung: sie sind menschlichem Sehen zugänglich und den Naturgesetzen unterworfen. Zugleich gehören sie aber

---

1 Vgl. Ritter, Landschaft S. 147 f: "Der Himmel ist in der Tradition der philosophischen Theorie immer die Sichtbarkeit des Kosmos als 'Weltordnung' und seine scheinende Gegenwart."

2 Vgl. Lemke, Sonne S. 140.

3 Vgl. Kuhn, Revolution S. 175-186.

4 Vgl. ebd. S. 213 und S. 221.

5 Lemke, Sonne S. 152.

6 Zur Geschichte der "Formel von der Bestimmung des Menschen zum *contemplator caeli* " vgl. Blumenberg, Contemplator.

7 Vgl. Blumenberg, Genesis S. 40.

6

auch schon dem nicht-irdischen Bereich an, sind im doppelten Sinn des Wortes himmlisch, sind Vorweis auf ein Transzendentes; oder um mit poetischen Bildern zu sprechen, sind Augen Gottes oder Fenster des Himmels[1], nehmen also "so etwas wie eine physiognomische Qualität"[2] an. Ein weiteres Zeichen ihrer "Jenseitigkeit" ist ihre Unveränderlichkeit und Unzerstörbarkeit, die sich abhebt von der Vergänglichkeit alles Irdischen, wenn auch nur in einem relativen Sinn. Denn die in der Antike absolute Antinomie zwischen der ewigen, unvergänglichen Himmelsregion und dem wandelbaren, zufälligen Bereich des Irdischen galt christlich nur noch sehr eingeschränkt - auch schon vor der Erhebung der Erde zu einem Stern unter Sternen durch die kopernikanische Wende.

c) Die Zweideutigkeit des Himmels[3]

"Himmel" meint bis heute, besonders in einem christlichen Kontext, ein Zweifaches:[4] Zuerst bedeutet der Ausdruck auch etymologisch das Dach über der Erde[5], das "blaue Gewölbe", worüber sich Gottsched lustig machte. Das Grimm'sche Wörterbuch definiert dies so:

> unter himmel ist verstanden das gesamte himmelsgewölbe, das die erde einschliesst und an dem die gestirne sich befinden.[6]

Diese erste Bedeutung des Himmels kann in einem alltäglich-mythischen Sinn gemeint sein, wie er uns auch heute noch geläufig ist, oder auch in einem astronomisch-technischen

---

1 Siehe unten S. 203 f.
2 Blumenberg, Contemplator S. 118.
3 Der Ausdruck wird verwendet bei Blumenberg, Genesis, Erster Teil, bes. S. 23.
4 Vgl. zum Begriff im allg. den entsprechenen Artikel im HWbPh, Bd. 3, Sp. 1127-1130.
5 Vgl. Grimm, Wörterbuch Bd. IV, 2, Sp. 1332.
6 Ebd. Sp. 1333.

Sinn als die verschiedenen Sphären, die die Erde umgeben, insbesonders die äusserste, der Fixsternhimmel.[1]

Durch seinen Charakter als "das Äusserste und das Obere"[2] wurde der Himmel jedoch auch zum Ort Gottes bzw. der Götter,[3] wobei Himmel nun meist den "Ort" jenseits des materiell-physischen Himmels meint. Die jüdisch-christliche Kosmologie entwarf deshalb auch die Vorstellung von mehreren Himmeln, indem sie zwei weitere Himmel über dem Fixsternhimmel, den "cristallischen" und den "feuerhimmel, die eigentliche wohnung gottes"[4] annimmt. In Erweiterung dieser Vorstellung wird der Himmel dann zum "Ort" der Heiligen und Seligen, zum Ort des ewigen Glücks nach dem Tode.[5] Dem Begriff des Himmels wohnt also schon von Anbeginn die Ambivalenz von Immanenz und Transzendenz inne, was ihn zum Gegenstand geistlicher Dichtung in besonderem Masse prädestiniert. In seiner Zweideutigkeit als materiell-geschaffener Himmel und als Bild für das Göttlich-Unvergängliche ist er zudem gleichzeitig verhüllend und offenbarend - ein weiteres produktives Moment für die Poesie, wie wir sehen werden.

d) Sehnsucht und Erfüllung

Eng verknüpft mit den beiden vorangehenden Aspekten ist das Motivpaar von Sehnsucht und Erfüllung. Religiöse Heilserwartung muss ihren konkret-sinnlichen Ausdruck fin-

---

1 Zu den Einzelheiten dieses Welt-Modells siehe unten S. 25 und S. 29 f.
2 Aristoteles, Himmel S. 85.
3 Vgl. Grimm, Wörterbuch Bd. IV,2, Sp. 1337. - Religionsgeschichtlich ist jedoch die "Entmythologisierung" des Himmels zu einem "Gewölbe" (im griechischen Kulturbereich bei den Vorsokratikern) bzw. einem Teil der Schöpfung (Judentum) sekundär gegenüber der primären Divinisierung.
4 Ebd. Sp. 1333.
5 Die Vorstellung vom Himmel als dem Ort der Toten bzw. Seligen drang erst in hellenistischer Zeit in die jüdische Religion ein, die bisher bloss die "Unterwelt" (Scheol) gekannt hatte. Besondere Bedeutung für die Versetzung der Insel der Seligen von der Unterwelt in den Himmel kommt Plato und Cicero zu. Vgl. Lang/McDannell, Himmel S. 36.

den.[1] Die Sterne in ihrer Scharnierfunktion eignen sich als solche Symbole religiöser Sehnsucht in besonderem Masse. Sie sind für den Menschen sichtbar, insofern in der Nähe, zugleich aber nach irdischem Massstab in unendlicher Ferne, womit sie die Polarität von irdischem Verlangen und himmlischer Befriedigung modellhaft verkörpern.[2] Sie ermöglichen es dem Gläubigen, die jenseitige Erfüllung antizipierend bereits zu erleben, und verbürgen gleichsam die Realität der himmlischen "Utopie", die damit nicht mehr Utopie ist, sondern in eine sinnlich erfahrbare Heilstopographie eingebunden ist.

Jedoch muss sich die Himmelsbetrachtung immer ihres vorläufigen Charakters bewusst sein. Das Glücksverlangen kann und darf - nach christlichem Verständnis - an der Welt nicht endgültig befriedigt werden.[3] *Contemplatio Coeli* kann so zwar Station auf dem Heilsweg des Menschen sein, wird aber letztlich immer transzendiert auf die ewige Himmelsschau, die *visio beatifica* hin.

e) Der Sternenhimmel in der Bibel

Nach diesen bisher mehr allgemein-religionsphänomenologischen Überlegungen braucht kaum betont zu werden, dass die Verwendung der Sternenhimmmelbildlichkeit ihre Verankerung ebenfalls in biblischen Texten hat. Die zwar nicht überaus zahlreichen einschlägigen Stellen tauchen in der geistlichen Literatur immer wieder auf und besitzen verbindliche Autorität bis in Details der Formulierung in Gedichten. Es kann wohl kaum genug betont werden, dass die Bibel bis in die Barockzeit in allen Bereichen des kulturellen Ausdrucks Norm und Exempel bot, in besonderem Masse auch für die Dichtung Stoff und Sprachform zur Verfügung stellte.[4]

---

1 Vgl. Lorenzer, Konzil; Steck, Transformation S. 262-264.
2 Vgl. Blumenberg, Genesis S. 28.
3 Ebd. S. 39.
4 Vgl. Dyck, Ticht-Kunst S. 156.

f) Licht und Dunkel

Bisher sprachen wir vom Himmel und den Gestirnen in einer abstrakten, kosmologischen Art und Weise, blendeten jedoch aus, dass sich deren Betrachtung konkret in der Nacht im Angesicht des funkelnden Lichtermeeres abspielt. Untrennbar mit dem gestirnten Himmel verbunden ist also die Antinomie von Nacht, Finsternis und Dunkelheit gegenüber Licht und Helligkeit.

Die Sterne werden ja erst vor der Folie der dunklen Nacht sichtbar, sind mit dieser verbunden und ihr entgegengesetzt. Es lässt sich unschwer vermuten, dass die barocke Lust am Paradox und an der Antithetik sich dieses Themas bemächtigt. Dessen verschiedene Aspekte sollen an dieser Stelle nicht weiter erläutert werden, sondern den Interpretationen vorbehalten bleiben. Hingewiesen sei nur noch auf die zentrale Rolle, die das Licht in der christlichen Theologie vor allem unter neuplatonischem Einfluss seit den Anfängen spielte, was im Mittelalter in einer eigentlichen Lichtmetaphysik und -theologie gipfelte[1] und so auch kosmologische und eschatologische Vorstellungen prägte[2].

2. Kopernikanische Wende in der Barocklyrik?

Gegenstand unserer Arbeit werden Gedichte des 17. Jahrhunderts sein. Bereits 1543 hatte Kopernikus seine Schrift "De Revolutionibus Orbium Caelestium" veröffentlicht, Johannes Kepler lebte von 1573-1630, Galileo Galilei von 1564-1642. Diese Daten sollen anzeigen, wie naheliegend die Vermutung wäre, wir hätten es in der Barockdichtung mit einer nachkopernikanischen Kosmologie zu tun, oder doch zumindest liessen sich Spuren der Auseinandersetzung um altes und neues Weltbild finden.

---

[1] Vgl. Hedwig, Sphaera. Weitere Lit. siehe unten S. 123.
[2] Vgl. Lang/McDannell, Himmel S. 120-127.

Doch wie bereits Chr. Junker in seiner breitangelegten Arbeit "Das Weltraumbild in der deutschen Lyrik von Opitz bis Klopstock" feststellte, werden diese Erwartungen durchwegs enttäuscht.[1] Belege für die Rezeption des neuen Weltbilds[2] sind äusserst spärlich, etwa bei Gryphius, Logau, Scheffler, und selbst diese sind zumeist kaum eindeutige Bekenntnisse zum heliozentrischen Entwurf der Welt. Als markantestes Beispiel einer Hinwendung zu Kopernikus wird meist das Gryph'sche Epigramm gleichen Titels angeführt.[3] Unsere Interpretation wird jedoch zeigen, dass es auch Gryphius kaum um ein entschiedenes Eintreten für die neue Astronomie geht, dass andere Anliegen eher im Vordergrund stehen.

Der obige Befund mag umsomehr erstaunen, als die neuen Ergebnisse der damaligen astronomischen Wissenschaft in den gelehrten Kreisen durchaus bekannt waren, und z.B. ein Buch, das ansonsten eindeutig dem antik-mittelalterlichen, geozentrischen Weltbild verpflichtet ist, mehrmals Kepler als Autorität zitieren kann.[4] Die Gründe für dieses Auseinanderklaffen von wissenschaftlicher Erkenntnis und Alltagsbewusstsein hinsichtlich des Weltraumodells werden uns später beschäftigen. Vorerst soll eine Interpretation des genannten Epigramms von Gryphius folgen, an die sich die Erörterung der Ursachen für die

---

1 Junker, Weltraumbild S. 42. Vgl. auch Kühlmann, Wissenschaft S. 125.
2 "Neues Weltbild" wird hier in einem spezifisch astronomisch-kosmologischen Sinn verstanden, nicht in jenem diffus-beliebigen Sinn von "Neuzeitlichkeit" , "Modernität", "Emanzipation", wie er häufig in literaturwissenschaftlichen Arbeiten zur Thematik verwendet wird, um so zu einer vermeintlichen Ehrenrettung der Barockliteratur beizutragen. In diese Richtung zielt z.B. Penkert, Weltbild, wenn sie "eine Selbstregulierung von neuer Offenheit für das Denken über die vielfältigen Erscheinungen der Sinnenwelt" (S. 52) zur Grundlage machen will für das neuzeitliche Weltbild der poetischen Subjektivität im 17. Jahrhundert. Vgl. auch zur spanischen Barockliteratur Hillach, Universalismus, passim.
3 Vgl. Powell, Gryphius, S. 275; Wehrli, Dichter S. 884 f.; Junker, Weltraumbild S. 36 f.
4 So z.B. bei Dilherr, Betrachtungen S. 78 u. 83. Powell, Gryphius S. 275 f. zieht gerade aus solchen isolierten Zitaten weitreichende Folgerungen, um z.B. Gryphius als Vertreter des neuen Weltbildes zu etablieren. Vgl. dagegen Schings, Tradition S. 75.

Nicht-Rezeption des Kopernikus in der Barocklyrik und eine Darstellung des barock-vorkopernikanischen Weltbildes anhand einer Erbauungsschrift von Michael Dilherr anschliessen werden.

2.1 Andreas Gryphius: "Uber Nicolai Copernici Bild"

Das Epigramm fand bereits mehrfache Beachtung in der Gryphius-Literatur. H. Powell nahm es als Beleg für die von ihm behauptete, enge Verbindung Gryphius' zu den damals neuesten Strömungen der Wissenschaft, stellte diesen also in eine Reihe mit Cartesius, Kepler u.a.[1] Mit seiner wenig zwingenden Argumentation setzte sich H. J. Schings kritisch auseinander[2] und kam zum Schluss: "Welten liegen zwischen Descartes und Gryphius"[3]. Schings hebt dabei insbesondere auch die wissenschaftskritische Haltung Gryphius' hervor. Bereits M. Wehrli hatte in seinem 1961 erschienenen Aufsatz "Dichter und Weltraum" zwar noch dessen Ergriffenheit von der neuen Naturwissenschaft und Kosmologie betont, jedoch zugleich auf die auch im Kopernikus-Epigramm aufscheinene Vanitas-Thematik hingewiesen.[4] W. Mauser machte dann darauf aufmerksam,

> dass das erregend Neue auf dem Gebiet der Naturerforschung für Gryphius nicht so sehr als Erkenntniszuwachs, sondern vielmehr als Tugendleistung der Gelehrten rezipierbar war.[5]

---

[1] Powell, Gryphius.
[2] Schings, S. 55 u. 69.
[3] Ebd. S. 75.
[4] Wehrli, Dichter S. 884 f.
[5] Mauser, Dichtung S. 22. - Wenn jedoch Kemper, Lyrik, Bd. 2, S. 62 erneut meint, Gryphius kehre hier "die wissenschaftliche Haltung vervor, die sich zum tradierten und biblisch verbürgten Weltbild in Gegensatz gebracht hat", so übersieht er sowohl die wissenschaftskritischen und eschatologi-

12

W. Kühlmann schliesslich wies 1979 in einem Aufsatz auf ein Vorbild für das Gryph'sche Epigramm in zwei ähnlichen Gedichten des niederländischen Neulateiners Caspar Barlaeus hin.[1]

Doch schauen wir uns das Gedicht näher an, wobei wir der besseren Vergleichbarkeit wegen beide Fassungen anführen:

Fassung 1643:

Uber Nicolai Copernici Bildt.

1 *DU dreymall weiser geist / du mehr den grosser Mann*
Dem nicht die nacht der zeit / dem nicht der blinde wahn
Dem nicht der herbe neidt die sinnen hatt gebunden:
Die sinnen die den lauff der schnellen erden funden.
5 *Der du der alten träum und dünckel widerlegt*
Und uns recht dargethan was lebt undt was sich regt.
Schaw' itzund blüht dein rhumb / den als auff einem wagen
Der kreis auf dem wir sind mus umb die Sonnen tragen.
Wen dis was irdisch ist wird mit der zeit vergehn;
10 *Sol unbewegt dein lob mitt seinem himmel stehn.*[2]

Fassung 1663:

Uber Nicolai Copernici Bild.

1 *Du dreymal weiser Geist / du mehr denn grosser Mann!*
Dem nicht die Nacht der Zeit die alles pochen kan /
Dem nicht der herbe Neyd die Sinnen hat gebunden /

---

schen Aspekte wie auch, dass die Kritik an den Vor-Kopernikanern in religiös-moralischen Termini formuliert ist.

1 Er postuliert das neulateinische Epigramm als direktes Vorbild und kommt zu folgendem Fazit: "Ein genauer Vergleich zeigt Berührungen der Gedanken und argumentativen Formulierung, aber auch einen geistigen Abstand in der grundsätzlichen Bewertung der kopernikanischen Wende." (Kühlmann, Wissenschaft S. 130.)

2 GA II, S. 152 (B).

Die Sinnen / die den Lauff der Erden new gefunden.
5 *Der du der alten Träum und Dunckel widerlegt:*
Und Recht uns dargethan was lebt und was sich regt:
Schaw itzund blüht dein Ruhm / den als auff einem Wagen
Der Kreiss auff dem wir sind muss umb die Sonnen tragen.
Wenn diß was irrdisch ist / wird mit der Zeit vergehn /
10 *Soll dein Lob unbewegt mit seiner Sonnen stehn.*[1]

Das Alexandriner-Epigramm "Uber Nicolai Copernici Bild" steht in der Tradition der Lobepigramme auf bedeutende Personen, gehört somit dem rhetorischen *genus demonstrativum* an. Genauer handelt es sich um ein Porträtepigramm, eine verbreitete späthumanistische Epigrammgattung.[2] Uns wird vor allem interessieren, was Gryphius an Kopernikus denn so besonders faszinierte. In Kontakt mit dessen Lehren kam er wohl über seinen Danziger Lehrer Petrus Krüger, einen eifrigen Anhänger der kopernikanischen Astronomie[3], dem er mehrere Gedichte widmete.[4]

Gryphius hat das Epigramm von der ersten zur zweiten Fassung recht stark überarbeitet, wobei es sich durchwegs um (stilistische) Verbesserungen und (inhaltliche) Präzisierungen handelt, wie unsere Analyse zu zeigen versucht.[5]

Das Lob auf Kopernikus ist durchgehend nach den Vorschriften der Personalpanegyrik gestaltet, jedoch verbunden mit den Erfordernissen des Epigramms nach *brevitas* und *argutia*.[6] Adressat ist unmittelbar der zu Lobende, dessen Qualitäten

---

1 GA II, S. 186 f. (E). Grundlage der Interpretation wird diese Fassung sein.
2 Vgl. Kühlmann, Wissenschaft S. 134. - Zur Gattung und ihren antiken Wurzeln vgl. Laurens, L'épigramme.
3 Vgl. die Anm. in GA II, S. 220; Flemming, Grypius S. 28; Kühlmann, Wissenschaft S. 129.
4 GA I, S. 13/41, S. 84 f.; Jugenddichtungen (Ed. Wentzlaff-Eggebert), S. 185.
5 U.E zu Unrecht meint Kühlmann, Wissenschaft S. 124, es handle sich bloss um "unwesentliche Korrekturen". Wie Mannack, Gryphius S. 236 zur Aussage kommt, in der letzten Fassung werde der Lobpreis des Kopernikus "ein wenig abgeschwächt", bleibt dunkel.
6 Vgl. Rimbach, Epigramm S. 102. Zur Poetik des barocken Epigramms vgl. auch Weisz, Epigramm S. 26-43; Verweyen/Witting, Epigramm.

hyperbolisch geschildert werden. Des Kopernikus Leistung hebt sich umso mehr ab, vor dem Hintergrund eines *contemptus mundi*[1], einer Klage über die Verderbtheit der Welt und der Menschen. Die Neufassung der zweiten Zeile hat neben ihrer reimtechnischen (reinerer Reim durch Kurzvokal) und rhetorischen Funktion (grössere Abwechslung in der syntaktischen Struktur) so auch die Aufgabe, den Gedanken der Vanitas hervorzuheben. Zum Konzept einer Zeit, die alles vernichten ("pochen") und verhöhnen ("pochen")[2] kann, kontrastiert umso mehr die Unvergänglichkeit des kopernikanischen Ruhms. Der Ausdruck "Nacht der Zeit", der uns noch öfter begegnen wird, steht in einer langen spirituellen und exegetischen Tradition.[3] Zeit meint hier die Welt, das irdische, vergängliche Leben im Gegensatz zur Ewigkeit. "Nacht der Zeit" wird demnach zur Kurzformel für die Eitelkeit der Welt an sich, sowie der gegenwärtigen Zeit im besonderen. Des Kopernikus Perspektive ist so eine, die den Weltlauf aus dem Blickwinkel der Ewigkeit untersucht - und erst dies ermöglicht wahre Erkenntnis.

Ebenfalls eine Präzisierung wie im zweiten nahm Gryphius im vierten Vers vor, indem er das völlig Neuartige ("new") der kopernikanischen Wende hervorhebt, welches zu den überholten Vorstellungen "Der alten" (Z. 5) kontrastiert. Kopernikus erscheint hier beinahe als Prototyp des Aufklärers - wie ihn z.B. Kant später beschreiben sollte[4] - , der sich nicht durch Vorurteile und Einbildungen ("Dunckel")[5] beeinflussen lässt. Doch es empfiehlt sich hier, nicht zu vorschnell anachronistische Interpretationsmuster zu verwenden und genauer hinzusehen. Was hat Kopernikus denn eigentlich "new gefunden"? Die Antwort steht in Zeile 4: "den Lauff der (schnellen)

---

1 Vgl. zum Begriff: Art. "Contemptus Mundi", in: Lexikon des Mittelalters, Bd. III, Sp. 186 f.
2 Vgl. zu den beiden Bedeutungsaspekten: Grimm, Wörterbuch Bd. 7, Sp. 1960.
3 Vgl. Lauretus, Silva S. 723; Clark, Gryphius, passim.
4 Kant, Aufklärung S. 55-61.
5 "Dunckel" kann für "Dünkel" stehen (Grimm, Wörterbuch Bd. 2, Sp. 1538). Zur Lesart "dünckell" in E*E vgl. Krummacher, Kritik S. 328.

erden" - und das heisst nichts anderes als: die nun auch im kosmologischen "Emblem" erkennbare Vergänglichkeit und Unbeständigkeit der Erde.[1] Gerade diese Einsicht - wie zentral sie für Gryphius ist, braucht hier nicht betont zu werden - konnte durch ein geozentrisches Weltbild mit einer ruhenden Erde verdunkelt werden (vgl. Fassung 1643, Z. 2: "blinde wahn"). Bloss moderner, dem Mythos vom "wissenschaftlichen Fortschritt" verpflichteter Weltschau scheint das eine seltsame Logik zu sein, nicht jedoch einem Denken, für das die Welt wesentlich noch *mundus symbolicus* ist.

Gryphius interessiert sich also nicht so sehr für die wissenschaftliche Leistung des Kopernikus als solche, sondern vielmehr für den Prototyp des "weisen Geistes" (Z.1)[2], des Tugendhelden[3], der in stoischer *constantia* unbeirrt von "blindem wahn" (Z.2), "herbem Neyd" (Z.3) und "träumen" (Z.5) seinen Weg zur himmlischen Vollendung geht. Der Archetyp des Tugendhelden ist im barocken Verständnis dabei Christus selber.[4] So wurde denn jede Tätigkeit, nicht zuletzt die Dichtung, nach moralischen Gesichtspunkten beurteilt.[5] Kopernikus wird hier dargestellt als geistiger Führer, der den Menschen Einblick gibt in das Wesen der Welt (vgl. Z. 6), welches immer schon christlich gedeutet ist. Die unspezifische Formulierung "was lebt undt was sich regt" mag ein weiterer Hinweis darauf sein, wie wenig Gryphius hier an wissenschaftsspezifischen Fragen interessiert ist, dass es ihm vielmehr ganz allgemein um die Erkennntis der Schöpfung und damit des Schöpfers

---

1 Vgl. auch im "Abend"-Sonett (GA I S. 66) den Ausdruck "Der schnelle Tag".
2 Vgl. dazu Mauser, Dichtung S. 52, nach dem dieser Ausdruck "die Gottgewolltheit der Errungenschafften des Kopernikus zum Ausdruck" bringt.
3 Vgl. ebd. S. 56. Vgl. auch das Sonett auf Petrus Krüger GA I, S. 13/41.
4 Vgl. Scheitler, Lied S. 149.
5 Vgl. z.B. Harsdörffer, Gesprächspiele VII, S. 342-344. Vgl. Mauser, Dichtung S. 216-220.

geht;[1] zudem erscheint im "regt" erneut das Moment der Bewegtheit qua Vergänglichkeit.

Das religiöse Erkennntnisinteresse zeigt sich ebenfalls in den abschliessenden Zeilen, die vom Concetto[2] der Verbindung des heliozentrischen Weltbildes mit dem Ruhm seines Entdeckers leben.[3] Der antike Topos vom Sonnenwagen[4] wird auf das neue System transferiert, indem nun die Erde als Wagen um die Sonne kreist. Zwei Aspekte sind an dieser Stelle am Motiv des Helios auf dem Sonnnenwagen hervorzuheben. Erstens ist damit der Kampf- und Siegeswagen der antiken Imperatoren gemeint, was dann auf den auferstandenen Christus "als Lenker des Alls, ... als den Führer des Menschengespannes zur ewigen Herrlichkeit"[5] übertragen wurde. Damit wird Kopernikus postfigurativ auf Christus hin gedeutet.[6] Kopernikus, der wie Christus die Zeitlichkeit überwunden (Z.1), das All zwar nicht lenkt, aber doch intellektuell in den Griff bekommt (Z. 4/5) und die Menschen durch rechte Einsicht zur Ewigkeit führt (Z. 6).

Der zweite mit dem Sonnenwagen-Motiv verbundene Aspekt ist mit dem Begriff des Kreises angedeutet. Dieser lässt vermuten, dass Gryphius die Keplersche Weiterentwicklung des kopernikanischen Systems (elliptische Bahnen) anscheinend nicht kannte. Oder er bezeugt ein weiteres Mal, dass sich Gryphius nicht in erster Linie für die fachtechnischen

---

1 Kühlmann, Wissenschaft S. 131 deutet die Formulierung als "Ausdruck der Korrespondenz zwischen Makro- und Mikrokosmos".

2 Der Begriff meint scharfsinnige Wort- und Begriffsspiele, in poetischer Form vorgetragene, geistreich zugespitzte Einfälle, die im Leser einen Ueberrraschungseffekt erzeugen. Vgl. Grimm, Bild S. 397 f.; Liwerski, Wörterwerk S. 479; Neumayr, Schriftpredigt S. 125-153; Windfuhr, Bildlichkeit S. 263-276. - Zum Kopernikus-Epigramm vgl. Wehrli, Dichter S. 885.

3 Kühlmann, Wissenschaft S. 136 sieht in diesem Concetto die "Qualität des Poems" begründet.

4 Vgl. Forstner, Welt S. 321-324.

5 Ebd. S. 322. Vgl. die Abbildung des Christos Helios auf einem Deckenmosaik in der Juliergruft im Vatikan bei Schönborn, Christus-Ikone, Abb. 2.

6 Zur Christus-Typologie (-Postfiguration) bei Gryphius vgl. Schöne, Säkularisation S. 37-91.

Aspekte des neuen Weltbildes interessierte. An dieser Stelle soll zu "Kreis" wohl vor allem das Motiv des Kreis-Laufes konnotiert werden: der Kreis als Symbol der Ewigkeit, der Vollkommmenheit, dessen Ende sich im Anfang verliert.[1]

All das tönt nach einer Apotheose des menschlichen Forschergeistes und dessen wissenschaftlichen Ruhmes. Doch - wie bereits angedeutet - "Gryphius denunziert das Pathos menschlicher Grösse als Eitelkeit"[2], hier mit einer der epigrammatischen Form angemessenen Scharfsinnigkeit und Artifizialität. Zahlreiche Anspielungen in den Versen 7 und 8 relativieren die Apotheose: zuerst die zeitliche Fixierung "Itzund", dann die Metapher vom Blühen, einem verbreiteten Sinnbild für Vergänglichkeit[3]; schliesslich die Bewegung des Wagens, was wiederum Vergehen und Unbeständigkeit impliziert. Die neunte Zeile fasst diesen Befund in expliziter Weise zusammen ("Wenn diß was irrdisch ist / wird mit der Zeit vergehn"), worauf dann in einem letzten Umschlag die Schlusspointe folgt.

Das heliozentrische System wird am Ende nochmals transzendiert in die eschatologische Dimension hinein: Im Jenseits wird das Irdische nicht mehr um die Sonne kreisen, sondern in der göttlichen Sonne[4] seine Ruhe finden. Diese Unbewegtheit, die in radikalem Gegensatz zur Vergänglichkeit alles Irdischen steht, kommt auch metrisch zum Ausdruck, indem die letzte Zeile in der zweiten Fassung mit einem Kretikus beginnt[5], was zu einer Diärese vor "unbewegt" führt. In der er-

---

1 Vgl. Lurker, Wörterbuch S. 177-179; Chapeaurouge, Einführung S. 113. GA I, S. 127: "Die Liebe / die sich mir in einem Krantz verehrt / Dem Bild der Ewigkeit / die durch kein End auffhöret".

2 Wehrli, Dichter S. 885.

3 Vgl. Ps. 103, 15 f.; Jes 40, 6 f.; Jöns, Sinnbild S. 237 f.; Lauretus, Silva S. 399.

4 Vgl. GA II, S. 66; Forstner, Welt S. 97 f.; Lurker, Wörterbuch S. 296 f.; Jöns, Sinnbild S. 94-98.

5 Diese Feststellung trifft aber wohl nur in Bezug auf die Rezitation des Verses zu, da in der Poetik des 17. Jahrhunderts die einsilbigen Wörter frei mit einer Hebung oder einer Senkung versehen werden konnten. Vgl. z.B. Buchner, Anleitung S. 116 ff.; Zesen, Hochdeutscher Helikon S. 24. Zu Gryphius vgl. Manheimer, Lyrik S. 4 f.

sten Fassung floss auch dieser Vers noch in gleichmässigen Jamben dahin. Die Umarbeitung hebt nun das entscheidende Wort "unbewegt" durch die neue Stellung zwischen Diärese und Mittelzäsur als erratischen Block hervor.

Aber auch der concettistische Einfall des Epigramms ist in der zweiten Fassung besser gestaltet, indem "himmel" durch "sonnen" ersetzt wird. Nun erst kommt der Gegensatz von Bewegung um die Sonne gegenüber Ruhe in derselben voll zum Tragen. In einem letzten Paradox wird dadurch nochmals die wissenschaftliche Leistung des Kopernikus relativiert und als der irdischen Vergänglichkeit unterworfene denunziert. Im Himmel, d.h. vor Gott werden auch Weltmodelle, wie z.B. das heliozentrische System, hinfällig und lösen sich in die Ein- und Allheit Gottes auf. Bereits im Supplement zur *Summa theologica* des Thomas von Aquin wird entschieden die These vertreten, dass bei der eschatologischen Welterneuerung die Bewegung des Himmels und der Himmelskörper aufhören werde, da der verklärte Mensch ihrer nicht mehr bedürfe.[1]

Hinzuweisen ist ebenfalls auf die Ambiguität des Ausdrucks "dein Lob", der wohl zuerst *pars pro toto* für Kopernikus selber steht,[2] in einem letztgültigen Sinn aber die Tätigkeit der Lobpreisung Gottes durch die Engel und Seligen meint, in die Kopernikus in der Ewigkeit einstimmen wird.[3] Kopernikus wird vom Gelobten zum selber Lobenden, womit auch seine Erkenntnis ihren tiefsten Sinn gefunden hat. Die Wendung vom geozentrischen zum heliozentrischen Weltbild soll Vorbild sein für die spirituelle Wendung des Menschen zur göttlichen Sonne, zu Christus. Die Mittelpunktsfrage ist so nicht eine astronomische, sondern eine theologische Frage.[4] Einen auf-

---

1 Thomas von Aquin, STh, Suppl. qu. 91, art. 2 (=Die deutsche Thomas-Ausgabe, Bd. 36, S. 85-98).
2 Vgl. Kühlmann, Wissenschaft S. 136.
3 Vgl. Mauser, Dichtung S. 52, der "sein Lob (seine Einsicht) als Lob Gottes ... (als unverrückbare Wahrheit)" deutet.
4 Ganz ähnlich argumentiert die Wissenschaftsgeschichte: Die Mittelpunktsfrage sei für die Astronomie eigentlich uninteressant (im Gegensatz zur Kinematik) gewesen, im Zentrum sei sie nur für Theologie und Neuplato-

schlussreichen, zeitgenössischen Beleg dafür bieten Lang/ McDannell am Beispiel des französischen Kardinals Pierre de Bérulle (1575-1629):

> Nach Bérulle ist das neue Weltbild zwar in der Astronomie fragwürdig, in der »Wissenschaft vom Heil« jedoch brauchbar. »In seiner Grösse ist Christus die unbewegliche Sonne, die jede Bewegung verursacht.» Zur Rechten des Vaters sitzend, teilt Jesus «dessen Unbeweglichkeit und veranlasst alle Bewegung. Jesus ist der wahre Mittelpunkt der Welt, und die Welt muss sich stets auf ihn zubewegen. Jesus ist die Sonne unserer Seelen; sie stehen unter seinem Einfluss und erhalten von ihm alle Gnade und Erleuchtung.» Wenn die Welt der Planeten heliozentrisch aufgebaut sein *mag,* so *muss* das religiöse Leben theozentrisch organisiert sein, wobei sich die Seele um die Gottheit als ihren Mittelpunkt bewegt.[1]

Indienstnahme astronomischer Konzepte für die religiöse Verkündigung, das geschieht auch bei Gryphius. Die Sinnspitze des Kopernikus-Epigramms liegt letztlich in seiner eschatologischen Trostbotschaft: Im Nachsprechen des poetischen Lobs ("dein Lob") gewinnt auch der Leser Einsicht in die Vergänglichkeit der Irdischen und gilt auch ihm die Verheissung, einst die Vollendung ewiger Ruhe in Gott zu erlangen.

Ein ähnlicher Gedanke wie in unserem Epigramm begegnet in der "Grabschrift eines Hochberühmbten Mannes"[2], einem Gedicht aus dem zweiten Buch der Sonette. Ein Gelehrter, dessen Geist "Erd' und See und Sternen / durch gesucht", spricht aus dem Grab und formuliert eine radikale Absage an alle irdische Forschung und Erkenntnis, die wie alles Zeitliche

---

nismus gestanden (Vortrag von J. Mittelstrass "Kopernikanische oder Keplersche Wende? Keplers Kosmologie, Philosophie und Methodologie" am 1. Juni 1988 an der Universität Zürich). Vgl. auch zur neuplatonistischen Rezeption Kemper, Lyrik, Bd. 2, S. 59 f.

1 Lang/McDannell, Himmel S. 215 f. (Zitat nach: Oeuvres complètes du Cardinal de Bérulle, 1644, Nachdr. Monsoult 1960, S. 171 f.).

2 GA I S. 85. Vgl. Ott, Die 'Vier letzten Dinge' S. 271-273.

der Vanitas unterworfen ist: "die wissenschaft ist wahn ...
Mein Ruhm hat auch sein grab".[1] Stattdessen sucht auch er,
wie Kopernikus, "nunmehr in der höh' die ewig Ewigkeit / die
hier nicht zuerreichen". Auch hier wieder: menschliches Forschen hat nur seinen Sinn, wenn es "eine tiefere Erkenntnis der
menschlichen Stellung innerhalb der harmonikalen Ordnung
der Welt zulässt".[2]

Aus dieser Perspektive ergibt sich auch ein neuer Blick
auf die erste Zeile des Kopernikus-Epigramms. Es ist zu fragen, ob "dreymal weiser Geist" als Hinweis auf die Trinität
gelesen werden muss, der Kopernikus seine Weisheit verdankt?[3] Und "mehr denn grosser Mann"[4] liesse sich lesen nicht
nur als Superlativ, sondern auch als Relativierung wissenschaftlichen Ruhms zugunsten des eschatologischen Ziels. Kopernikus wäre dann mehr als bloss mit irdischem Ruhm ausgestattet, und nicht seine Leistung und Grösse als Astronom
hätte ihn zum Gegenstand des Lobs gemacht. Diese Deutung
wird unterstützt durch eine Stelle aus den Leichenpredigten
von Gryphius: Die Frage "ob die Sonne beweglich oder nicht"
sowie weitere fachastronomische Streitfragen sind für ihn nicht
nur letztlich belanglos, sondern auch Ausdruck wissenschaftlicher Hybris; diejenigen, die solchen Problemen nachforschen,
vergleicht er mit denen, die "von Gott allerhand vorwitzige /
unnöthige Fragen zu ihrem und vieler Verderb vorbringen".[5]

---

1 Das Gedicht erinnert in seiner Vanitas-Klage wie auch in seiner Sprechsituation stark an Horaz, Od. I,28, bes. V. 1-6.
2 Ott, Die 'Vier letzten Dinge'. S. 273.
3 Kemper, Lyrik, Bd. 2, S. 62 deutet den Ausdruck als "deutliche Allusion auf
   des Hermes' Beinamen »Trismegistos«".
4 Vgl. eine parallele Formulierung im Sonett "Einsambkeit", GA I, S. 68.
   Zum Ueberbietungstopos im Personenlob vgl. Curtius, Literatur S. 171 f.
5 Gryphius, Dissertationes Funebres S. 237. Von daher erscheint uns das
   Schlussfazit von Kühlmann, Wissenschaft S. 151 kaum mehr gerechtfertigt,
   das Epigramm stelle sich durch "die Wahl des Gegenstandes dem Problem
   menschlicher Vernunfterkenntnis" und zeuge dadurch "von einer Bewusst-
   seinslage, die einen wachen Blick auf den Fortgang der neuzeitlichen Wissenschaft voraussetzt". Es polemisiere "schweigend gegen jene traditio-
   nelle Diskriminierung der humanen Erkenntnisinteressen".

2.2 Gründe für eine vorkopernikanische Lyrik

Somit können wir auf unsere Frage nach den Auswirkungen der kopernikanischen Astronomie in der Barocklyrik folgendes feststellen, was sich mit Beobachtungen an Werken anderer Autoren deckt: Die barocken Dichter und Dichterinnen waren zwar als Universalgelehrte vielfach mit den neuesten Ergebnissen der (astronomischen) Wissenschaft bekannt, und für Gryphius darf auch angenommen werden, dass er positiv zum neuen Weltbild stand. Was erklärt dann aber das fast völlige Nichterscheinen dieser neuen kosmologischen Erkenntnisse in der Dichtung des 17. Jahrhunderts? Eine Reihe von Gründen - von denen einige schon in der Interpretation des "Kopernikus"-Epigramms angedeutet wurden - mögen da zusammengewirkt haben:[1]

a) Wissenschaftsgeschichtliches

Wie bereits früher erwähnt, hatte sich das kopernikanische qua heliozentrische System im 17. Jahrhundert noch keineswegs allgemein durchgesetzt; konnte sich rein wissenschaftstheoretisch auch gar nicht durchsetzen, solange ihm die notwendige Ergänzung durch die Newton'sche Physik fehlte. Auch in der wissenschaftlichen Diskussion gab es noch Versuche wie z.B. den des Kepler-Lehrers Tycho Brahe[2], neue astronomische Beobachtungen nochmals in ein geozentrisches Weltbild zu integrieren.[3] Die Infragestellung des seit historischer Zeit anerkannten und bewährten[4] geozentrischen Sphären-Modells mag eine gewisse Wissenschaftsskepsis bewirkt haben, mag dazu beigetragen haben, dass die Theorien von Kopernikus, Galilei, Kepler als Angebote unter anderen auf dem

---

1   Vgl. auch Junker, Weltraumbild S. 11 u. 22.
2   Vgl. Kuhn, Revolution S. 204-212.
3   Vgl. ebd. S. 191.
4   Vgl. ebd. S. 76.

Markt der wissenschaftlichen Hypothesen gelesen wurden.[1] Im 17. Jahrhundert bestand die Aufgabe des Naturwissenschaftlers ja (noch) nicht darin, Sinnsysteme zu produzieren. Ein solches war durch die christliche Lehre vorgegeben und die Ergebnisse der Naturerforschung wurden als Bausteine betrachtet, die sich ins christliche Weltbild einbauen liessen.[2] Belege für diesen Umgang mit naturkundlichen Erkenntnissen liefern zahlreiche Erbauungsschriften, aber auch z.B. die Leichabdankungsreden von Gryphius.[3]

Schliesslich ist zu betonen, das das Buch von Kopernikus als solches noch nicht einen völligen Bruch mit dem alten Weltentwurf bedeutete. Zwar setzte er die Sonne nun in den Mittelpunkt des Universums, dieses blieb aber für ihn und auch für Kepler - im Gegensatz zu Giordano Bruno - noch geschlossen im Rahmen eines Kugelmodells.[4] Dies festzuhalten ist wichtig im Hinblick auf das Thema unserer Gedichte, konnte doch so der Himmel qua Ort Gottes immer noch an seinem alten Platz über dem Firmament bleiben.

---

1 So hatte ja auch Andreas Osiander in seiner Vorrede zu "De Revolutionibus" die kopernikanische Theorie als blosse geometrisch-mathematische Hypothese ausgegeben - ganz in der Tradition der ptolemäischen Astronomie. (Jedoch gegen die Intention von Kopernikus !, dem Kemper, Lyrik, Bd. 2, S. 61 fälschlicherweise die Hypothesentheorie unterstellt). Melanchthon übernahm die Trennung zwischen "dem wissenschaftlichen Gehalt der mathematischen Theorie und dem daraus nicht notwendig folgenden physischen Weltbild (...). Er leitete damit im protestantischen Wittenberg eine Rezeption der mathematischen Theorie des Copernicus ein, welche die Konsequenzen für ein physisches Weltbild unberücksichtigt liess, ja sogar strikt leugnete, und die dann über Tübingen und Altdorf die ganze protestantische gelehrte Welt eroberte, bis Johannes Kepler die copernicanischen Konsequenzen wieder ernst nahm (...)". (Krafft, Theologie S. 44).

2 Vgl. Mauser, Dichtung S. 53. Vgl. dazu für die deutsche Frühaufklärung auch Saine, Revolution, passim.

3 Vgl. Gryphius, Dissertationes Funebres, z.B. S. 75; Dach, Gedichte, Bd.4, S. 164 (Im Epicedium auf den Königsberger Mathematiker und Astronomen Linemann, der jetzt "Die Sterne zu den Füssen" hat, wird dieser den beiden Kopernikanern P. Krüger und G. Galilei an die Seite gestellt).

4 Vgl. Kuhn, Revolution S. 234; Krafft, Stellung S. 164.

b) Christentum und Kosmologie

Die zweite, vielleicht wichtigste Ursache wurde bereits angedeutet. Die geistliche Lyrik des Barock (und diese macht ja einen Grossteil der Gedichtproduktion des 17. Jahrhunderts aus) sah die Welt ihrer Intention nach immer *sub specie aeternitatis* an. D.h. die Naturbetrachtung, und dazu gehört auch die Anschauung des gestirnten Himmels, interessierte nur insofern, als sie den oder die Betrachtende(n) näher zu Gott führte.[1] In der christlichen Tradition hatte sich denn auch eine eigentliche kosmische Heilstopographie herausgebildet, die bei Dante in der "Divina commedia" vielleicht ihren prägnantesten Ausdruck fand. Mit Hilfe der kosmischen Rangordnung liess sich am besten die eschatologische Hierachie darstellen.[2] Das nebenstehende Schema mag dies verdeutlichen (Abbildung 1).

Daraus erhellt, dass durch das neue Weltbild Himmel und Hölle zu blossen Metaphern ohne reales Fundament geworden wären, also sich die ganze Eschatologie ins Unsinnlich-Abstrakte aufgelöst hätte, und mit ihr Gott und sein himmlischer Staat.[3] Eine Trennung der Sphäre des Bösen und derjenigen des Guten wäre dahingefallen. Gott und der Teufel hätten keinen Ort mehr gehabt.[4]

---

1 Vgl. zu diesem Topos bereits Augustinus, De Gen. S. 69.
2 Generell zum eminenten Einfluss der mittelalterlichen Kosmologie auf die scholastische Theologie vgl. Wildiers, Weltbild S. 106-146.
3 Vgl. Kuhn, ebd. S. 265 f.
4 Ob der Himmel ein realer "Ort" in der Höhe sei oder bloss "die himmlische Glori / Herrlichkeit / und Majestät / meinet / darinn Gott / von Ewigkeit her / wohnet / in einem Lichte / dazu niemand kommen kann", ist Anlass zu heftigen Diskussionen bei Francisci, Lust-Haus S. 216-226. Dass ebd. die Frage, ob die Rede vom "Himmel" (Himmelfahrt etc.) bloss metaphorisch zu verstehen sei, unentschieden bleibt, zeigt auch an diesem Beispiel den typischen Uebergangscharakter des 17. Jahrhunderts.

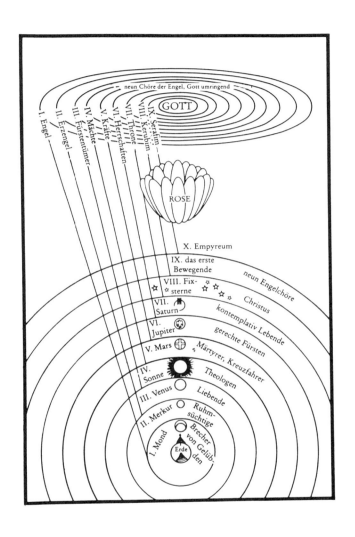

Abb. 1

Das Weltbild Dantes
(Quelle: Lang/McDannell, Himmel S.124).

Eine Auflösung des kosmischen Ordo musste zusätzlich auch Auswirkungen auf den politischen Ordo haben - so wurde das alte Weltbild ebenfalls durch den sozialen und politischen Kontext des Stände- und Fürstenstaates gestützt, wenn sich dann auch der Absolutismus die Sonnenmetaphorik zu eigen machen sollte (vgl. den "Roi Soleil" Louis XIV.). Daneben ergaben sich durch ein verändertes kosmologisches System noch eine Reihe weiterer dogmatisch-anthropologischer Probleme: Wenn die Erde bloss Planet unter anderen wäre, könnten diese auch von Menschen besiedelt sein: Wie können diese Menschen dann von Adam und Eva abstammmen? Wie lässt sich dann die Erbsünde erklären? Wie können diese Menschen vom Heiland wissen? Wie ist dann die ontologische Zwischenstellung des Menschen als Mittelwesen zwischen Engel und Teufel zu erklären?[1]

Thomas S. Kuhn fasst die Auswirkungen der kopernikanischen Revolution auf das christliche Weltbild so zusammmen:

> Die kopernikanische Anschauung erforderte einen Wandel in der Vorstellung des Menschen über seine Beziehung zu Gott und in der Grundlage der Moral. [2]

Daraus erklärt sich auch der offizielle Widerstand beider christlicher Konfessionen gegen das heliozentrische Weltbild,[3] was dessen positive Rezeption ebenfalls erschwerte. War doch die geistliche Lyrik, besonders die Lieder, trotz Privatisierungstendenzen in der Frömmigkeit, durchwegs eingebunden in das kirchliche Leben und dessen Anlässe.[4]

---

[1] Vgl. Kuhn, Revolution S. 197; Saine, Revolution S. 23 f.

[2] Ebd. S. 198. - Damit soll jedoch nicht die These W. Philipps vom "kopernikanischen Schock" wiederholt werden, die von der Forschung mindestens seit H. Blumenberg als unhaltbar erwiesen wurde. Vgl. dazu die Uebersicht bei Krolzik, Säkularisierung S. 166-168; Saine, Revolution S. 31f.

[3] Kuhn, Revolution S. 195-200.

[4] Vgl. Scheitler, Lied S. 90.

c) Tradierte Bildlichkeit

Nicht nur weltanschaulich, sondern vor allem und besonders in Topik und Metaphorik ist die geistliche Barocklyrik sehr
stark von der christlichen (und damit gekoppelt der antiken)
Tradition bestimmt. Die Sprache ist in grossem Masse geprägt
von der Bibel sowie von Allegorese und Emblematik, bei denen
wir "mit einem starken Beharrungsvermögen mittelalterlicher
Axiome zu rechnen haben."[1] Von daher versteht sich, dass die
Bildlichkeit der Gedichte kaum vom neuen Weltbild beeinflusst
ist.

Zudem ist ein Grossteil der barocken Dichter noch weit
entfernt von der Lust an der detailgenauen Beobachtung der
Naturphänomene, wie wir sie bei den Physikotheologen des
endenden 17. und des beginnenden 18. Jahrhunderts,[2] zuerst
wohl bei Catharina Regina von Greiffenberg finden. Das überwiegend moralisch-theologische und rhetorische Interesse an
der Natur liess Fragen nach der Struktur des Universums, soweit sie fachtechnischer Art waren, in den Hintergrund treten.

d) Dichtung und Weltbild

Die obige Beobachtung fusst jedoch auf der allgemeinen
Tatsache, dass Dichtung sich eigene Weltbilder erschafft, nicht
in erster Linie (und schon gar nicht im 17. Jahrhundert) Abbil-
der der naturwissenschaftlichen Realität produzieren will.[3] In

---

1 Harms, Rezeption S. 38.
2 In unserem Zusammenhang das eindrücklichste Beispiel für die Synthese
von präzisester wissenschaftlicher Information (inklusive Angaben über
die verwendeten Beobachtungsinstrumente) und allegorisierender Naturdeutung ist die "Astrotheologie" des englischen Physikotheologen William
Derham (Erstausg. London 1714, der sehr schnell weitere Auflagen und
Uebersetzungen in zahlreiche Sprachen folgten; wir verwendeten die der 5.
Aufl. 1726 folgende - B. H. Brockes zugeeignete - deutsche Uebersetzung
von Joh. Alb. Fabricius, Hamburg 1732). Vgl. Krolzik, Säkularisierung S.
148 f.
3 Vgl. dazu Chesterton, Verteidigung S. 35-40, der darauf hinweist, dass es
bis heute kaum Dichtung gibt, die das nachkopernikanische Weltbild wirk-

der Poesie überleben denn auch viel länger mythologische Vorstellungen, bzw. sie vermag, solche neu zu schaffen.[1] K. Richter macht in einem Aufsatz zur kopernikanischen Wende in der Literatur darauf aufmerksam, dass diese für die Dichtung nicht als naturwissenschaftliches Ereignis, sondern in ihrer Metaphorisierung, d.h. ihrer anthropologischen Deutung bedeutsam wurde.[2] Es wäre aber dann zu fragen, ob eine solche nicht-kosmologische Rezeption mit dem Paradigmenwechsel tatsächlich ernstmacht. Eine wirkliche Übernahme der Vorstellung von einem unendlichen, nicht bloss gewaltig vergrösserten Weltraum hätte vor allem einschneidende Konsequenzen gehabt für die dichterische Darstellung von Gotteserfahrung im Medium der Natur. Doch: "In der dichterischen Phantasie blieb Gott allerdings noch bis weit ins 18.Jahrhundert in einem Himmel, den man sich widersprüchlicherweise noch über dem unendlichen Weltraum vorstellte."[3]

2.3 Barockes Weltbild

Nachdem wir gesehen haben, dass die Dichtung des 17. Jahrhunderts fast ausschliesslich vom vorkopernikanischen Weltbild geprägt ist, wollen wir dieses in groben Zügen etwas genauer darlegen. Ein Leitfaden kann uns dabei das bereits erwähnte Erbauungsbuch von Johann Michael Dilherr "Christliche Betrachtungen dess gläntzenden Himmels / flüchtigen Zeit- und nichtigen Weltlaufs ... Nürnberg 1670"[4] sein. Dilherr (1604-1669), "einer der bedeutendsten Männer im Nürnberger Gei-

---

lich ernst nimmt: "Ein einziges Gedicht oder eine einzige, von dem kopernikanischen Gedanken wirklich durchdrungene Geschichte wäre ein wahrer Alb." (S. 36).

[1] Vgl. Hübner, Wahrheit S. 21.
[2] Vgl. Richter, Wende S. 135.
[3] Saine, Revolution S. 23.
[4] Erstausgabe Nürnberg 1657 (vgl. Bircher, Drucke, Bd. III, S. 355).

28

stesleben des 17. Jahrhunderts"[1], durchlief eine erfolgreiche Karriere als Universitätsprofessor (der Rhetorik, Geschichte, Poesie und Theologie) in Jena und ab 1642 als Prediger, Professor, Gymnasialdirektor und Leiter der Stadtbibliothek in Nürnberg.[2] Er gehörte zum Kreis der Pegnitzschäfer um Harsdörffer, Klaj und Birken und verfasste ein überaus umfangreiches Werk, das neben Predigten und Kirchenliedern 47 lateinische und 76 deutsche Werke umfasste. Diese knappen Angaben zur Person sollen zeigen, dass das Buch von Dilherr durchaus als repräsentativ gelten kann für die populären kosmologischen Vorstellungen des 17. Jahrhunderts.

Die "Christlichen Betrachtungen" sind laut dem Titel "Dem andächtigen Leser / zu heilsamer Erbauung seines Christenthums" geschrieben. Geistliche Kontemplation der Natur soll als Andachtsübung den Christen in die Heilsmysterien einführen. Damit ist auch das Programm der "Naturlyrik" des Barock in einer Kurzformel umschrieben.

Das Dilherr'sche Werk[3] gliedert sich in drei Teile, von denen uns hier nur der erste (S. 1-298) beschäftigen soll. Dieser besteht seinerseits aus vierzehn "Betrachtungen" über die Zeit (I. u. XIV.), die "Himmlischen Liechter" (II. - VIII.) und die vier Elemente (IX. - XIII.). In ihrer Argumentationsweise stehen die Betrachtungen ganz in der mittelalterlichen Tradition, indem die Bibel noch unangefochten als wissenschaftliche Autorität gilt und Bibelzitate oft beweisende Funktion haben.[4] Es kommt so zu einer eigentümlichen Mischung von humanistischer Gelehrsamkeit und mittelalterlicher Allegorese. Dem Charakter eines Erbauungsbuches entsprechend, endet jede Betrachtung mit einem Gebet.[5]

Das Weltbild, das vertreten wird, ist noch völlig geozentrisch, wie dies ein Schema zur "Ordnung der Planeten" zeigt

---

1 Peil, Emblematik S. 9.
2 Zum Leben Dilherrs vgl. ebd. S. 9 f.; Wietfeldt, Literature S. 10-34.
3 Vgl. dazu auch die Uebersicht bei Wietfeldt, ebd. S. 103-121.
4 Vgl. Dyck, Ticht-Kunst S. 154.
5 Vgl. dieselbe Struktur bei Arndt, Christenthum.

(Abbildung 2). Die Abbildung zeigt die Geschlossenheit des Kugeluniversums. Um die Erde in der Mitte kreisen die sieben Planeten Mond, Merkur, Venus, Sonne, Mars, Jupiter und Saturn.[1] Die Sonne nimmt in der Ordnung der Kreisbahnen die Mittelstellung ein. Sie erweist sich damit als "König" (S. 32) der anderen Planeten. Diese wurden im 17. Jahrhundert zumeist "Irrsterne" genannt, und damit von den Fixsternen unterschieden (vgl. S. 77). Diese letzteren, in Sternzeichen geordnet, stehen unbeweglich (S. 26) am Firmament, das als äusserster Kreis ("achte sphaera", S. 77 f.) das Universum umgibt und abschliesst. Das Firmament dreht sich als erste Bewegung ("primum mobile", S.77)[2] und ist so Ursache der Bewegung aller anderen Sphären.[3] Obwohl das Universum noch geschlossen ist, betont Dilherr dessen unermessliche Grösse (S. 123 f.). Verbunden ist mit dieser Kosmologie die klare Trennung der Welt in oben (Himmel) und unten (Erde); so staunt er darob, dass die Himmelslichter im Gegensatz zur sonstigen Art von Lichtern ihr Licht nach unten, zur Erde hin ausstrahlen (S. 15). Zu diesem Weltbild gehört ebenfalls die Vorstellung vom Makro- und Mikrokosmos: die Säfte im menschlichen Leib und deren Fluss werden ebenso in Beziehung zu den Gestirnen gesetzt (S. 17) wie die Krankheiten und deren Ursachen (S. 42). Eng damit verknüpft ist die Vier-Elementen-Lehre[4], der Dilherr eigens fünf Betrachtungen widmet. Die Astrologie als Lehre von den Wirkungen der Gestirne auf das menschliche Leben (Betrachtung VIII.) wird differenziert beurteilt: Zwar seien Einflüsse der Gestirne unleugbar, aber doch nur insofern zuzugeben, als dadurch nicht der freie Wille Gottes und des Menschen beeinträchtigt würden.

---

[1] Es handelt sich dabei um das sogenannte Chaldäische Schema, dem u.a. auch Ptolemäus verpflichtet war. Vgl. Bauer, Sternkunde S. 31.

[2] Vgl. Kuhn, Revolution S. 113.

[3] Zum Sphärenmodell vgl. auch Zedler, Bd. 9, Sp. 986. Im wesentlichen handelt es sich um den von Aristoteles entworfenen Kosmos; vgl. für eine knappe Uebersicht Crombie, Augustinus S. 72 f.

[4] Vgl. Bauer, Sternkunde S. 15.

Ordnung der Planeten.

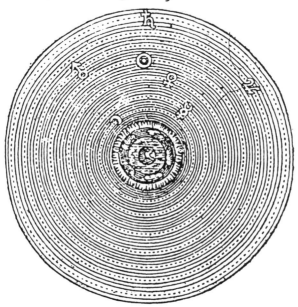

Abb. 2

Reihenfolge der Sphären von innen nach aussen: Erde, Wasser, Luft, Feuer,
Mond, Merkur, Venus, Sonne, Mars, Jupiter, Saturn.
(Quelle: Dilherr, Betrachtungen S. 31).

Damit sind uns die wesentlichsten Züge des barocken Weltbildes, das in dieser Form ein antik-mittelalterliches ist, bekannt. Der Terminus "antik-mittelalterlich" impliziert, dass die astronomischen Grundstrukturen aus der Antike stammen, die dann christlich überformt und mit biblischen Elementen ergänzt wurden.[1] Denn aus christlicher Sicht musste das Bild vom Kosmos ja immer übereinstimmen mit den Aussagen der Bibel, was nicht selten zu beträchtlichen Schwierigkeiten führte. Ein zentraler Konflikt bestand z.B. zwischen der antiken Sicht der Erde als Kugel und der biblischen von der Erde als Scheibe.

Über die Implikationen theologischer, anthropologischer und politischer Art (neben weiteren), die mit diesem Weltbild verbunden waren, haben wir oben bereits gesprochen.[2] Im Hinblick auf unsere Gedichte soll noch etwas näher auf den anthropologischen Aspekt eingegangen werden.[3] Den Menschen kennzeichnet in dieser Kosmologie "eine wesentliche Zwischenposition".[4] Als einziger besteht er sowohl aus Geist als auch aus Materie, hat also Anteil an beiden äussersten Polen des Universums. Es stehn sich so gegenüber und sind zugleich im Menschen vereint:

---

[1] Bauer, ebd. S. 7 ff. nennt als hauptsächliche Quellen für die populäre Kosmologie des Mittelalters die Bibel, die Kirchenväter (die v.a.. antike Lehren kompilieren) und die Antike (Aristoteles, Ptolemäus, Plinius u.a.). Vgl. auch die Uebersicht bei Crombie, Augustinus S. 39-44.

[2] Siehe oben S. 24-26.

[3] Zum folgenden vgl. Kuhn, Revolution S. 112.

[4] Ebd.

Geist	Materie
Der reine Geist in der höchsten und äussersten Sphäre des Universums	Träger Lehm im Zentrum des Universums
Seele	Körper
Der Mensch hat Anteil an der Peripherie des Himmels	Er steht auf der Erdoberfläche, die voll Schmutz und Verwerflichkeit ist
Steht unter dem Auge Gottes	Lebt stets in der Nähe der Hölle.

Diese Doppelnatur und Zwischenstellung in der kosmischen Hierarchie zwingt den Menschen zu einer Entscheidung: er kann seiner körperhaften Natur nach unten in die Hölle folgen oder den Weg der Seele nach oben durch immer geistigere Sphären zu Gott nehmen.

Zum Schluss unserer Darlegungen zum barocken Weltbild mag ein Beispiel belegen, wie stark das 17. Jahrhundert das Zeitalter des Übergangs und der Spannungen zwischen Altem und Neuem, aber auch der Gleichzeitigkeit des Ungleichen war. G. Ph. Harsdörffer widmet einen kurzen Abschnitt aus den "Frauenzimmer Gesprächspielen" der Frage: "Ob sich die Erde bewege / und der Himmel stillstehe?"[1] Harsdörffer stellt fest, dass die Frage zwar Gegenstand gelehrten Streits, aber noch nicht entschieden sei. Auch er wolle zwar "die Ursachen beeder Meinungen anführen", aber doch selber keine Stellung nehmen, "und dem verständigen Leser heimgeben / welche unter selben die stärksten". Für das geozentrischen Weltbild führt er vor allem die Bibel als Autorität an, aber auch Argumente, die bereits von Aristoteles her bekannt sind. Jedoch ebenso in der prokopernikanischen Argumentation (ohne dass dieser namentlich erwähnt wird) vermischen sich empirische und speku-

---

1 Teil VIII, S. 504-508.

lative Begründungen. Dies leitet über zum nächsten Element der barocken Weltsicht, das für unsere Interpretationsarbeit von zentraler Bedeutung sein wird. Es handelt sich um das In-eins von Naturbetrachtung und deren spritueller Deutung, was vielleicht am prägnantesten in der Metapher vom "Buch der Natur" zu fassen ist.

3. Geistliche Betrachtung der Welt oder Lesen im Buch der Natur

3.1 Das Buch der Natur

Die Metapher vom "Buch der Natur" bzw. von der "Lesbarkeit der Welt"[1] hat eine lange und reiche Tradition, besonders in der theologischen und geistlichen Literatur bis ins 17. Jahrhundert, und wurde in der Forschung auch bereits eingehend untersucht.[2] Hier kann es deshalb nur darum gehen, die wichtigsten Aspekte hervorzuheben und insbesondere auf die Bedeutung und Verbreitung der Metapher im 17. Jahrhundert hinzuweisen.

Der Ausdruck "Buch der Natur" taucht erstmals bei Augustinus auf.[3] Verbunden ist er mit der Zwei-Bücher-Lehre[4]: Gott offenbarte sich in zwei Schriften, in der Natur qua Schöpfung und in der Bibel. Damit ist bereits angedeutet, dass es sich hier nicht um blosse Naturmetaphorik handelt, sondern dass der Terminus für eine Form der Welterfassung steht, die das Verhältnis zur Natur im ganzen Mittelalter und - teilweise

---

[1] Blumenberg, Lesbarkeit.

[2] Vgl. HWbPh, Bd. 1, Sp. 957-959; Rothacker, Buch; Curtius, Literatur S. 323-328; Blumenberg, Lesbarkeit; Ohly, Buch; Peil, Emblematisches, S. 246-250; Philipp, Werden S. 47-65.

[3] HWbPh, Bd. 1, Sp. 957.

[4] Vgl. Blumenberg, Lesbarkeit passim; Mauser, Dichtung S. 59.

in säkularisierter Form - auch in der Frühen Neuzeit prägte.[1] Dieses Modell der Naturerkenntnis bestimmt noch weitgehend die "Naturlyrik" des Barock. Als Beispiel dafür sei bloss eine Stelle von Opitz zitiert:

> Die Welt, das grosse Buch, auß derer Thun und Wesen
> Er [= der Mensch] von demselben kan auf allen blättern lesen,
> der sie erschaffen hat (...).[2]

Ihre Wurzeln hat diese Vorstellung in biblischen Stellen einerseits,[3] und anderseits in der Erfahrung, dass bereits die Heiden die Welt bzw. die Natur als *descriptio divina* lasen und so Anteil an der göttlichen Offenbarung hatten.[4] Im Rahmen der mittelalterlichen Hermeneutik kommt dann die Zwei-Bücher-Lehre zu ihrer vollen Ausbildung. Die anhand der Bibelexegese gewonnene Methodik gilt in analoger Weise auch für das Buch der Schöpfung: Jede *res* hat ihre *significatio*, die aber nicht im Belieben des Lesers steht, denn "die Natur empfängt ihre significatio von Gott".[5] Durch die bedeutenden Dinge redet Gott zum Menschen, der die Aufgabe hat, die Buchstaben der Natur zu deuten. Aufschluss über die *significationes rerum* gibt in erster Linie die Heilige Schrift.[6] Jedes Ding hat jedoch nicht, wie zumeist das Wort, nur eine, sondern zahreiche Bedeutungen, "deren Zahl mit der Summe der Eigenschaften eines Dinges identisch ist."[7] Die jeweils aktuelle Bedeutung ergibt sich

---

1 Aufschlussreich und hilfreich für einen Ueberblick betr. geistliche Naturdeutung von den frühen Kirchenvätern bis ins 18. Jh. ist das umfangreiche, kommentierte Verzeichnis der "Scribenten, die durch Betrachtung der Natur die Menschen zu GOTT zu führen bemüht sind", welches J.A.Fabricius seiner Ueberset zung der "Astrotheologie" von W.Derham vorangestellt hat (S. XIII ff.).
2 Opitz, Dichtung (Ed. Oesterley) S. 149. Zur Naturallegorese bes. bei den Jesuitendichtern vgl. Herzog, Poesis S. 87 f.
3 Vgl. die verschiedenen von Arndt zitierten Stellen (Arndt, Christenthum S. 443 f.).
4 Vgl. HWbPh, Bd. 1, Sp. 957.
5 Brinkmann, Hermeneutik S. 46.
6 Vgl. ebd.
7 Ohly, Sinn S. 4.

aus dem bestimmten Kontext einer *res*[1], welcher Grundsatz auch für unsere Interpretationen Gültigkeit haben wird.

Es entstanden mit der Zeit eigentliche Wörterbücher der Natur, welche die ganze Tradition patristischer Exegese in z.T. riesigen Kompendien verarbeiteten. Ein imponierendes Beispiel dafür ist die "*Silva Allegoriarum*" des spanischen Benediktiners Hieronymus Lauretus[2], 1570 erstmals erschienen und in zahlreichen Auflagen rasch in ganz Europa verbreitet. Allein in Köln wurde das Werk 1612, 1630, 1681 und 1701 ediert. Dies lässt ahnen, welche Wirkung das Kompendium im Barock hatte als "Schatzhaus eines guten Jahrtausends allegorischer Auslegung des Wortschatzes der Bibel"[3]. Wir werden es deshalb auch heranziehen zur Erläuterung der Bildlichkeit in unseren Gedichten.

3.2 Der vierfache Schriftsinn

Eng vebunden mit der "Buch der Natur"-Metapher ist das hermeneutische System des vierfachen Schriftsinnes[4], das sich folgendermassen in geraffter Form darstellen lässt:[5]

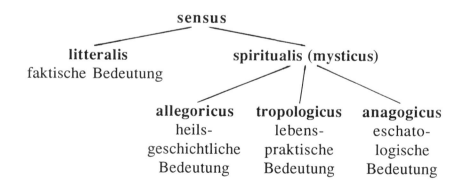

- sensus
  - **litteralis**
    faktische Bedeutung
  - **spiritualis** (**mysticus**)
    - **allegoricus**
      heils-
      geschichtliche
      Bedeutung
    - **tropologicus**
      lebens-
      praktische
      Bedeutung
    - **anagogicus**
      eschato-
      logische
      Bedeutung

---

1 Vgl. ebd. S. 7.
2 Vgl. zu den folgenden Angaben die Einleitung von F. Ohly.
3 Ebd. S. 7.
4 Vgl. dazu Ohly, Sinn; de Lubac, Sinn, bes. S. 13-23.
5 Vgl. Ohly, ebd. S. 10; Jöns, Sinnenbild S. 29 f.

36

Es ist dabei zu trennen zwischen bloss rhetorisch-poetischer Allegorik, d.h. metaphorischer Sprache, die ebenfalls noch dem Litteralsinn zugehört, und Allegorese der Welt, die die *significatio rerum* zu verstehen sucht:

> Sensus vero mysticus, seu spiritualis est, quem Spiritus sanctus, in rebus corporaliter, aut gestis, aut gerendis voluit significare.[1]

Wir haben also auch bei unseren Gedichtinterpretationen zu differenzieren zwischen bloss allegorischem Stil und Allegorese als Verstehen der göttlichen Offenbarung in der Natur. Im Einzelfall wird diese Unterscheidung nicht immer eindeutig machbar sein, vollzieht sich doch gerade im 17. Jahrhundert ein allmählicher Wandel von der Allegorese zu einem bloss rhetorisch-metaphorischen Sprechen.[2]

Das System des vierfachen Schriftsinnes, ursprünglich für die Bibelexegese entwickelt, wurde analog auf die Naturauslegung übertragen. So hat auch ein Ding zuerst eine natürliche und erst dann eine spirituelle Bedeutung; z.B. dienen bestimmte Pflanzen der Gesundheit des Leibes, in ihrer übernatürlichen *significatio* aber ebenso dem Heil der Seele.[3]

3.3 Allegorese im Barock

Hat sich nun dieses in kurzen Zügen dargestellte mittelalterliche Modell auch in der Frühen Neuzeit, insbesondere nach der Reformation noch erhalten? Im (natur-)wissenschaftlichen Kontext erlangte die Zwei-Bücher-Lehre gerade bei den Vertretern der neuen Kosmologie einen neuen Aufschwung,[4] wobei

---

1 Lauretus, Silva, Aditus, unpag.; vgl. Ohly, Einleitung.
2 Vgl. Jöns, Sinnenbild S. 83-131; Bauer, ars S. 536-541.
3 Vgl. Brinkmann, Hermeneutik S. 74.
4 Vgl. HWbPh, Bd. 1, Sp. 958.

sich das Schwergewicht zulasten der Bibel auf die Seite des Buches der Natur verschob.[1] Jedoch ging es diesen Vertretern der kopernikanischen Astronomie nicht mehr um durch Bibelstellen autorisierte, präzise spirituelle Deutungen einzelner Naturphänomene, sondern um die Erkennntnis der göttlichen Gesetze und der himmlischen Harmonie im Kosmos.[2]

Im Bereich der Theologie hatte Luther die allegorische Methode für die wissenschaftliche Exegese kategorisch abgelehnt.[3] In der Forschung wurde daraus vielfach der Schluss gezogen, damit habe die Methode des vierfachen Schriftsinns für die protestantische geistliche Literatur keine Bedeutung mehr gehabt. Jöns und weitere Autoren nach ihm zeigten jedoch, dass ein solcher Schluss allzu voreilig war.

Die Allegorese galt weiterhin für Predigt und Schriftmeditation,[4] ganz abgesehen davon, dass die Lehre, "alles Geschaffene als Hinweis auf den Schöpfer aufzufassen"[5], christliche Grundwahrheit blieb und in der Physikotheologie ausgangs des 17., anfangs des 18. Jahrhunderts einen neuen Höhepunkt erreichte. Ganz entscheidende Bedeutung für das breite Weiterwirken der Tradition der spirituellen Naturdeutung muss wohl Johann Arndt beigemessen werden, dessen ungeheure Popularität im 17. Jahrhundert hinreichend bekannt ist.[6] Das "Vierte Buch vom wahren Christenthum"[7] folgt ganz dem Motto, das über der Vorrede steht:

> Die Kreaturen sind Hände und Boten Gottes, die uns zu Gott führen sollen. (S. 443).

---

1 Vgl. Blumenberg, Lesbarkeit S. 68-85.
2 Vgl. Peil, Emblematisches S. 250.
3 Vgl. Jöns, Sinnenbild S. 35.
4 Vgl. Schings, Tradition S. 122. Als Beispiele vgl. Meyfart, Tuba S. 35 f.; Krummacher, Gryphius S. 220.
5 Jöns, Sinnenbild S. 36.
6 Vgl. Wallmann, Arndt S. 50-54.
7 Wir benützen die Ausgabe Düsseldorf 1863.

In derselben Vorrede ist denn auch die Rede vom "grossen Weltbuche der Natur" (S. 443), das ein "wahrer Christ ... zur Erkennntnis, zum Lob und Preise Gottes gebrauchen soll" (S. 444). Anhand des Sechstagewerks führt Arndt vor, wie solche Lektüre vor sich gehen könnte. Er steht damit in einer breiten Tradition[1] und vermittelt diese an das 17. Jahrhundert, ist aber diesbezüglich keineswegs eine Ausnahme. Ebenso die führende lutherische Schuldogmatik des 17. Jahrhunderts billigt der Allegorese ihr Recht zu, auch wenn die drei *sensus spirituales* dem einen (Litteral-)Sinn untergeordnet werden.[2]

Neben der theologisch-exegetischen Tradition der geistlichen Naturdeutung muss zum Schluss dieses Abschnitts noch kurz auf zwei weitere, damit verbundene Traditionen hingewiesen werden. Zuerst auf die **Emblematik**, die im 17. Jahrhundert ihre Blüte hat und ja ganz wesentlich von der Deutung des *Mundus Symbolicus* der Natur lebt. Die Frage, ob die Emblematik ihre Wurzeln eher in der mittelalterlichen Allegorese oder in der Hieroglyphik und Impresenkunst der Renaissance hat, muss uns hier nicht weiter beschäftigen.[3] Für die geistliche Lyrik ist festzuhalten, dass die Vertrautheit sowohl mit der Allegorese als auch mit der Emblematik unzweifelhaft vorausgesetzt werden kann, dass sich aber im einzelnen kaum je die spezifische Quelle angeben lässt - was jedoch für die Deutung der Bildlichkeit kaum von grossem Belang ist. Denn diese hat in den meisten Fällen ihre Wurzeln in einer universal verbindlichen, staatliche, sprachliche und konfessionelle Grenzen überschreitenden Tradition der symbolischen Weltdeutung, die ihren Ausdruck in eigentlichen Summen der Symbolik findet wie in den Werken von Lauretus und Picinelli, aber auch in unzähligen anderen, mehr oder weniger umfangreichen Werken der Emblematik und Allegorese.

---

1 Vgl. Wallman, Arndt S. 62-70.
2 Vgl. Peil, Emblematisches S. 247 f.; Schings, Tradition S. 98.
3 Vgl dazu v.a. Schings, ebd. S. 112.

Als weitere Wurzel der geistlichen Naturdeutung sei noch die **Naturspekulation** des 15./16. Jahrhunderts (Paracelsus, Weigel, Böhme u.a.) erwähnt, die dann vor allem für die Mystik des Barock sehr bedeutsam wird. Es entwickelt sich in ihr eine *philosphia naturalis* als "Kunst, Gottes Offenbarung im Weltbuch zu lesen"[1].

3.4 Die Buchstaben des Himmels

Abschliessend wollen wir noch kurz auf die Verankerung unseres eigentlichen Themas, der Betrachtung des gestirnten Himmels, in der Naturallegorese eingehen. Bereits in einer anonymen Schrift des Frühmittelalters wird anhand von Gen 1,1 (*in principio creavit Deus coelum et terram*) das Prinzip des geistlichen Schriftsinns erläutert.[2] Die Allegorese der himmlischen Körper geschieht dann auch in der Folgezeit vor allem im Rahmen der Exegese des Sechstagewerks[3], wobei andere einschlägige Bibelstellen ebenso zur Deutung herangezogen werden.[4] Die "*Corpora coelestia*" nehmen wegen ihrer Sonderstellung im Universum auch einen hervorragenden Platz im "*Mundus symbolicus*" ein. So beginnt Picinelli sein gleichnamiges Werk mit den "Himmlischen Körpern" und widmet ihnen vierzehn Kapitel. Ebenso widmet Christian Scriver in seinen "Zufälligen Andachten" je eine solche dem "Himmel" und dem "gestirnten Himmel". In der ersten steht der Himmel als "das äusserste und letzte" für die allumfassende Vorsehung Gottes[5], in der anderen gelten die Sterne am Firmament als

---

1 Feldges, Beispiel S. 261. Vgl. Gorceix, Natur; Peukert, Pansophie. Zur Naturbuch-Metapher bei diesen Naturphilosophen vgl. die Belege bei Rothacker, Buch.
2 Vgl. Jöns, Sinnenbild S. 30 f.
3 So z.B. bei Arndt.
4 Siehe hierzu die Liste in LCI, Bd. 2, Sp. 142.
5 Scriver, Andachten S. 494.

Zeichen der göttlichen "unbegreiflichen Güte"[1] und mahnen "an die übergrosse selige Herrlichkeit des Himmels"[2].

In einer Predigt des Jesuitenpaters Paul Teichmann erscheint der Himmel als eines der drei Blätter im Buch der Welt, dessen Buchstaben dann Sonne, Mond und Sterne sind.[3] Dabei handelt es sich keineswegs etwa um eine hieroglyphische Geheimsprache, deren Entzifferung nur wenigen Eingeweihten möglich wäre. Im Gegenteil, wie W. Derham, von den ersten Versen des Psalms 19 (Vulg. Ps.18: *Coeli enarrant gloriam Dei et opera manuum eius adnuntiat firmamentum*) ausgehend, zu Beginn seiner "Astrotheologie" meint:

> Diese Sprache der Himmel ist so deutlich, und ihre Schrift so erkenntlich und leserlich, dass alle und jede, auch die barbarischten Völcker, die in Wissenschaften und Sprachen sonst keine Geschicklichkeit haben, dennoch dieselben verstehen, und was sie anzeigen, lesen können.[4]

Somit ist das Fundament gelegt auch für unsere Lektüre im Buch des Himmels, wie es in geistlichen Gedichten des Barock vermittelt ist.

---

1 Ebd. S. 352.
2 Ebd. S. 354.
3 Teichmann, Liber S. 7 (Den Hinweis verdanke ich Prof. U. Herzog); vgl. Rothacker, Buch S. 33-36 u. S. 110; Origenes, der von Sonne und Mond als "himmlischen Buchstaben" spricht (zitiert in: Rahner, Mythen S. 95); CRvG, SW 2, S. 43: "Himmels-Lettern"; Francisci, Lust-Haus S. 16: "Denn der Himmel ist das Buch / darinn unzehlich=viel tausend grosse güldne Buchstaben / und Wunder=Schrifften / von der göttlichen Allmacht und Weisheit / in unsere Augen / und Gedancken / herab leuchten."
4 Derham, Astrotheologie S. 1 f.; vgl. auch S. 213-224.

II. JESUITISCHE "CONTEMPLATIO COELI STELLATI"

1. Ignatius als Sternenbetrachter: biographisch-spirituelle Grundlagen

Dass sich bei Jesuiten-Dichtern der Barockzeit häufiger als sonst Gedichte finden, die die *Contemplatio coeli stellati* zum Inhalt haben, ist nicht zufällig. Bei ihrem Ordensgründer, dem Hl. Ignatius von Loyola, gehört die Sternenhimmelbetrachtung gleichsam zur hagiographischen Ausstattung, vor allem bedingt durch sein eigenes Zeugnis in seiner Autobiographie "Bericht des Pilgers"[1]. Jedoch bekannt geworden sein dürfte diese Vorliebe des Ignatius für den nächtlichen Sternenhimmel durch die damals für die Ignatius-Biographie fast kanonische Geltung beanspruchende Lebensbeschreibung des Pedro Ribadeneyra SJ (lat. Erstausgabe 1572).[2] Trotz anfänglichen Schwierigkeiten und Konkurrenz setzte sich sein Ignatiusbild etwa seit Beginn des 17. Jh. zunehmend durch, verstärkt noch durch eine "kleine", mehr legendenhafte Vita (Erstausgabe 1601). Seit der Neuausgabe der "grossen" Biographie (lat. 1586) wurde diese in zahlreichen Bearbeitungen und volkssprachlichen Ausgaben verbreitet.[3] In der ersten deutschen Übersetzung lautet die für uns zentrale Stelle:

---

[1] Ignatius, Bericht. Es handelt sich um den auf das Drängen seiner Mitbrüder in seinen letzten Lebensjahren gegebenen Bericht des Ignatius über die Zeit von seiner Verwundung in Pamplona bis zu den ersten Anfängen des Ordens in Rom.

[2] Denn der Text der Autobiographie geriet schon sehr bald in Vergessenheit und erschien während der folgenden drei Jahrhunderte gar nicht im Druck - mit Ausnahme einer lateinischen Uebersetzung zu Beginn des 18. Jhs. Verdrängt wurde sie eben durch die offizielle Biographie von Ribadeneyra, der jedoch den "Bericht" ziemlich vollständig für sein Werk verwertete. (Vgl. Schneider, Einleitung zu: Ignatius, Bericht S. 27 f.)

[3] Vgl. dazu König-Nordhoff, Ignatius S. 46-53.

Wiewol er aber nun auß allen disen Ubungen immerzu newe Frewd und geistlichen Wollust empfieng / so fand er doch in nichtem grössere Vergnügung / unnd mehrere Ergetzligkeit / weder wañ er die Klarheit und schöne Zierd deß Himmels und der Sternen stracks / unnd mit hertzlichem Verlangen ansahe und beschawet / welches er dann offt uñ lang aneinander zuthun pfleget. Dann jhm das auesserlich Anschawen und Betrachtung deren Dingen / so inn und oberhalb der Himmeln seyn / gleich als ein scharpffer Stachel und resse Sporen waren / alle veränderliche und zergängkliche Ding / so under dem Himmel / zuverachten / uñ in der Liebe gegen Gott vil inbrünstiger zuwerden. Er hat auch solches gen Himmel auffschawen so gar inn Brauch gebracht / daß es jhm nacher sein Lebenlang angehangen. Dann vil Jar hernach / als er nunmehr alt worden / hab ich selbs gesehen / dass er auff einer offnen Altanen / darab man den Himmel in die ferrne herumb sehen mocht / die Augen gen Himmel gestreckt / und als er ein gute Weil als ein verzuckter Mensch / der vil uñ mancherley Ding bey sich selbs hin und wider bedenckt / da gestanden / ist er dermassen inn Liebe entzündt worden / dass ihm die Zeher vor Frewden / so er in seinem Hertzen fühlet / uber das Gesicht abrannen / allda ich jhn auch also hören reden: Ach wie eittel und öd / wie schlecht unnd verächtlich dunckt mich die Erden seyn / wann ich gen Himmel sihe / unnd denselben ein wenig betracht / ach wie schöd und unrein ist doch der Erdboden.[1]

In diesem Textabschnitt begegnen alle wichtigen Elemente ignatianischer Sternenbetrachtung, wie wir sie dann in den einzelnen Gedichten finden werden. Zuerst ist es angebracht, kurz den biographischen Kontext zu betrachten, in dem die Himmelsbetrachtung bei Ignatius steht.[2] Sie ist eingebunden in sein primäres Bekehrungserlebnis, als der junge Offizier

---

[1] Ribadeneyra, Historia S. 14; vgl. FN IV, S. 94. - Die Uebersetzung erschien 1590 in Ingolstadt (vgl. Literaturverzeichnis). Der Name des Uebersetzers wird nicht angegeben, aber nach FN IV, S. XX handelt es sich um P. Theobaldus Stotz SJ.

[2] Ignatius, Bericht S.47/48.

von einer Kanonenkugel am Bein verwundet zu Hause liegt. Er liest im "Leben Christi" des Ludolf von Sachsen und im "Flos sanctorum" des Jacobus de Voragine und erfährt hier zum erstenmal das Kriterium zur Unterscheidung der Geister: nämlich ob Gedanken, Visionen etc. Trost, Freude und Bussgesinnung bringen. Er verbringt seine Zeit mit geistlichen Gesprächen, Schreiben von Exzerpten aus seiner Lektüre und mit Beten. Doch "den grössten Trost empfing er, wenn er den Himmel und die Sterne betrachtete."[1] Dies ist also für ihn im eigentlichen Verstand Kontemplation, und so auch im Sinne des Exerzitienbüchleins "geistliche Übung".[2] Und erstaunlicherweise bestärkt gerade dieser Blick nach oben seine "Begeisterung, dem Herrn zu dienen", also die konkrete Nachfolge Christi anzutreten und seinen Blick "nach unten" zu richten.

Unser Zitat aus Ribadeneyra erläutert genauer, über den kargen Bericht des Ignatius selber hinausgehend, die spirituelle Struktur dieser Art der Betrachtung. Vorausgesetzt ist die ins Geistliche transformierte kosmologische Unterscheidung von super- und subcoelarer Welt. Ein erster Schritt besteht dann in der sinnlichen Wahrnehmung und geistlichen Betrachtung der Himmelsphänomene. Deren Schönheit führt in einem zweiten Schritt zur Verachtung alles Vergänglichen. Und dies bewirkt dann drittens ein Anwachsen der Gottesliebe. Hinauf- und hinunterschauen (verachten) haben also bloss vorbereitende Funktion für das eigentliche Ziel. Genau dieselbe Struktur findet sich auch, wenn der Biograph von der Sternenbetrachtung des nunmehrigen Jesuitengenerals in Rom berichtet. Der Blick zum Himmel führt zur Besinnung und schliesslich zur Liebesekstase. Und die Opposition von Himmelsbetrachtung und Erdenverachtung kehrt wieder im Seufzer des Ignatius *Quam sordet mihi terra, dum coelum aspicio*. Der Ausspruch begegnet

---

1 Ebd. S. 48.
2 Vgl. Ignatius, Geistliche Uebungen, S. 15 (Nr.1=Erste Anweisung): "Unter dem Namen geistliche Uebungen versteht man jede Art, das Gewissen zu erforschen, sich zu besinnen (meditar), zu betrachten (contemplar), mündlich und rein geistig (mental) zu beten und andere geistliche Tätigkeiten ..."

sehr häufig in der Jesuitenliteratur der Zeit, so auch in einer Sammlung von Ignatius-Sinnsprüchen für jeden Tag des Jahres, gesammelt und kommentiert durch Gabriel Hevenesi SJ, Köln 1715[1]. Hevenesi fundiert das Wort in anthropologischen Grundstrukturen:

> Ad altiora nati sumus, quam ut infimis delectemur. Naturae beneficio licet ad altiora aspirare, quae os homini sublime dedit, caelumque tueri jussit, & erectos ad sidera tollere vultus, magis autem corda.

Der Mensch als das Wesen, das zu den Sternen hinaufblicken kann, weil ihm als einzigem Lebewesen der aufrechte Gang gegeben ist - so könnte man diese Anthropologie zusammenfassen. Denn das Gebundensein an die Erde, das sei dem Menschen mit allem Vieh gemein, wie Hevenesi weiter darlegt, wobei er bloss - ohne Angabe seiner Quelle - Ovid (Met. I,84-86) zitiert:

> *Pronaque cum spectent animalia cetera terram,*
> *os homini sublime dedit, caelumque videre*
> *iussit et erectos ad sidera tollere vultus.*

Das "natürliche" Faktum nun bietet den Ansatzpunkt für die theologische Reflexion, die den Menschen seinem Wesen nach als immer schon zum Transzendenten hin Offenen und nach dem Himmel Ausgerichteten sieht. Die Mahnung Hevenesis *Terram despice, & coelum suspice* erscheint so dem Leser nicht als bloss autoritativer moralischer Appell, sondern vielmehr als geistliche Ausdeutung eines anthropologischen Datums - anagogische Allegorese, die bereits im Doppelsinn der Wörter grundgelegt ist.[2]

---

[1] Hevenesi, Scintillae S. 93 f. (28.März). - Erstausgabe Wien 1705 (Vgl. Sommervogel, Bibliothèque IV, Sp. 349).

[2] Vgl. auch einen Ausspruch Bernhards von Clairvaux: *non pudet te, erecto vultu caelum suspicere, & deiecta mente repere in terra* (zitiert in: Lyraeus, Apophthegmata S. 86).

Unseres Wissens wurde in der Literatur noch kaum darauf hingewiesen, dass der häufig zitierte und in unzähligen Auflagen bis in unser Jahrhundert verbreitete Hevenesi für seine Sammlung und besonders für seinen Kommentar einen Vorgänger im belgischen Jesuiten Hadrianus Lyräus (Adrian van Lyere, 1588-1661) hatte, der in Aufnahme einer seit den frühchristlichen Wüstenvätern geheiligten Literaturgattung 1662 in Antwerpen die *Apophthegmata* des hl. Ignatius herausgab. Lyräus versah die Ignatius-Worte mit sehr ausführlichen geistlichen Kommentaren (bei unserem Spruch umfasst er sieben grossformatige Seiten)[1], die von profunder Gelehrsamkeit zeugen und das Apophthegma jeweils in der Tradition christlicher als auch paganer Philosophie und Poesie sowie biblischer und patristischer Theologie verankern. Obwohl auch der belgische Jesuit die oben angeführte Ovid-Stelle zitiert, richtet er sein Hauptaugenmerk doch auf die antithetische Struktur des Spruchs, der übrigens *in numero Ignatianorum Apophthegmatum nequaquam postremum locum obtinet.*[2]

Ausgehend von der überall beobachtbaren Erfahrung, dass die Nähe von Gegensätzen deren je Eigenes umso heller zum Leuchten bringt, zeigt er, dass die Himmelsbetrachtung den Ordensgründer desto gründlicher den Scheincharakter der irdischen Güter durchschauen liess. Lyräus legt jedoch grossen Wert auf den spirituellen Charakter dieser Kontemplation, die dem Geist erlaubt, sich über alle Sterne und Himmel zu erheben, auch wenn der Körper noch auf Erden weilt. Der imaginativen Antizipation himmlischer Freuden eignet so eine ganz wesentliche Motivierungsfunktion für die christliche Lebensführung, für die Abkehr von den weltlichen Freuden, deren minderer Rang jedoch erst im *magis* der himmlischen Herrlichkeit, nicht schon eo ipso erkennbar ist.[3] Darin zeigt sich wohl die je-

---

1 Ebd. S. 81-87.

2 Ebd. S. 81.

3 *Cur & ego similiter dicere verear: Nemo terrena sapiens ac profanae voluptatis inhians deliciis, errare, se cogitat, quamvis vel maxime aberret. Tolle memoriam caelestis gloriae, remove caeleste manna, gaudia non desitura sepone, & certus esto, quo inanes illas voluptates, ac populares honores*

suitische Weltbejahung und "Weltfrömmigkeit", der im Gegensatz zu lutherischer Frömmigkeit der Ekel vor der Welt nicht schon natürliches Evidenzerlebnis ist. Zur Erläuterung führt Lyräus ein Sternengedicht von einem nicht namentlich genannten Poeten an, dessen Aussage ohne weitere Besprechung verständlich sein dürfte:

> *Vos astra testor, agmen in caelo vigil,*
> *Orbisque sempiternus errantis chorus,*
> *Divinitatis intime scena extima:*
> *Dum vos auaro saepe conspectu fruor,*
> *Dedisco rerum pretia: Nunc gemmae iacent.*
> *Iam pallet aurum, non habet flores humus.*
> *Et quae placebant ante, nunc sordent opes.*[1]

Das zitierte Diktum des Ignatius wird zu einer Art geflügeltem Wort für den Ausdruck des religiösen Lebensgefühls im Barockzeitalter, so wenn z.B. bei Simon Dach (1605-1659), dem lutherischen Poetikprofessor in Königsberg, ein Geistliches Lied begegnet mit dem Titel *Affecto coeli sidera, sordet humus*:

ES vergeht mir alle Lust	*Töricht ist, der hie sich seumbt.*
Länger hie zu leben,	*Uber allen Sternen*
An der Erden Koht und Wust	*Steht mein Hauß mir auffgeräumt,*
Mag ich nicht mehr kleben,	*Christus winckt von fernen;*
Daß ich, Christe, für und für	*Ach, ich werde frey und loß*
Lasse so viel Thränen,	*Von der Last der Erden*
Macht, daß ich hinauff nach Dir	*In den süssen Frewden=schoß*
Hertzlich mich muß sehnen.	*Bald versetzet werden!*

---

abundantius fueris assecutus, tanto arbitrabere te feliciorem; contra vero, caelestes expende gazas, ac nunquam desitura gaudia reuolue, & desipient ista omnia, & nihil te tanget aut afficiet ex iis, quae ante tantopere arridebant. (Ebd. S. 84).

[1] Ebd. S. 85.

Sagt mir, die jhr an der Welt
Euch so sehr verliebet,
Was hat sie euch vorgestellt,
Welches nicht betrübet?
Auch das beste, so sie euch
Giebt in jhren Frewden
Ist, daß sie vom Himmelreich
Gern euch wolte scheiden.

Wo der frommen Engel Schaar
Gottes Lob erklingen,
Werd' ich frölich immerdar
In die Seiten singen;
Mich auch zu erquicken gehn
Bey dem Lebens=Brunnen
Umb und an bekleidet stehn
Mit dem Licht der Sonnen.

Nein, ich lasse nimmermehr
Mich von jhr betriegen;
Weg mit jhrer eiteln Ehr,
Ubermuth und Lügen!
Wie der Wind den Wolcken thut,
Thut die Zeit den Schätzen;
An dem wahren Himmel=Gut
Hab' ich mein Ergetzen.

Sonne, was verzeugstu viel?
Fleuch mit deinem Wagen!
Eilt jhr Stunden! bringt mein Ziel
Mit euch her getragen,
Daß mich reisst auß diesem Orth,
Der nur stürmt und netzet,
Und mich an den Himmels Port
Seeliglich außsetzet.[1]

Einige markante Akzentverschiebungen fallen bei Dach gegenüber der jesuitischen Sternenhimmelbetrachtung auf. Ist es Ausdruck typisch lutheranischer Frömmigkeit, wenn die Sehnsucht nach dem Himmel primär negativ motiviert wird?[2] Am Anfang steht nicht die imaginative oder sinnliche Wahrnehmung der Schönheit des Himmels, sondern die menschliche Leid- und Vergänglichkeitserfahrung. Der Zugang zum Göttlichen per analogiam der in der Schöpfung erfahrbaren Schönheit Gottes[3] scheint für Dach verschlossen, allein die Erfahrung der menschlichen Sündhaftigkeit, die Erfahrung des Deus absconditus bewirkt die Umkehr. Lutherischer Theologie (*sola gratia,*

---

1 Dach, Gedichte, Bd. 3, S. 39/40.
2 Vgl. die knappe Darstellung der Eschatologie Luthers bei Kunz, Eschatologie S. 3-22, bes. S. 9-13. - Zur grundsätzlich weltbejahenden Haltung ignatianisch-jesuitischer Spiritualität vgl. Valentin, Théâtre S. 61.
3 Zur Gotteserkenntnis vermittels der Natur bei den Jesuiten vgl. Valentin, ebd. S. 178-182 (S. 182: "La pensée ... jésuite est à l'opposé d'une théologie d'un Dieu irrémédiablement lointain.").

sola fide) mag es wohl auch entsprechen, wenn ebenso der Ansatz einer Theologia naturalis, wie oben bei Hevenesi dargestellt, fehlt. Es ist deshalb nur folgerichtig, wenn die Hinwendung zum Sternenhimmel nicht mehr mit einem Verb des Schauens ausgedrückt wird, sondern bloss noch der reine innerpsychische Affekt übrigbleibt. Die Lektüre der ersten fünf Strophen drängt so auch die Feststellung auf, dass die *coeli sidera* hier kein sichtbares Phänomen mehr bezeichnen, sondern nur noch blosse Metapher sind für das "Himmelreich" (Z. 15). Aber auch dieses ist nicht mehr das sinnenhaft ausgemalte Elysium der Renaissance-Eschatologie - ein Beispiel dafür wird uns bei Bauhusius begegnen[1] - , sondern reduziert auf biblisch belegte Bildlichkeit und streng theo- und christozentrisch ausgerichtet.[2]

Erst die letzte Strophe verknüpft wenigstens andeutungsweise die sichtbare und die unsichtbare Dimension, was bisher vom Titel bloss versprochen, aber im Gedicht nicht eingelöst worden war. Die Apostrophe an die "Sonne" und an die "Stunden" lässt offen, was mit dem "Ziel" gemeint ist, das letztere herbeibringen sollen: ist es in einem vorläufigen Sinn die Nacht und damit das gestirnte Firmament, die die imaginative Versetzung in den Himmel ermöglichen; oder ist es in einem letztgültigen Sinn der Tod und der damit mögliche Eingang in den wahren Himmel? Beide Deutungen sind wohl mitgemeint, auch wenn die Schiffahrtsallegorie in derselben Strophe eher die zweite Deutung nahelegt - denn überwiegend wird das Bild von der Schiffahrt in der Tradition der Allegorese und Symbolik für das Ganze des menschlichen Lebens, das nach den glücklich überstandenen Fährnissen des Meeres in den Hafen des Todes und der ewigen Ruhe einläuft, gebraucht.[3] Eine ganz ähnliche

---

1 Siehe unten S. 82-85.

2 Vgl. zum Zusammenhang mit der reformatorischen Jenseitsauffassung Lang/McDannell, Himmel S. 204.

3 Vgl. zu den Ursprüngen in der Antike und der Uebernahme des Symbols ins Christentum Rahner, Symbole S. 239-564, bes. S. 243-246 u. 548-564; LCI, Bd. 4, Sp. 62 f.; Forstner, Welt S. 399-401. Zum Weiterwirken des Bildes

Parallelisierung von Tagzeiten- und Lebensabend, wo "der Port naht mehr und mehr sich zu der Glider Kahn", findet sich übrigens auch im "Abend"-Sonett von Gryphius.[1].

Doch kehren wir zurück zur Sternenhimmelbetrachtung. Deren dichterische Umsetzungen bei Jesuitenlyrikern der Barockzeit begründete unser Interesse für die räumliche Struktur ignatianischer Spiritualität. Was vorerst als eher akzidentieller, bloss poetischem Spiel sich verdankender und zudem an ein heute längst überholtes Weltbild gebundener Zugang erscheint, das erschliesst doch ganz wesentliche Gehalte ignatianischer Theologie. So müssen wir jedenfalls schliessen - und die Gedichtinterpretationen werden es bestätigen -, wenn Hugo Rahner für seine Darstellung der Theologie des Ordensgründers[2] räumliche Kategorien verwendet und feststellt: "die heimliche Struktur der ignatianischen Theologie (ist): Oben, Mitte, Unten."[3] Das Fehlen der expliziten christologischen Dimension wird in unseren Gedichten die "Mitte" etwas in den Hintergrund treten lassen, diese wird jedoch als Bedingung der Möglichkeit der Verbindung und Durchdringung von "Oben" und "Unten" immer mitzubedenken sein, sei dies mehr in schöpfungstheologischer oder sei dies mehr in soteriologisch-eschatologischer Perspektive. Uns sollen in dieser Arbeit zwar nicht theologische Probleme interessieren, sondern Gedichte, literarische Texte; doch werden diese kaum zu verstehen sein, wenn sie nicht auch in ihrer religiösen Aussageabsicht ernstgenommen werden.

---

in der Emblematik vgl. Henkel/Schöne, Emblemata Sp. 1453-70, bes. Sp. 1462 f. u. Sp. 1468 f.

1 GA I, S. 66. Siehe unten S. 148 f.

2 Rahner, H., Ignatius von Loyola als Mensch und Theologe S. 214-234.

3 Ebd. S. 215.

2. Ignatius als Sternenbetrachter: poetisch-eschatologische Transformation (Jakob Bidermann)

Der Jesuitendichter Jakob Bidermann (1578-1639)[1], der selber eine lateinische Bearbeitung der Ignatius-Biographie des Pedro Ribadeneyra verfasste[2], widmete seinem Ordensvater auch mehrere Epigramme, von denen wir zwei näher betrachten wollen.[3] Unsere These, dass das Motiv der Sternenhimmelbetrachung zum festen literarisch-hagiographischen Attribut des Heiligen wurde, bestätigt sich auch hier. Beide Gedichte handeln vom Sternenbetrachter Ignatius, mit der entscheidenden Akzentverschiebung, dass der Sternenbetrachter nun seinen Standort gewechselt hat und von oben auf die Sterne hinunterblickt. Was für den irdischen Betrachter bloss in der literarischen Fiktion und als Utopie möglich ist, ist für ihn nun Realität geworden.

2.1 Sordetis et astra

S. Ignatius, iam cælo receptus, & Deum intuens.

Eminus hæc olim contemplans sidera, dixi,
  Astra placetis; Habe res tibi Terra tuas.
Nunc ipsis aliquid video formosius Astris;
  Parcite, sordetis iam prope et Astra mihi.[4]

---

1 Für die biographischen Daten vgl. Pörnbacher, Bidermann.
2 Wir verwendeten die fünfte Aufl., Dillingen 1621 (Siehe Literaturverzeichnis).
3 Ein weiteres Epigramm mit Bezug zu Ignatius findet sich als Widmungsgedicht an diesen zu Beginn des dritten Buches der Epigramme (Ed. sec. 1623, S.177). Auch dort taucht das Sternenbetrachtermotiv auf: *Ignotasque diu, iam tandem tramite noto / Quas tibi monstrarunt Sidera, calco Vias.*
4 Bidermann, Epigrammatum, Dillingen, Ed. sec. 1623, lib. I,77, S. 35 f. Im Titel und in den beiden ersten Versen sind einige auffällige Aenderungen im Vergleich zur ersten Auflage (Dillingen 1620, lib. I,5, S. 6) festzustellen:

Der heilige Ignatius, schon in den Himmel aufgenommen
und Gott schauend

Von ferne einst diese Gestirne betrachtend, sprach ich:
Ihr Sterne seid mir lieb; behalte, Erde, das deine für dich.
Nun sehe ich etwas Lieblicheres als selbst die Sterne:
Verzeiht; aus der Nähe scheint sogar auch ihr Sterne mir gering.[1]

Der Titel des Epigramms gibt klar die neue Perspektive
an. Damit bietet sich die Gelegenheit zu einer grundsätzlichen
Bewertung der Sternenhimmelbetrachung; ihr Vorläufigkeitscharakter wird deutlich herausgestellt - man vergleiche
auch das noch zu interpretierende STELLA-Epigramm des
Bauhusius, wo jedoch nicht mit der Autorität des *iam coelo re-*
ceptus gesprochen werden kann. Ignatius spricht also selber in
diesem ersten Epigramm, das von einer Grundantithese zwischen den beiden Distichen lebt, die aus mehreren Perspekti-
ven beleuchtet und verdeutlicht wird. Das Gedicht entspricht
vollkommen den Gattungsgesetzen der *brevitas* und *argutia*,
wie sie Bidermanns Ordensmitbruder Jakob Masen in seiner
Ars nova Argutiarum formuliert.[2] In dessen Klassifizierung der
Epigramme nach ihrer *argutia* entspricht unser Gedicht der ersten Unterart der ersten "Quelle" (*repugnantia de eadem re*
simul affirmata aut negata)[3]. Übrigens stützt sich Masen bezüglich der Beispiele in seiner Epigramm-Poetik neben Martial
vor allem auf die beiden Mitbrüder, deren Gedichte auch unse-

---

B. Ignatius, iam coelo recept*us*
Eminus aspiciens ego quondam Sidera, dixi,
Astra placent; Serva res tibi, terra, tuas.

Die weiteren Auflagen enthalten nur noch orthographische Abweichungen.

[1] Diese und die folgenden Uebersetzungen der lateinischen Gedichte erheben
keinerlei Anspruch auf eine "poetische" Wiedergabe. Sie sollen allein dem
Textverständnis dienen und sind deshalb auch möglichst wörtlich gehalten.

[2] Masen, Ars S. 2-4.

[3] Ebd. S. 24.

rer Arbeit zugrundeliegen. Er charakterisiert deren Vorzüge folgendermassen: *Inter recentiores qui quidem sunt casti, Bahusio nihil vidi argutius, Bidermanno nihil tersius.* [1]

Das erste Distichon ist Erinnerung an einst (*olim*). Die zeitliche war gekoppelt mit räumlicher Distanz - das Eingangswort (*eminus*) hebt dieses Konstituens irdischer *Contemplatio Coeli* deutlich heraus. Das Sein bestimmt das Bewusstsein, die Perspektive die Bewertung: der Pentametervers referiert dem Sinn nach das historische Sternen-Wort des Ignatius. Die Sterne waren auf Erden Objekt seiner sensuellen und affektiven Zuwendung[2], der Erde vermochte er kein Interesse mehr entgegenzubringen. Die Kürze dieser Aussage lässt nun aber einige Leerstellen offen. Es fehlt jede Begründung für die Bewertung wie auch ein deutlicher Hinweis, dass die Sterne symbolisch zu verstehen seien - allein das in der zweiten Fassung neu eingeführte Verb *contemplari* deutet die spirituelle Perspektive an. Die Gestirne sind vorerst allein durch ihre Ferne Projektionsfläche für die Sehnsucht nach dem "Himmlischen"; ihre Unerreichbarkeit ist die Bedingung der Möglichkeit ihrer Verehrung.

Das wird nun deutlich im zweiten Distichon. Es setzt wieder mit einem Signalwort ein, diesmal jedoch der zeitlichen Dimension entnommen. Räumliche Kategorien, die so sehr zentral waren bei der Strukturierung der irdischen Existenz, werden nun unwichtig. Das *Nunc* hat eine Sprengung der vorher scheinbar geschlossenen Werteskala ermöglicht, das vorher "Höchste" wird nun selbst überstiegen. Wodurch? Ein für uns enttäuschend unbestimmtes *aliquid* muss als Antwort genügen; so sehr ist sich der Autor des Gedichts der Übereinstimmung mit den zeitgenössischen Lesern sicher.[3] Und zugleich

---

[1] Ebd. S. 9.
[2] Letztere wird in der zweiten Gedichtfassung durch den Wechsel zur direkten Anrede noch verstärkt. Zugleich wird damit die Parallelisierung mit dem zweiten Distichon deutlicher.
[3] Auch diesbezüglich tendiert die zweite Fassung - durch den Titelzusatz - danach, "eindeutiger" religiös zu sprechen, jedoch ändert das nichts an der "offenen" Aussageweise für das Objekt himmlischer Schau.

wahrt diese unbestimmte Aussage die prinzipielle Unvorstellbarkeit des im Himmel zu Sehenden. Denn genau hierin liegt auch die Pointe des Epigramms: in der Herausstellung der Inadäquadheit aller geschaffenen Zeichen und Symbole bezüglich des geistlich Gemeinten, obwohl deren anagogischer Wert erkannt und gewürdigt wird. Aus himmlischer Perspektive reduziert sich auch der Doppelcharakter der Gestirne auf ihre blosse Kreatürlichkeit und Physizität, und die in der aristotelischen Kosmologie so grundlegende Unterscheidung zwischen super- und sublunarer Welt[1] entfällt. Die letzte Zeile bringt dies zum Ausdruck, indem sie analog zur zweiten Zeile formuliert ist. War dort die Erde angeredet, so nun die Gestirne, denen bezeichnenderweise das Verb *sordere* beigelegt ist, das der historische Ignatius ja zur Qualifizierung der Erde verwandte. Das Adverb *prope* könnte sowohl mit "nahe, aus der Nähe" als auch durch "beinahe, fast" übersetzt werden. Doch die letztere Variante würde einen guten Teil der Wirkung des Epigramms wieder zerstören, während die erste Möglichkeit die Antithese zur irdischen Sternenbetrachung akzentuiert: nicht nur die zeitliche, sondern auch die räumliche Distanz ist aufgehoben (vgl. bereits das Demonstrativpronomen *haec* in der ersten Zeile). Etwas aus der Nähe besehen - das bietet ja immer auch die Möglichkeit der genaueren Untersuchung, der sichereren Wahrheitsfindung, der Unterscheidung von Schein und Sein. So auch hier: Der Sternenschein hat aus der Nähe betrachtet seine überirdische Aura verloren, ist auf sein wahres - geschaffenes - Sein zurückgeführt worden. Wenn auch die Logik des Gedichts die räumliche Deutung von *prope* nahelegt, so wird uns das zweite Ignatius-Epigramm von Bidermann zeigen, dass auch die metaphorische Deutung ("beinahe") ihr Recht haben könnte.

Von seinem Inhalt her war dieses kurze Epigramm recht ergiebig für unser Thema, jedoch von seiner künstlerischen Qualität her scheint es uns eher dürftig zu sein. Allzu simpel und durchsichtig scheinen die Antithesen gestrickt, allzusehr

---

1 Vgl. Crombie, Augustinus S. 73.

scheint der Zwang des Vermasses die Wortwahl bestimmt zu haben: der fast durchwegs prosaische Wortschatz, die unmotivierte und maniert wirkende dreifache Alliteration im zweiten Vers, die dreifache Wiederholung des Wortes *astra*. Die Änderungen von der ersten zur zweiten Fassung bringen zwar äusserlich Verbesserungen (vgl. vor allem den Wegfall des unnötigen *ego* in der ersten Zeile), bleiben jedoch in ihrer inhaltlichen Auswirkung eher zwiespältig. Vom Gegenstand der Rede her scheint ein solch auffälliger *stylus humilis*, wie er hier erscheint, kaum gerechtfertigt. Bei lateinischer Lyrik fällt auch die Nähe zum Endreim auf, wenigstens den Assonanzen nach haben wir es hier mit einem umarmenden Reim zu tun.

2.2 Quamvis despiciantur, amantur

In seiner Epigrammsammlung schliesst Bidermann gleich ein weiteres Gedicht auf seinen Ordensvater an. Der Titel der ersten Auflage (*Aliud de Eodem*) bringt es zum Ausdruck: die Variationsmöglichkeiten des einen Grundmotivs scheinen schier unerschöpflich. Masen z.B. erläutert die sehr zahlreichen Unterarten der *arguitiae* und damit der Epigramme ausschliesslich anhand der biblischen Geschichte vom reichen Prasser und vom armen Lazarus und seine eigenen Beispiele sind ohne Ausnahme der Geburt Christi gewidmet. Lyrik als eine Art *ars combinatoria*, die aus vorgegebenen Bausteinen immer neue Concetti gewinnt. Die Bausteine bei unserem Thema sind Betrachter, Gegenstand der Betrachtung, Motiv der Betrachung, Ort des Betrachters, Zeit der Betrachung, Blickrichtung der Betrachtung, - die Aufzählung entspricht den *loci* der rhetorischen Inventio: *quis, quid, cur, ubi, quando, quomodo*. Je nach Identität oder Differenz der Elemente ergeben sich dann immer neue Konstellationen und Sinnbezüge - Spielfeld für die poetische Kunstfertigkeit.

De Eodem.

1 *Quae toties Oculis spectasse madentibus Astra,*
  Hospes in Ausoniâ fertur Iberus humo;
  Illa, procul spectata licet, procul Astra placebant,
  Sordebatque mero putida Terra luto.
5 *Nunc eadem Lojola videt dum cominus idem*
  Astra sub emerito strata iacere pede:
  Suspiciant alii sua quisque Palatia, clamat:
  Haec superi, quamvis despiciantur, amant.[1]

Über den Selben

1 Sooft mit feuchten Augen die Sterne betrachtet haben
  Soll der iberische Gast auf italischer Erde;
  Gefielen, auch von weitem betrachtet, jene Sterne in der Ferne,
  Und nichtig erschien die widerliche Erde aus lauter Dreck.
5 Nun, da derselbe Loiola aus der Nähe diesselben Sterne
  Unter seinen ausgedienten Füssen liegen sieht,
  Ruft er: Mögen alle anderen zu ihren Palästen aufschauen,
  Diese, auch wenn sie von oben geschaut werden, lieben die
  Überweltlichen.

Die erste Hälfte des Epigramms referiert die vertraute
Episode vom Sternenbetrachter Ignatius, diesmal jedoch nicht
aus der Ich-Perspektive. Ebenso ist die Knappheit des ersten
Epigramms aufgegeben zugunsten genauerer Motivierung der
Contemplatio coeli stellati. Hevorgehoben wird vor allem das

---

1 Bidermann, Epigrammatum, Dillingen, Ed. sec., 1623, lib. I,78, S.36. Nen-
nenswerte Veränderungen von der ersten zur zweiten Auflage finden sich
in den vier letzten Versen:

> *Nunc eadem Loiola videt dum cominus idem*
> *Strata sub emeritos Astra venire pedes:*
> *Suspiciant alij gemmata palatia, clamat;*
> *Ista, mihi quamvis despiciantur, Amo.*

(Epigrammatum, Dillingen 1620, lib. I,6, S. 6.)

Moment der Heimatlosigkeit, in einem biographisch-wörtlichen wie auch in einem metaphorisch-geistlichen Sinn. In seiner irdischen Existenz war Ignatius sosehr "Pilger"[1], Fremdling auf Erden, dass nicht einmal sein Name genannt wird, bloss in antonomastischer Umschreibung; fern seiner spanischen Heimat lebt er als Gast *in Ausonia humo*, eine Umschreibung für Italien, die in der Form *Ausonia terra* oft in Vergils Äneis vorkommt, hier jedoch - zur Verschärfung des Gegensatzes zu den Sternen - in eine peiorative Form transformiert wurde. Heimatlosigkeit war für Ignatius nach seinen eigenen Worten nicht einfach zufälliges Geschick, sondern notwendiges Konstituens christlicher Nachfolge: *Mundi contemptum Christi causa professus patriam in mundo habet nullam, quam agnoscat pro sua.*[2] Die tränenden Augen unterstreichen nicht bloss das Fernweh, sondern haben ihren historischen Hintergrund in der überaus grossen Tränengabe des Ignatius[3]. Die Tränen als Ausdruck tiefster religiöser Ergriffenheit und Erschütterung weisen darauf hin, dass es hier um geistliche *Contemplatio* geht, nicht etwa um Astronomie oder Interesse für Naturerlebnisse. Der Stoff zu unserem Epigramm scheint fast wörtlich aus der Biographie des Ribadeneyra übernommen zu sein. Es geht dort um die Frage der für Ignatius typischen Gebetshaltung:

> Er Jgnatius gieng auff ein Altan oder Soler / daß er den freyen
> Himmel anschawen möchte: Allda er mit blossem Haupt auffrecht stundt / und die Augen ein gute Weil gestracks gen
> Himmel auffhebet: Darnach fiel er gehlingen auff seine Knie /

---

1 Vgl. auch den Titel seiner Autobiographie; dieser ist zwar nicht original, bezeichnet jedoch sehr genau die Leitidee des Textes (vgl. Schneider, Einleitung zu Ignatius, Bericht S. 13-16).

2 Zitiert bei: Hevenesi, Scintillae S. 118 (22.April).

3 Vgl. z.B. Bidermann, De B.Ignatio S. 102: *Inundari se deliciis inter preces cum dissimulare non posset Ignatius; modeste id sibi donum dictitabat concessum, miseriis suis levandis; velut, quem anni morbique ad cetera fractum adepti, solis precibus idoneum reliquerint. Sacris inauguratus, cum statas Ecclesiae preces diceret, uberrimis lacrimarum gaudiis captus; ad verba paene singula consistere, atque ex intervallo interiungere cogebatur. Eoque lacrimandi usu iacturam paene oculorum fecit.* - Vgl. auch das Epi-

unnd thet Gott dem Herren gantz tieffe unnd demütige Reverentz / setzet sich endlich (weil er vor Schwachheit deß Leibs anders nicht vermöcht) auff ein niders Bänckl / allda jhm / weil er mit unbedecktem Haupt also sitzend verharret / die heissen Zeher / mit einer solchen Süssigkeit unnd stillen Ruh seines Geists / uber sein Angesicht herab flossen / dass man weder Seufftzen noch Schnupffen / noch einige Bewegung oder Getöß deß Leibs spüren oder wahrnemen kundt.[1]

Den eminent spirituellen Aspekt der ignatianischen Tränen sowie die Verbindung zur Sternenhimmelbetrachtung stellt auch der Jesuitenemblematiker Carlo Bovio in seiner 1655 in Rom erschienenen Sammlung von hundert Emblemen, Epigrammen und Elogen über das Leben und Wirken des Ordensgründers heraus. In Nr. 82[2] deutet er im Emblem die Tränen als Ausfluss der inneren Gebetsglut, und das Epigramm ist poetische Paraphrase des bekannten ignatianischen Apophthegmas, diesmal mit der Pointe, dass der Tränenstrom die Erde selbst in einen glänzenden Stern verwandelt (vgl. Abbildung 3).

Die beiden nun folgenden Verse 3-4 des Bidermannschen Epigramms sind ebenfalls nichts anderes als eine neuerliche Variation des Sternen-Diktums des Ignatius, Amplifikation des ersten Epigramms, wobei die Antithese Sterne-Erde noch verschärft wird. Und wieder setzt der zweite Teil des Gedichts mit dem *Nunc* ein. Betrachter und Gegenstand der Betrachtung sind identisch geblieben (*eadem astra, idem Lojola*), geändert haben sich die zeitlichen und vor allem die räumlichen Koordinaten; aus der Nähe und unter seinen ausgedienten Füssen - womit wohl auch angespielt ist auf seine (beendete) Pilgerexistenz - sieht Ignatius nun die Sterne.

---

gramm auf den tränenvergiessenden Ignatius bei Bidermann, Epigrammatum, Dillingen, Ed. sec. 1623, lib. I,13, S. 10 f.

1 Ribadeneyra, Historia S. 416; vgl. FN IV, S. 746/748.
2 Bovius, Ignatius S. 244 f.

INSIGNE LXXXII.

INTER ARDENTISSIMAS PRECES EX IGNATII OCV-
LIS VIS INGENS EFFLVIT LACRYMARVM.

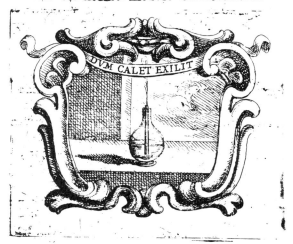

Inclufa intra mathematicam amphoram æquæ
inſtar fonticuli de fyphunculo DVM CA-
LET EXILIT: Calorem cum concipe-
ret inter preces Ignatius · ex oculis vber-
rimo latice lacrymæ protinus e-
rumpebant.

EPIGRAMMA LXXXII.

IN IGNATIVM ARDENTISSIMAS INTER PRECIES
AD ASPECTVM SIDERVM LACRYMANTEM.

Dum deſpeƈƚat bumum Loyola, et ſuſpicit aſtra,
 Et ſimul binc ſordes aſpicit, inde iubar,
Lacryma ceù uultum, peƈtus ſic permeat ardor,
 Et quantum ſpeƈtans binc calet , inde gemit.
Hcù quàm ſordet bumus, dum Cælum ſpeƈto, profatur,
 Atque aufert diƈtis protinus iple fidem.
Omnia nam lacrymis tergens Ignatius, igni
 Vrens, quæ fuerat ſordida, terra nitet.

Abb. 3

Die Tränen des Ignatius
(Quelle: Bovius, Ignatius, S. 244 f.)

Dieses zentrale Motiv des Hinabsehens und Tretens auf die Sterne, das uns bei Bauhusius, Gryphius und bei C. R. v. Greiffenberg wieder begegnen wird, geht in seinem Ursprung auf die fünfte Ekloge (V.56 f.) Vergils zurück, wo die Apotheose Daphnis' folgendermassen beschrieben wird:

Candidus insuetum miratur limen Olympi
sub pedibusque uidet nubes et sidera Daphnis.[1]

Die Stelle dient bereits den christlichen Poeten der ersten Jahrhunderte (Sedulius, Prudentius) zur Darstellung der Geschehnisse nach dem Tod eines Menschen: "la lecture chrétienne de la cinquième *Bucolique* a vu dans le Daphnis de Virgile un »figuratif« exceptionnel de toute ascension chrétienne de l'homme et de l'Homme-Dieu vers le monde du »Père des cieux«."[2] Im Einzelfall wird kaum zu entscheiden sein, ob das Bild direkt von Vergil übernommen wurde oder vermittelt durch spätere Autoren in ein Gedicht gelangte.[3] Hier bereitet es ex contrario auch schon die Schlusspointe vor.

Diese hat nun tatsächlich einen überraschenden Effekt, indem das bisher bekannte Strukturmuster völlig ins Gegenteil vekehrt wird. Das gilt vor allem für die erste Gedichtfassung (*Ista, mihi quamvis despiciantur, Amo*), die für uns vorerst Grundlage der Interpretation sein soll. War bis anhin mit dem Standortwechsel der Betrachters von der Erde in den Himmel

---

1 Zur Analyse der beiden Verse im Kontext der antiken Theologie, Philosophie, Literatur und Astronomie vgl. Perret, L'exaltation.

2 Fontaine, Images S. 63. - Jakob Pontanus SJ, der Lehrer Bidermanns, verzichtet in seinem Vergilkommentar auf eine explizit christliche Ausdeutung der angeführten Stelle (vgl. Ders., Symbolarum Sp. 115 f.).

3 Als Beispiel für die weite Verbreitung des Bildes seien die Verse aus einem Sonett des Hl. Philipp Neri (1515-1595) angeführt: "Qual prigion la ri-. tien ch'indi parire / non possa, e al fin coi piei calcar le stelle / e viver sempr' in dio e a se morire?" (Zitiert in: Rahner, H., Ignatius von Loyola und Philipp Neri S. 64). Mehr der Aspekt des Hinuntersehens wird im *Rhythmus de gloria paradisi* des Hl. Petrus Damiani (1007-1072) betont: *Felix coeli quae praesentem / Regem cernit anima, / et sub sede spectat alta / Orbis volvi machinam, / Solem, lunam, et globosa / Cum planetis sidera* (PL 145,982).

ein *transcensus* des Betrachtungsgegenstandes unter Beibehaltung der Blickrichtung verbunden, so ändert Ignatius diesmal ganz unerwartet seine Blickrichtung und die darin einbeschlossene Bewertungsskala. Unerwartet, weil ja gerade der Blick nach oben so typisch schien für den Habitus des Gründers des Jesuitenordens. Doch ein genauerer Vergleich mit der Ordensspiritualität der Jesuiten zeigt, dass präzis diese beiden Verse ihr Eigentlichstes zum Ausdruck bringen. Zuerst einmal sind sie Reflex der Lebensgeschichte des Ignatius, seines Weges vom Mitglied spanischen Hochadels zum völlig mittellosen Wanderasketen und demütigen Pilger (in der Nachfolge eines Franziskus von Assisi)[1], der dann den Dienst an der Welt, an den Verachteten und sozial Benachteiligten, zum Auftrag seines Ordens macht. Damit ist verbunden die spezifische Weltfrömmigkeit des *omnia ad maiorem Dei gloriam* und *Deum in omnibus quaerere et invenire*. Indifferenz gegenüber der Welt, um sich dann umso besser zu ihr hinwenden zu können. Dieses Paradox kommt zum Ausdruck im Oxymoron am Ende des Gedichts: Gerade das Weilen in der Sphäre Gottes, so dass auch die erhabensten Gegenstände der Schöpfung von oben betrachtet werden, bewirkt die Offenheit für das "Verachtete", ermöglicht liebende Kenosis. Und auch der Umkehrschluss galt für Ignatius: "... also daß er sich auch auß Betrachtung eines Würmbleins / oder sonst eines jeden schlechten und ringschetzigen Thierleins / uber die Himmel erhaben (sic!) ...".[2] Für Bidermann mag damit auch der Glaube verbunden gewesen sein an die fürbittende Zuwendung des Heiligen zu seinen noch auf Erden weilenden Ordenskindern. Vom Schluss her fällt so nun ein neues Licht auf das ganze Epigramm: Die Abwendung von der Erde war nur Mittel zum Zweck einer tieferen Zuwendung - möglicherweise ist das auch die Aussageabsicht der auffälligen Reimassonanz *humo - luto - amo*. Denn das "Gott finden in allen Dingen" bedeutet zwar auch, gemäss dem alten Grundsatz des *per visibilia ad invisibilia*, den Aufstieg durch die Ge-

---

1 Vgl. Ignatius, Bericht S. 45.
2 Ribadeneyra, Historia S. 410; vgl. FN IV, S. 742.

schöpfe zum Schöpfer, den Blick von unten nach oben; in erster Linie jedoch meint es bei Ignatius das trinitarische Schauen aller Dinge von oben her, den Blick auf alles Geschaffene aus der Blickrichtung Gottes.[1] Diese Identifizierung mit der göttlichen Perspektive wird explizit in der zweiten Gedichtfassung, besonders im Wort *superi* - durch unsere Übersetzung mit "die Überweltlichen" versuchten wir die verschiedenen Bedeutungsaspekte wenigstens annähernd wiederzugeben: Erstens sind damit nicht bloss die Götter bzw. Gott gemeint, sondern auch der "vergöttlichte" Ignatius, und zweitens ist als Ermöglichungsgrund der wahren Liebe das *super* hervorzuheben, in einem kosmologischen wie auch spirituellen Sinn. Letzteres bedeutet: Das real-eschatologische Schauen von oben in unserem Epigramm ratifiziert bloss die im irdischen Leben bereits eingenommene spirituelle Perspektive.

Das Geistliche Tagebuch des Ignatius war Jakob Bidermann zwar nicht bekannt,[2] dennoch frappieren die Übereinstimmungen bezüglich der spirituellen Perspektivik. Wir können hierzu die zusammenfassende Darstellung von A. Haas in der Einleitung zum Tagebuch zitieren:

> Die Visionen der Heiligsten Dreifaltigkeit und Jesu vollziehen sich im Blick "*nach oben*" (1.-3. Stufe im Tagebuch). Ignatius erkennt gerade am Ende der 3. Stufe im Tagebuch nach der überwältigenden gnadenhaften Schau des Wesens der Heiligsten Dreifaltigkeit, wie sein Verstand, gleichsam über alle Himmel (más allá de los cielos - 6.März) entrückt, von Gott erleuchtet wird. Deshalb sucht und findet er diese Gnade auch immer im *Blick nach oben*. Aber dann setzt plötzlich eine Wende ein, und Ignatius merkt voller Ratlosigkeit, dass Gott ihn einen neuen Weg führen will (vgl. 6. März bis 12. März). Das Neue ist die "Dienstmystik" des "amor reverencial", in der sich alle göttlichen Mysterien mitteilen im *Blick nach unten*. Mit dem Blick einer aus der tiefsten Liebe geborenen Demut und Ehrfurcht öffnet sich der Verstand den göttlichen

---

1 Vgl. Rahner, H., Ignatius von Loyola als Mensch und Theologe S. 84.

Geheimnissen gerade in seiner Ausrichtung auf das "Unten" dieses irdischen Kosmos. (Hervorhebungen durch uns)[1]

Bidermann lernte diese ignatianischen Mystik der Demut durch die "Exerzitien" kennen, dieser Blick nach unten war ihm aber auch aus der Biographie des Ignatius bekannt, so von der berühmten Vision am Cardoner her, wo Ignatius ja auf den Fluss hinabschaut, "der tief unten dahinfloss".[2]

Gewiss, unser Epigramm darf nicht überinterpretiert werden; seinem Gattungsanspruch nach ist es zuerst einmal witziges Spiel, Demonstration poetischer Gewandtheit in der Erzeugung scharfsinniger Pointen. Und dennoch wird Bidermann ja nicht abstrahiert haben von seiner Berufung als Jesuit, so dass auch im epigrammatischen Paradox das Paradox ignatianischer Mystik aufleuchtet, die "nicht im ruhevollen, unendlich beseligenden Besitz der Liebesvereinigung, sondern im Ausfluss dieser höchsten Liebesglut in den erlösungsbedürftigen Kosmos"[3] gipfelt.

3. Destruktion immanenter, nicht eschatologischer Sternenbetrachtung (Bernhardus Bauhusius)

Wir erwähnten es bereits: Masen zählt B. Bauhusius (latinisiert für Bauhuis bzw. van Bauhuysen) zu den Muster-Epigrammatikern seiner Zeit. Doch in der Literaturgeschichte ist er so gut wie gänzlich vergessen. Dies zeigt sich bereits daran, dass zu seinem Leben und Werk nur ein paar dürftige

---

2 Es wurde erst 1892 teilweise und 1934 zum erstenmal vollständig ediert.
1 Haas, Einleitung zu: Ignatius, Tagebuch S. 67.
2 Vgl. Ignatius, Bericht S. 65.
3 Haas, Einleitung zu: Ignatius, Tagebuch S. 68.

Lexikondaten in Erfahrung zu bringen sind.[1] Er wurde 1575 in Antwerpen geboren, trat als Achtzehnjähriger ins Noviziat der Gesellschaft Jesu ein, war dann Professor am Kolleg in Brügge und Prediger in mehreren belgischen Städten und starb schliesslich in seiner Geburtsstadt 1619. Er veröffentlichte 1616 in Antwerpen seine *Epigrammatum libri V*, die im 17. Jahrhundert zahlreiche Auflagen erlebten.[2] Sein poetisches Nachleben jedoch sicherte er sich durch den einzigen Vers *Tot tibi sunt dotes, virgo, quot sidera coelo*, der unter Wahrung des Sinnes und des Hexameter-Versmasses 1022 mal abgewandelt werden kann, was nach Ptolemäus der Anzahl der Sterne entsprach.[3]

Noch eine zweite Vorbemerkung mag hier nötig sein. Weshalb berücksichtigen wir für unsere Arbeit überhaupt Bauhusius, der doch gemäss den biographischen Daten sein ganzes Leben in Belgien verbrachte? Zuerst ist dazu zu bemerken, dass eine deutsche Nationalliteratur im 17. Jahrhundert noch gar nicht oder bloss in Ansätzen existierte[4] und sich wichtige Literaturzentren ausserhalb oder am Rand des heutigen deutschen Sprachgebiets befanden (Schlesien, Königsberg, Strassburg). Fast die gesamte Poesie orientierte sich nach Inhalt und/oder Form an antiken und zeitgenössisch-fremdsprachigen Mustern und die Tätigkeit des Übersetzens wurde als

---

1 Vgl. Biographie Nationale I, Sp. 849-850; Jöcher, Gelehrten-Lexikon I, Sp. 866; Hoefer, Biographie III, Sp. 813 f.; am ausführlichsten Guilhermy, Ménologe S. 444 f. (Nachruf von Ordensseite) und Sotvellus, Bibliotheca S. 119 f.; eine knappe, eher negative literarhistorische Wertung bei Hofmann Peerlkamp, Liber S. 263-65.

2 Vgl. zur Bibliographie Sommervogel, Bibliothèque, Bd. 1, Sp.1051-53.

3 Bauhusius, Epigrammatum, Ingolstadt 1616, lib. II, S. 63. - Nachdem E. Puteanus den Vers in allen 1022 Formen in einem Buch publiziert hatte, folgten ihm noch mehrere andere Autoren, die eine noch grössere Anzahl von Abwandlungen - z. T. unter Absehung vom Versmass - aufwiesen; vgl. Sommervogel, Bibliothèque, Bd. 1, Sp. 1051 f.

4 Vgl. zum ganzen Problemkreis einer auf "deutsche" (im sprachlichen und nationalen Sinn) Literatur beschränkten Literaturgeschichtsschreibung der Frühen Neuzeit die Uebersicht bei Kemper, Lyrik, Bd. 1, S. 11-15; allerdings mit einem erneuten Plädoyer für eine "regionale" Perspektive, ohne jedoch die inter-nationalen Zusammenhänge zu negieren.

wesentlicher Teil der literarischen Produktion verstanden. Noch viel weniger von engen nationalen Grenzen darf bei der neulateinischen Literatur ausgegangen werden, die einen gesamteuropäischen Humanismus repräsentierte. So finden wir als Druckorte für die Epigramme des Bauhusius Antwerpen, Köln, Ingolstadt, München und Lyon. Schliesslich ist für unsere Arbeit von besonderer Relevanz, dass Andreas Gryphius, als er für sein Lissaer Sonettbuch u.a. mehrere Gedichte von Jesuiten ins Deutsche übertrug bzw. bearbeitete, auch das Werk von Bauhusius - neben Sarbiewski und Bidermann - verwendete.[1] Es ist deshalb gut möglich, dass neben der unten zu besprechenden *Adspirat*-Ode Sarbiewskis (worauf die Forschung schon seit Manheimer hinwies) auch das nachfolgende Epigramm des belgischen Jesuiten das Gryph'sche "Sternen"-Sonett mitbeeinflusste.[2]

3.1 Sternenschau

In Stellam, stellati cæli aspectu mirè recreari
solitum,

1 *Cœruleâ in tunicâ quoties nox fulget, & æthram*
    Pallida nulla tegunt vela volantis aquæ;
  Lampadij sed enim campi, qui sidera pascunt,
    Phosphoreas promunt cælivagasque[3] Pharos;
5 *Tum tum nulla mora est, pictas se, Stella, sub auras*
    Proripit: Hem, statis, cæli oculi atque mei ?
  State rogo, vos lætitiarum summa mearum,

---

1 Vgl. Conrady, Dichtungstradition S. 237; Wehrli, Gryphius bes. S. 26; reichlich ungenau bzw. falsch ist die Angabe bei Mannack, Gryphius S. 230: "Seine *Lissaer Sonette* (1637), ..., enthalten drei Uebertragungen von lateinischen Sonetten (!) der Jesuiten Bidermann, Bauhusius und Sarbiewski."

2 Siehe dazu unten S. 145 f.

O sanctæ, ô sanctæ Cælituum faculæ !
Argus ego, vel milleno sim lumine cinctus,
10   *Noctem nox oculis non feret ulla meis:*
Si modò vos stetis mea lumina, lumina mî stent;
Mille oculos cæli, mille videbo oculis.
Sic fando, stat stâtim, ac usque sub ætheris aurei
Fulgentem clypeum, lumina fixa tenet.
15 *Gaude, stella, astris; sed quae sic suspicis astra,*
O quando dabitur despicere illa mihi![1]

Auf STELLA, der sich beim Anblick des gestirnten Himmels wunderbar zu
erquicken pflegt

1 Sooft in bläulicher Tunika die Nacht erglänzt, und den Himmelsglanz
       Keine fahlen Tücher der Wolken verdecken;
   Sondern vielmehr leuchtende Felder, welche die Gestirne weiden,
       Blinkende und himmelschweifende Leuchttürme enthüllen;
5 Alsdann ist kein Verweilen, unter die geschmückten Lüfte Stella
       Eilends sich hinausbegibt: O, bleibt ihr stehen, Augen des Himmels und
                                                           auch meine (Augen)?
   Bleibt stehen, bitte ich, ihr Inbegriff meiner Freuden,
       O heilige, o heilige Fackeln der Himmlischen!
   Argus(äugig) möchte ich sein, und mit tausendfachem Licht umgeben,
10   Keine Nacht wird meinen Augen mehr Dunkel bringen:
   Wenn nur ihr bleibt, meine Lichter, Lichter mir bleiben;
       Tausend Himmelsaugen werde ich mit tausend Augen sehen.
   Bei solcher Rede steht er alsbald still, und bis unter des goldenen Äthers
       Leuchtenden Schild richtet er gebannt seine Augenlichter.
15 Freue dich, Stella, an den Sternen; aber die Sterne, die du so über dir siehst,
       Ach wann wird es mir vergönnt sein, sie unter mir zu sehen!

---

3 Möglicherweise handelt es sich um einen Druckfehler und es wäre getrennt
   zu lesen: *caeli vagas.*
1 Bauhusius, Epigrammatum, Ingolstadt 1616, lib.II, S. 61 f. Die ebenfalls
   konsultierten Ausgaben Köln 1618 und Antwerpen 1620 enthalten nur ty-
   pographische Abweichungen (v.a. mehr Druckfehler).

Bei Gryphius redet ein Betrachter die nächtlichen Gestirne an, bei Bauhusius dagegen ist der *Contemplator* selber
Adressat der poetischen Botschaft. Ein beträchtlicher Unterschied, und doch nur ein ganz geringer durch das Spiel mit der
Bedeutung des Namens des Himmelsbetrachters - *nomen est
omen*. Dass es sich bei STELLA um eine Person handelt,
scheint uns evident zu sein; ob hingegen damit bloss eine fiktive Gestalt oder ein realer Zeitgenosse des Bauhusius oder
eine Figur der Vergangenheit gemeint ist, liess sich nicht mit
Sicherheit feststellen. Für die letzte Variante sprächen die literarischen Traditionsbezüge: aus der römischen Literatur ist
L.Arruntius Stella bekannt, ein Freund und Gönner des Statius
und des Martial, die ihn beide in Gedichten verewigten, Statius
durch ein Hochzeitsgedicht *In Stellam et Violentillam* [1], Martial
in zahlreichen Epigrammen; jedoch nirgends lässt sich ein the-
matischer Bezug zu unserem Epigramm herstellen. Hingegen
sehr wohl als mögliches Vorbild - auch in Bezug auf die Pointe -
in Betracht zu ziehen ist ein dem Philosophen Plato zuge-
schriebenes Epigramm der Anthologia Graeca. Es lautet in
deutscher Übersetzung:

*Schaust nach den Sternen empor, mein Stern. O wär ich mit
tausend
Augen der Himmel, ich sähe nieder mit ihnen auf dich.*[2]

Es handelt sich um eine Liebeserklärung des Philosophen
an einen Knaben und Schüler mit Namen "Aster" (griech.

---

[1] Statius S. 14-37 (Silvae I,II). Dass Bauhusius das Werk des Statius
kannte, belegt das Epigramm ebd. S. 14.

[2] Anthologia Graeca (ed. Beckby), Buch VII,669, S. 393. Vgl. dazu ebd. die
Anm. S. 597 mit zwei lateinischen Uebersetungen: a)*Astra vides: utinam
fiam, mi sidus, Olympus, / ut multis sic te luminibus videam;* b) *Aster, astra
vides: o si caelum esse liceret, / te possem ut multis cernere luminibus.* In
den von uns konsultierten lateinischen Auswahlausgaben der Anthologia
Graeca (Paris 1608; o.O. ed. H. Stephanus 1570) fand sich dieses Epigramm nicht, jedoch in der Gesamtausgabe mit griechischem Text und la-
teinischem Kommentar (Frankfurt 1600, lib. III, S. 305 f.).

"Stern")[1], die dann auch Opitz in einem Hochzeitscarmen verwenden wird - jedoch wird bei ihm, aufgrund der Verwendung einer falschen lateinischen Übersetzung, aus dem Jüngling eine Dame mit Namen "Asterie".[2]

Zeitgenossen mit dem Namen STELLA, die als Adressaten in Frage kämen, nennen die Lexika mehrere: Jöcher einen Johann Christoph Calvete de Stella, Beichtvater Karls V., Verfasser poetischer, geographischer und astronomischer Werke (Belgien war zu dieser Zeit spanisch!), einen italienischen Poeten namens Johann Bapt. Stella (gest. 1621) und einen Julius Cäsar Stella, Römer, gelehrter Dichter und päpstlicher Kämmerer;[3] Zedler nennt noch zusätzlich einen Jakob Stella, Franziskaner aus Portugal, Verfasser u.a. eines Lukas-Kommentars und eines Traktats *De contemptu mundi* [4], schliesslich wäre noch der Maler Jean Stella (Mecheln 1525 - Antwerpen 1601) zu erwähnen[5]. Dass der Eigenname Stella oder Stern dazu einlädt, ihn concettistisch auszunützen, belegt ein Hochzeitsgedicht von Johann Rist zu Ehren des "Herren Johann von Köllen Vornemen Kauffherrn in Lüneburg / und der Viel- Ehr und Tugendreichen Jungfrauen J. Jlsen Sterns": Der Bräutigam wird darin als Sternkundiger vorgestellt, der alle seine Aufmerksamkeit auf den einen "Stern", seine Angetraute, richtet.[6] Ebenso möglich ist aber auch, dass Bauhusius zwar der Personenname Stella bekannt war, er sich jedoch eine fiktive Gestalt schuf, aus Freude am Spiel mit Worten und witzigen epigrammatischen Einfällen.

---

1 Die beiden Kommentatoren der Ausgabe Frankfurt 1600 beeilen sich zu bemerken, der Knabe werde *castè adamatus* (S. 305) bzw. das Gedicht richte sich an den Schüler "Aster" *vehementer ab eo (honestè tamen) adamatum* (S. 306).

2 Vgl. dazu Rubensohn, Opitz S. 73-74. Das Hochzeitscarmen mit dem Titel "Auff Herren Matthei Ruttarti vnd Jungfraw Annæ Namßlerin Hochzeit" findet sich in: Opitz, GW I, S. 92-94, bes. Z. 41-44, S. 93.

3 Jöcher, Gelehrten-Lexikon, 4. Teil, Sp. 800-804.

4 Zedler, Bd. 39, Sp. 1750-1752.

5 Biographie nationale XXIII, Sp. 771 f.

6 Rist, Schauplatz S. 225-228.

Durch die etymologisierende Stammwiederholung (Anno-minatio)[1] im Titel eröffnet sich das ganze Spektrum der Interferenzen zwischen dem Beobachter und dem gestirnten Himmel. Das Wechselspiel zwischen Betrachter und Betrachtetem, das zeitweilige Ineinanderfliessen beider wird wie ein roter Faden das Epigramm durchziehen. Vom Himmel ist die Rede, nicht bloss von den Sternen, das ist hier wohl zu beachten. Denn damit wird bereits im Titel angedeutet, was dann zur Pointe des Gedichts wird: der Überstieg von der blossen Freude an der Himmelsbeobachtung in die religiös-eschatologische Sphäre. Doch dieser geistliche Sinn ist an der Oberflächenstruktur des Gedichts kaum abzulesen, es präsentiert sich dem ersten Blick in durch und durch weltlichem Gewande; dasselbe Phänomen wird dann auch wieder bei Gryphius zu beobachten sein, wenn auch bereits in abgeschwächter Form. Der Perspektivenwechsel vom Hinauf- zum Hinunterschauen wird in der Überschrift ebenfalls schon vorbereitet, indem bewusst das perspektivisch neutrale Wort *aspectus* für den Akt des Sehens gewählt wird. Und was im *mire recreari* noch erst nach geglückter Musse tönt, erhält vom Ende her gelesen den tieferen Sinn der himmlischen *fruitio Dei*.

3.1.1 Pictae aurae

Doch vorerst soll das Epigramm in seinem Ablauf und seiner Detailstruktur betrachtet werden. Die Gliederung ist leicht erkennbar: je zwei Distichen gruppieren sich zu vier Teilen, die sich deutlich voneinander abheben nach Inhalt und Redehaltung. Die Distichen sind in korrektem Versmass formuliert und Reimanklänge sind vermieden. Bei der Syntax fällt auf, dass sie relativ klar durchschaubar ist, es fehlen überlange, komplizierte Perioden und Klammerbildungen, bedingt vor allem durch die stark dialogische Redehaltung.

Die ersten vier Verse sind Situationsschilderung: in geläufiger Topik wird eine klare Sternennacht beschrieben, zwar

---

1 Vgl. Lausberg, Handbuch § 638, 648.

metaphorisch verfremdet, jedoch nicht bis ins völlig Verrätselte und Manieristisch-Exaltierte.[1] Dennoch, die leichten Brüche in der Bildlogik dieser ersten vier Zeilen (Kleider - Wiese - Leuchttürme) zeigen deutlich, was wir dann in genau gleicher Weise auch bei den deutschsprachigen Sternengedichten beobachten werden: Hier geschieht keine "Naturbeschreibung" im Sinne unmittelbar-einfühlender Wahrnehmung, sondern es werden Versatzstücke aus dem Arsenal poetischer Bildlichkeit zitiert, um den Topos einer Sternennacht zu evozieren.

Wenn zu Beginn des Gedichts der Dialogpartner des STELLA den Sternenhimmel schildert, so setzt er bereits einen Kontrapunkt gegen die Sternenbegeisterung des Angesprochenen: die Sterne selber treten noch stark zurück hinter dem Bild der Nacht, der eigentlichen Beherrscherin der Szenerie. Und dieser eignet ja eine viel stärkere konnotative Ambivalenz als den blossen Gestirnen. Das zeigt sich schon im Eingangsvers: Personifiziert tritt die Nacht auf *in coerulea tunica*. Das Adjektiv meint hier zwar "bläulich, himmelfarben", hat aber auch die Bedeutung "dunkel, schwärzlich". Und die Kleidermetapher unterstützt dies: Kleidung ist zwar Zeichen, Symbol, Ausdrucksform, aber sie bedeutet immer auch Verbergen des Eigentlichen, (vielleicht notwendige) Verhüllung der Wahrheit - auch hier also bereits Vorbereitung der Schlusspointe.

Die Kleidermetaphorik wird weitergeführt im zweiten Bild (& *æthram Pallida nulla tegunt vela volantis aquæ*), einer leicht gekünstelt wirkenden Periphrase für einen wolkenlosen Himmel. Wenn der Sachverhalt hier mit Hilfe der Figur der Litotes umschrieben wird, so bedeutet das durch die Sparsamkeit der Ausdrucksmittel eine Kritik an der Emphase des sternenbetrachtenden STELLA (vgl. z.B. Z. 7/8/10/11), aber auch eine unterschwellige Relativierung der gemeinten Aussage selbst,

---

1 Vgl. Conrady, Dichtungstradition, nach dem die mittlere Stilebene tragender Grund der neulateinischen Lyrik ist. Zu dieser Stilebene gehört "eine Bildsprache, die sich nicht weit in das Gebiet schwerer Metaphorik vorwagt" (ebd. S.120).

indem dem Verb *tegere* eine Gelenkfuntion im Vers zufällt[1].
Hier scheinen nun auf den ersten Blick die Hüllen gefallen zu
sein, doch genau genommen handelt es sich dabei nur um die
oberste Schicht, die *tunica* bleibt. In diesem zweiten Vers fallen die zahlreichen konsonantischen Assonanzen auf. Sollen
sie lautmalerisch das Fliessen und die Wellen der himmlischen
Wasserschleier, der Wolken veranschaulichen?

Mit dem Verschwinden der "Tücher" verschwindet auch
die Kleidermetapher und macht der Weide-Schäfchen-Metapher
Platz, einem der wohl geläufigsten Bilder für den Sternenhimmel. Was hier nur knapp angedeutet wird, wächst sich beim
fast gleichzeitig, jedoch in deutscher Sprache dichtenden Ordensmitbruder des Bauhusius, bei Friedrich Spee zu ganzen
Schäferszenen aus.[2] Treffend illustriert wird in Z. 3-4 unsere
obige Feststellung, bei der Bildlichkeit dieser Art von rhetorischer Dichtung handle es sich um allgemein verfügbares Material, das fast beliebig kombinierbar ist. Dass dann im letzten
Teilsatz des ersten Gedichtabschnitts sogar im Übergang vom
Subjekt zum Objekt der Bildbereich von der Schäfer- zur See-
fahrts- und Wasserszenerie changiert, das darf im Kontext dieser Dichtung nicht als Ungeschicklichkeit oder Unlogik interpretiert werden. Hier interessiert bloss die Findungsgabe des
Poeten bezüglich des *Ornatus* - geschmückt soll die Rede sein -,
nicht aber ob sich sachlogisch eine Wiese, die Leuchttürme
enthüllt, oder Leuchttürme, die umherschweifen, denken lassen.
Die Leuchttürme, selber schon metonymisch gewonnen[3], stellen hier zusätzlich den Bezug her zur zweiten Zeile (*volantis
aquæ*), so dass diese scheinbar beliebig aneinandergereihten
Metaphern doch durch ein Netz von Assoziationen verbunden
sind und dieser erste Abschnitt seine Kohärenz erhält. Mögli-

---

1 Vgl. Conrady, Dichtungstradition S. 83.

2 Vgl. bes. Spee, Trutz-Nachtigal, Lied Nr. 30, S. 162-166 und Lied Nr. 39, S.
203-208.

3 *Pharus* ist eigentlich eine kleine Insel vor Alexandria mit gleichnamigem
Leuchtturm. Er gilt als eigentliches Vorbild aller Leuchttürme der antiken
Häfen, so schon bei Homer, Odyssee 4,355 f. (Vgl. Rahner, H., Symbole S.
551).

cherweise soll mit den Leuchttürmen auch das Motiv von der Lebensschiffahrt evoziert werden; bereits in der frühchristlichen Kunst waren diese Sinnbild für das ersehnte Ziel des himmlischen Lichtes[1]. Jedoch auch dieses Symbol wird hier ironisiert: Leuchttürme, die selber durch die Himmelswasser vagieren, können ja nur sehr trügerische und unsichere Orientierung bieten.

Es handelt sich um deiktische Lyrik, wie sie K. O. Conrady beschrieben hat. Durch die amplifizierende Reihung von drei Nebensätzen[2], die nach dem Gesetz der wachsenden Glieder angeordnet sind, wird auf den Sachverhalt einer wolkenlosen Sternennacht hingewiesen, bewusst und gekonnt "konstruiert" nach den Regeln der *ars dicendi* und der *ars poetica*. So findet sich in der Struktur dieser ersten Verse nicht nur eine formale Klimax, sondern auch eine inhaltliche: Das erste Glied (*Cœrulea in tunica quoties nox fulget*) schildert den Sachverhalt positiv und bloss allgemein, das zweite (*& æthram Pallida nulla tegunt vela volantis aquæ*) litotisch-negativ, wovon sich deutlich das dritte, adversativ verbundene Glied (*Lampadij sed enim campi, qui sidera pascunt, Phosphoreas promunt cælivagasque Pharos*) absetzt, das die Sache nun wieder positiv, aber detaillierter und genauer darstellt.

3.1.2 Argus

Fürwahr, es handelt sich um "geschmückte" Lüfte (Z. 5 *pictas auras*), wie unsere Analyse der Rhetorik des ersten Abschnittes zeigte; der poetische Ornat entspricht bloss der wahren *pictura* in der Natur - *ut pictura poesis*. Bereits hier deutet sich demnach ein Gedanke an, der dann ebenfalls wieder im Gryph'schen Sternengedicht begegnet: der Dichter als Nach-Schöpfer, Nach-Sprecher, Nach-Bildner des wahren Schöpfers. Die *aurae pictae* bilden also das Scharnier zwischen dem ersten und dem zweiten Teil des Gedichtes, der nun einem völlig

---

1 Vgl. Rahner, H., ebd. S. 551; LCI, Bd. 4, Sp. 63.
2 So wenn *quoties* als Konjunktion, nicht als Adverb gelesen wird.

neuen Redegestus folgt. Statik der Himmelsszenerie, wenigstens oberflächlich in sich ruhend und ungestört von menschlicher Geschäftigkeit, das ist das Primäre. Da hinein stürzt sich der Sternenbetrachter, heftige Bewegung ins Gedicht bringend: das wiederholte *tum tum* bringt es zum Ausdruck, aber auch das "Durcheinander" von Sternenhimmel und sich hineinstürzendem Betrachter in der Wortstellung. Und wieder geht das Ich des Gedichts auf ironische Distanz zu seinem Partner STELLA; das *nulla mora est* kontrastiert auffällig zum darauf folgenden, mehrmals wiederholten Wunsch nach Bleiben, nach Verharren (Vgl. Z. 6 *statis;* Z. 7 *state*; Z. 11 *stetis*). Die grundlegende Dialektik allen religiösen Strebens scheint hier auf: Die Aktivitäten zur Erreichung des Ziels zerstören gerade das Angestrebte; das Wollen von Transzendenz produziert genau das, was man nicht will: Immanenz.[1] Einen (christlich) möglichen Ausweg wird die *Adspirat*-Ode Sarbiewskis andeuten: Der Weg zur Transzendenz kann nicht kurzgeschlossen werden, sondern führt nur vermittels völligen Eingehens in die Immanenz (im Tod) zum Ziel. Bedingung der Möglichkeit dieses Wegs bilden christlich Tod und Auferstehung des Gott-Menschen Jesus Christus.

In gedrängter Kürze entwirft der zweite Halbvers von Z. 5 (*pictas se, Stella, sub auras Proripit*) die räumliche Konstellation (der Begriff kann hier einmal völlig wörtlich genommen werden) jeder *Contemplatio coeli stellati* : unten der Betrachter, oben der Sternenhimmel. Und gleichzeitig irritiert, dass auch unten ein "Stern" sein soll: Wer ist nun Betrachter, wer Betrachtetes, wer oben, wer unten?

Die atemlose Dynamik (vgl. auch die Syntax - zwei kurze, asyndetisch verbundene Hauptsätze - sowie das Enjambement Z. 5-6) zu Beginn des zweiten Gedichtabschnittes geht über in eine ohne entsprechendes Verb eingeleitete Frage (*Hem, statis, cæli oculi atque mei*) und erhält in ihr gleichzeitig auch schon einen retardierenden Kontrapunkt. Die Sterne werden angesprochen, jedoch vorerst noch nicht in der Form einer epi-

---

1 Vgl. zur Analyse dieser paradoxen Struktur Fuchs, Weltflucht bes.S.23-26.

deiktischen *laus stellarum,* sondern eines beschwörenden Anrufs zu bleiben, stillzustehen. Dieses höchste Vergnügen, dieses Lusterlebnis scheint sehr prekärer Natur zu sein, selten erfahrbar und wenn, dann überaus rasch vorbei. Deshalb zuerst bloss die erstaunte, noch zweifelnde Frage: *Hem, statis* ... , in der folgenden Zeile dann übergehend in die bereits bestimmtere, durch die Figur des Polyptoton verbundene Bitte: *State rogo* ... Ein weiteres Strukturmerkmal religiöser Erfahrung - im umfassendsten Sinne, d.h. auch deren säkularisierter Variante - lässt sich hier feststellen: Den Moment, der eben wirklich nur Augen-Blick ist, des Glücks, der Erfüllung etc. festhalten, konservieren zu wollen. Wer dächte da nicht an Goethes Faust "Verweile doch ...", an die evangelische Verklärungsszene, wo Petrus Hütten bauen möchte (Mk 9,2-8 par) oder auch an Maria Magdalena, die dem Auferstandenen begegnet, der sie mahnen muss: "Halte mich nicht fest." (vgl. Joh 20,17).

Doch wer ist präzis der Adressat des Anrufs? Die Sterne werden mit einer geläufigen Metapher als "Augen" angeredet [1], sind also Organe der Wahrnehmung wie auch des Ausdrucks, sind Medien des Austauschs zwischen Innen und Aussen, hier zwischen Jenseits und Diesseits, zwischen super- und substellarer Welt. Eigenartig vieldeutige Augen, diese *cœli oculi atque mei:* Sie blicken den Betrachter an, sie dienen aber auch ihm selber, (in den Himmel) zu schauen; es sind nicht seine und doch seine Augen. Noch deutlicher und in gedrängterer Kürze (vgl. die zeugmatische Konstruktion) lässt sich nicht zum Ausdruck bringen, was wir in der Einleitung mit der Zweideutigkeit des Himmels und mit der Scharnierfunktion der Sterne zu beschreiben versuchten.

Die Vieldeutigkeit des Terminus erhöht sich noch, wenn wir ihn aus der Sicht des Gesamtepigramms lesen und dann fragen müssen, ob hier nicht zwei verschiedene Adressaten angesprochen sind. Mit den *oculi mei* müssen ja nicht nur in einem metaphorischen Sinn die Sterne gemeint sein, sie könnten ja auch im litteralen Sinn als des Betrachters reale Augen auf-

---

[1] Siehe unten S. 203 f.

gefasst werden. Was bald nach der Abfassung dieses Gedichts geistesgeschichtlich mit Descartes eintritt, die radikale Trennung von Subjekt und Objekt, von *res cogitans* und *res extensa,* und was dann erst wieder in der Physik und Philosophie des 20. Jahrhunderts überwunden wird, ist hier noch nicht zu beobachten. Im Gegenteil: Das Geschaute "bleibt" nur, wenn auch der Bertrachter "bleibt", wenn sich strukturelle Isomorphien herstellen lassen - oder in der Terminologie religiöser Erfahrung ausgedrückt: wenn das Kontingente sich dem Absoluten angleicht, sich ihm verähnlicht. Jedoch, die Angleichung in unserem Gedicht ist weit davon entfernt, zur Verschmelzung, zur Identität zu geraten, sei dies in einem pantheistischen oder einem bewusstseinsimmanenten Sinn.

Das folgende Distichon (Z. 7-8: *State rogo, vos lætitiarum summa mearum, O sanctæ, ô sanctæ Cælitum faculæ*) bildet einen ersten Höhepunkt des Gedichts; es formuliert die Bitte um das "Bleiben" der Sterne und zugleich die Begründung für den Wunsch in Form einer doppelten, chiastisch verschränkten Exclamatio, wobei die affektische Emphase noch gesteigert wird durch die Geminatio zu Beginn der zweiten Anrede. Wir sprachen von einem Höhepunkt - zu präzisieren ist: der Sternenrede des Stella. Dieser Höhepunkt, an das Ende der ersten Hälfte des Epigramms gesetzt, kontrastiert so der Struktur des Gedichts nach zum letzten Distichon (Z. 15-16), der Pointe und dem Zielpunkt der Sternenrede des Verfassers des Gedichts. Die übersteigerte Emphase, mit der STELLA von den Sternen spricht, scheint geradezu eine Relativierung aufzudrängen. Diese wird ein Grundmoment christlicher Eschatologie, ja christlichen Weltverhältnisses überhaupt in Erinnerung rufen: So sehr die Sterne auch "himmlisch" sind, Vorschein der ewigen Herrlichkeit, ebenso sehr gehören sie auch noch zur Wirklichkeit des Geschaffenen, sind "irdisch". Wenn es ein Schon-Jetzt gibt, dann auch ein Noch-Nicht. Dieser Vorläufigkeitscharakter aller *visibilia* scheint in dieser exaltierten "Sternenfrömmigkeit" des STELLA nicht mehr ganz gewahrt zu sein. Die Verwechslung von Sinnbild und damit Bezeichnetem liegt nahe;

jedenfalls nahe kommt das doppelte *sanctae* dem liturgisch-biblischen dreifachen *Sanctus*, das als höchste Ehrbezeugung allein Gott zukommt. Dem STELLA wird es so in den Mund gelegt, fast karikierend, damit dann die Pointe umso wirkungsvoller "zusticht". Man lese einmal beide Verse (Z. 8 u. 16) zusammen, um die geradezu hämische Denunziation der Sternenbegeisterung des STELLA wahrzunehmen. Der offensichtliche Bezug beider Verse zueinander wird übrigens noch unterstrichen durch ihre anaphorische Verbindung (*O*).

Im folgenden dritten Abschnitt des Epigramms geht die direkte Rede weiter, und die in der einleitenden Anrede angedeuteten Motive werden nun ausgeführt. Die syntaktisch-logische Struktur ist nicht ganz einfach zu ermitteln, bedingt vor allem auch durch die von modernen Normen abweichende Interpunktion. In Übereinstimmung mit den Baugesetzen der (neu-)lateinischen Poesie wird wohl eine parallele, gliedhafte Struktur anzunehmen sein: Zweimal folgt auf einen Konditionalsatz eine futurisch formulierte Folgerung, wobei besonders der erste Konditionalsatz auch Wunsch ist. Die beiden Perioden sind überaus kunstvoll mittels Wortwiederholungen, Paronomasien und Chiasmus verschränkt; vier Leitwörter (*mille, lumen, nox, oculus*) sind es, die das Spiel mit Bedeutungsambivalenzen erlauben und deren Kombination deutlich auf klimaktische Intensivierung hinzielt: Sieg des Lichts über die Nacht. Werden im ersten Distichon (Z.9-10) die Wörter aus dem Bedeutungsfeld "Licht" (*lumen, oculus, mille*) bloss je einmal genannt, jedoch die *nox* zweimal, so fällt im zweiten Distichon die Verdoppelung der drei Licht-Wörter auf; das Wort "Nacht" fällt nun weg und wird durch ein anderes Leitwort des Gedichts ersetzt, das doppelte *stare*. Die diskursive Sprache der Interpretation hat grösste Mühe zu beschreiben, was poetisches Können hier in äusserster Dichte und Präzision sagt.

Argus ego: Der Beginn von Vers 9 nimmt, mittels der mythologischen Metapher[1], das Augenmotiv von Vers 6 wie auch

---

1 Zum Folgenden vgl. Hederich, Lexikon Sp. 401-403. Vgl. auch Ovid, Met. I,624-723, bes. V. 625: *Centum luminibus cinctum caput Argus habebat.*

das in den faculae (Z. 8) angeklungene Wächtermotiv wieder
auf. Bereits im Mythos selber ist die neuerliche Korrespondenz
von Schauer und Geschautem angelegt, so dass das zweite
Glied des Verses (*vel milleno sim lumine cinctus*) gar nicht
mehr eindeutig zu identifizieren ist: Sind mit dem "tausendfa-
chen Licht" analog zum vieläugigen Wächter Augen des Betrachters gemeint oder das Sternenlicht?[1] Argus soll am ganzen Körper unzählige Augen (oder doch zumindest hundert am
Kopf) gehabt haben, "von denen allemal nur zwey oder doch nur
die Hälfte geschlafen, die andern hingegen insgesamt gewa-
chet, und rings um sich gesehen haben".[2] Er wurde deshalb als
der Sternenhimmel gedeutet[3] und die von ihm auf Geheiss der
Juno zu bewachende Kuh Io als die Erde. Doch es handelt sich
bei ihm um einen sehr zwiespältigen Helden, wurde er doch von
Merkur im Auftrag Juppiters mit Hirtengesängen betört und anschliessend umgebracht, um Io entführen zu können. In morali-
sierender Auslegung stand er so bald für die "Lüste der Jugend", die durch die "gesunde Vernunft" getötet werden, bald
für den überaus Scharfsichtigen, der dennoch von Betrügern
überlistet wird, bald für einen Feind, der leicht durch Bered-
samkeit und Waffen besiegt wird. Welche dieser Deutungen
Bauhusius auch gekannt haben mag, auf jeden Fall kehrt sich
auch diese Selbstbezeichnung STELLAS letztlich gegen ihn
selber, ist Element der durchgehenden Ironisierungsstrategie
seines Gegenübers.

Ist die folgende Zeile 10 (*Noctem nox oculis non feret ulla
meis*) eine Anspielung auf das christliche Motiv der paradoxen
Nacht, der *beata nox* von Weihnachten und Ostern, in der die
Nacht zum Tag wird, da in ihr erst das wahre Licht aufleuchtet?
Gryphius wird ja dann das Motiv in all seinen Aspekten entfal-

---

1 Vom lexikalischen Befund her sind beide Deutungen möglich; vgl. bes. auch
Z. 14.

2 Hederich, Lexikon Sp. 401.

3 Vgl. auch das Epitheton *stellatus* für *Argus* (Ovid, Met. I,664); Francisci,
Lust-Haus S. 183 nennt den Sternenhimmel "diesen mit unzehlbaren Augen
begabten Wunder=Argos". Zudem ist *Argus* ein Name für den hellsten aller
Fixsterne, den Hundsstern Sirius.

ten.[1] Hier jedenfalls fehlt völlig der heilsgeschichtliche Bezug, allein die blosse Sternenbetrachtung soll die Dunkelheit überwinden - und einem solchen Versuch ist das Scheitern schon von Beginn weg eingestiftet. Was als prägnanter Block zu Beginn der ersten Vershälfte steht (*noctem nox oculis*), behält seine Gültigkeit. Die Überwindung ist an mehrere irreale oder höchst instabile Bedingungen geknüpft: weder ist der Betrachter tatsächlich mit hundertfachem Augenlicht ausgestattet, noch sind die Klarheit des Nachthimmels und das Innehalten der Gestirne gesichert. Vollends deutlich wird die Ironie, wenn man den Worten des STELLA die entsprechende Anrede an den toten Argus bei Ovid (V. 720 f.) zur Seite stellt - der (wörtliche) unfreiwillig parodistische Bezug ist offensichtlich:

Arge, iaces, quodque in tot lumina lumen habebas,
exstinctum est, centumque oculos nox occupabat una.

Das anschliessende Distichon (*Si modò vos stetis mea lumina, lumina mì stent; Mille oculos cæli, mille videbo oculis*) ist deshalb denn auch blosses Wunschbild - die Bedingung seiner Möglichkeit im Irrealis. Die Drängung rhetorischer Mittel der Vereindringlichung soll ersetzen, was an Realitätsgehalt fehlt. Rhetorik - hier steht sie für einmal im Dienste der Selbst-Überredung, ist Mittel der Imaginationskraft. Diese und das poetische Spiel mit der Äquivozität der Wörter stellen auch die Korrespondenz her zwischen Mikro- und Makrokosmos, zwischen Augen- und Sternenlichtern.

"Unio mystica" (der Ausdruck hier bloss in einem analogen Sinn) wird vorgestellt als möglich im Akt wechselseitiger Beschauung, in der Vervielfachung und Verschmelzung der Sehorgane, so dass Schauer, Geschautes und Schauen ineins fallen. Doch diese Einigung ist blosse Wort-Mystik, rhetorischer Schein. Kaum wahrnehmbar, aber durch die Zurückhaltung umso wirksamer, wird auch diese Illusion zerstört; sein

---

1 Siehe unten S. 150 f. - Vgl. Herzog, Nacht.

Gesprächspartner schliesst an die Rede des Stella mit einem knappen *sic fando*[1] an: aufgeplusterte Rhetorik, sonst nichts.

3.1.3 Suspicere - despicere

Im letzten Teil des Gedichts geschieht in einem zweifachen Schritt eine Distanzierung: zuerst der Perspektivenwechsel vom hymnischen Sternenlob des STELLA zur objektivierenden Beschreibung des Vorgangs aus der Sicht des Bauhusius[2] (Z. 13-14). Und dann als Pointe, als eigentlicher Concetto des Epigramms die Transzendierung der Sternenbetrachtung an sich, indem aus dem Hinauf- ein Hinunterschauen wird.

Der Wunsch des STELLA scheint vorerst sogar in Erfüllung zu gehen. Auf seine Worte (*sic fando*) folgt unmittelbar das Faktum (*stat stâtim*) - im Indikativ und hervorgehoben durch eine Annominatio. Der ersehnte Still-Stand ist erreicht, nur mit dem Mangel, dass er nicht wie gewünscht wechselseitig ist. Es "steht" allein der Betrachter, und das zugehörige Adverb ist durchaus ambivalent: nicht nur bedeutet es "beständig", sondern auch "sogleich, alsbald", hat also auch die Konnotation des bloss Momentanen und bald Vorbeigehenden. Der erwähnte Mangel scheint jedoch im Ausdruck *lumina fixa tenet* kompensiert zu sein, von neuem scheinen die Organe des Schauens und das Geschaute zu korrespondieren, die "Fixsterne" und die "fixierten Augen". Doch *lumina fixa* bzw. *oculos fixos tenere* ist als feste Wortfügung in der klassischen lateinischen Phraseologie überliefert und bedeutet soviel wie "die Augen auf etwas gerichtet halten, den Blick wohin richten".[3] Das unverwandte Starren des Betrachters soll sich wohl - unter Missachtung der prinzipiellen Unverfügbarkeit des Himmels - in einer Art umgekehrter Astrologie auf die Sterne

---

1 *fari*: ein besonders weihevolles Sprechen.
2 Damit soll nicht impliziert sein, das Rollen-Ich des Gedichts sei unvermittelt mit dem Autor zu identifizieren.
3 Vgl. Vergil, Aen. I,428 u. VI,469: Jedoch wird bei Vergil der Erdboden angestarrt - soll somit auch die Himmelschau des Stella als Irdischem verhaftete entlarvt werden?

selbst übertragen. Die feierliche Pose spiegelt sich in der pretiösen Benennung des Himmels. Doch auch hier wieder die unterschwellige Ironisierung, die Brechung des Pathos: das *sub* zeigt deutlich die Grenzen dieser Sternenschau an, wie auch im Begriff des "Schildes" das Verbergende, bloss Äusserliche angedeutet ist (vgl. auch die Kleidermetaphern zu Beginn des Epigramms).

So gewinnt für den aufmerksamen Leser die auf den ersten Blick mitfühlende, mitempfindende, sich solidarisierende Aufforderung *Gaude, stella, astris* bereits einen gönnerhaften, spöttischen Ton. Ironisches Zugeständnis an das Gegenüber, um desto wirkungsvoller und überraschender der eigenen Position Geltung zu verschaffen. Nochmals begegnet das etymologisierende Spiel mit dem Namen des *Contemplators,* nun jedoch fast zur Unkenntlichkeit abgeschwächt. Und wohl nicht zufällig ist bloss noch von den *astris* die Rede, nicht mehr vom Himmel. Der Konnex zwischen dem geistlich Gemeinten und dem es bezeichnenden Sinnbild zerbricht, wenn letzteres verabsolutiert wird, wie das bei STELLA geschehen ist.

Für den prima vista-Leser des Gedichts wird dennoch das *sed* nach der Mittelzäsur des zweitletzten Verses überraschend kommen. Erst jetzt tritt der Sprecher des Gedichts aus seiner Rolle des distanziert-neutralen Beobachters heraus, er gibt sich als "Ich" zu erkennen, wird zum expliziten rhetorischen Gegenüber. Seine Rede wird nun als Parteienrede erkennbar. Auch er greift für seine Argumentation zum Stilmittel der Annominatio[1], nun aber nicht zur Herstellung von Beziehungen und Gemeinsamkeiten, sondern zur polemischen Abgrenzung, diese verstärkend durch das Spiel mit eigentlicher und übertragener Bedeutung der betreffenden Verben: wohin STELLA bewundernd hinaufschaut, darauf wünscht sein rednerischer Kontrahent verächtlich herabblicken zu können.

Neben dieser Grundopposition sind noch zwei weitere bedeutsame Akzentverschiebungen zu beachten. Erstens die "Verzeitlichung" der Sehnsucht: für STELLA ging es um eine

---

1 Annominatio per adjectionem, vgl. Lausberg, Handbuch § 638.

Sistierung der Zeit, um einen Still-Stand im Hier und Jetzt (vgl. bes. Z. 7); Bauhusius dagegen anerkennt, dass die Überwindung des Zeitlichen nur im Aushalten der Zeit geschehen kann. Zweitens jedoch kann dieses Ziel nicht eigenmächtig erworben, produziert werden. Deshalb ist in der Schlusszeile das *dabitur* zu beachten. Das Ersehnte ist Geschenk, das auch noch so angestrengtes Zum-Himmel-Schauen nicht verschaffen kann.

Aber weshalb soll es denn so erstrebenswert sein, die Sterne - und nicht bloss den Betrachter wie im Epigramm Platos - von oben statt von unten zu sehen? Das Gedicht gibt keine Antwort, es entlässt mit dieser Frage den Leser, damit sie dieser selber beantworten kann. Das stärkste Glaubwürdigkeitsargument für eine Sache ist ja immer noch, wenn deren Superiorität dem Publikum von sich aus evident scheint. Und von dieser stillschweigenden Voraussetzung geht Bauhusius auch aus, nicht ohne vorher unter Einsatz aller rhetorischen Kunst das Terrain bereitet zu haben.

3.2 Himmelsschau

Wie eine solche Antwort aussehen könnte, lässt sich jedoch einem weiteren Gedicht des Bauhusius entnehmen. Es trägt den auch bei Sarbiewski[1] und Balde[2] vorkommenden Titel

Aspirat ad cælestem patriam.

1 *Siderei colles, Divûm fulgentia templa,*
   Aureaque innumerâ tecta corusca face,
Elysium æterni Veris, Maijque perennis,
   Lilia quod pingunt perpetuæque rosæ

---

1 Siehe unten S. 87.
2 Balde, Sylvarum, München 1643, lib.VII,18, S. 217-221: *Hymnus Aspirantis ad Caelestem Patriam.* Wir behandeln die Ode von Balde nicht, da sie das Sternenhimmelmotiv nicht aufgreift, sondern durchwegs eschatologische

5   *O, ego te quando! quando mea patria cernam!*
     Et tua ter felix aurea scamna premam!
   Hîc ubi mel sine felle, omni sine nube voluptas,
   Hîc ubi nocte dies, vitaque morte caret.
   Nos valle hac lacrymarum, hac in lacrymarum valle
10   *Heu miseri, quantis mergimur usque malis!*
   Prœlia, paupertas, hœc nostrœ prœmia vitœ,
   Cura, labor, morbi, denique triste mori!
   Portio nulla boni datur hîc mortalibus œgris,
   Cœlitibus regnis portio nulla mali.
15 *Non igitur voveam te dulcis patria? certè*
   Tempora lucis eant, tempora noctis eant,
   De penitis unam te suspirabo medullis,
   Vivetur bipolo donec in orbe mihi.
   O amor! o desiderium! mea fax! meus ignis!
20   *Cur me sic uris? cur? quia tam procul es.* [1]

Er sehnt sich nach dem himmlischen Vaterland

1 Gestirnte Höhen, der Götter leuchtende Tempel,
     Goldene, von ungezählten Feuern blitzende Dächer,
  Elysium des ewigen Frühlings und des immerwährenden Maien,
     Das Lilien und unvergängliche Rosen auszieren,
5 O, wann endlich! wann werde ich dich, mein Vaterland, sehen!
     Und überaus glücklich deine goldenen Bänke besetzen!
  Hier, wo der Honig ohne Bitterkeit, ohne jede Trübung die Wollust,
  Hier, wo ohne Nacht der Tag und das Leben ohne Tod.
  Wir, durch dieses Tal der Tränen, in diesem Tränental,
10   Ach wir Elenden, in wie grosse Übel versinken wir noch!
  Kämpfe, Armut, das ist unser Lebenslohn,
     Sorge, Mühe, Krankheiten, schliesslich ein trauriges Sterben!
  Kein Anteil am Guten wird hier gewährt den hinfälligen Sterblichen,

"Frühlingspoesie", kombiniert mit der Vorstellung des himmlischen Jerusalems, ist.

1 Bauhusius, Epigrammatum, Ingostadt 1616, lib. IV, S. 96 f.

Dem Himmelreich kein Anteil am Bösen.

15 Soll ich also nicht dich süsses Vaterland ersehnen? Ja,

Die Zeiten des Lichtes, die Zeiten der Nacht mögen vorbeigehen,

Aus meinem tiefsten Innern werde ich allein dich ersehnen,

Solange es sich für mich im zweipoligen Rund lebt.

O Liebe! O Verlangen! Meine Fackel! Mein Feuer!

20 Warum brennst du mich so? Warum? Weil du so weit bist.

Dieses Epigramm aus 10 Distichen kann gleichsam als positive Antwort auf die Sternenbetrachtung des STELLA gelesen werden - dezidiert christliche *Contemplatio Coeli*. Das Medium des Sternenhimmels wird zu Beginn nur noch ganz knapp angedeutet (*siderei colles*) und sofort transformiert in die Bilder vom himmlischen Jerusalem und vom ewigen Elysium[1]. Die Pointe des Gedichts deutet sich so schon zu Beginn an: die Unmittelbarkeit der imaginativen Anschauung[2] des Ersehnten bringt zugleich eine grössere Distanz mit sich. Und umgekehrt: Die Wahrnehmung des unermesslichen Abstands vergrössert umso mehr das Verlangen nach dessen Überwindung. Die eschatologische Spannung und Dialektik wird also hier bewusst wahrgenommen und nicht einseitig aufgelöst. Sei dies in der Hervorhebung des Zeitmoments (vgl. Z. 5), sei dies in der antithetischen Entgegensetzung von irdischen *malum* und jenseitigem *bonum* (vgl. bes. Z. 13-14). Die Opposition wird sogar überscharf akzentuiert, das irdische Elend schmerzlich herausgestellt gegenüber dem himmlischen reinen Glück. Das geschieht am deutlichsten in den beiden anaphorisch verbundenen Versen 7-8:

Hîc ubi mel sine felle, omni sine nube voluptas,
Hîc ubi nocte dies, vitaque morte caret.

---

[1] Zu den antiken Quellen dieses christlichen Elysiums vgl. Lang/McDannell, Himmel S. 166.

[2] Zur imaginativen Vergegenwärtigung eschatologischer Sachverhalte vgl. auch die "Exerzitien" Nr. 66-70, wo mit allen fünf Sinnen die Hölle vorgestellt werden soll (Ignatius, Uebungen S. 39).

Die litotische Formulierung macht es deutlich: irdische Vollendung, irdische Werte bleiben auch als solche zweideutig und gebrochen, sind gleichsam nur in der Struktur der Frau Welt denkbar, dichotomisch, mit Vorder- und Rückseite. Und das heisst dann auch, dass sie immer offen sind hin auf eine noch grössere Vollkommenheit, auf reine Vollkommenheit. Aus irdischer Perspektive ist diese jedoch nur ex negativo denkbar, wie Bauhusius zeigt - mittels souveräner Verwendung der Gestaltungsmittel rhetorischer *elocutio*, Amplifikation und Variation geschickt in Balance haltend. Gerade an diesem Beispiel wird deutlich, dass Dichtung im 16./17. Jahrhundert nicht nach inhaltlicher Originalität strebt: all das, was in diesem Epigramm gesagt wird, bewegt sich bis hin zu den einzelnen phraseologischen Wendungen ganz und gar im Rahmen christlicher Topik.[1] Seine Kunst beweist der Poet jedoch in der rhetorisch-poetischen Gestaltung des Stoffes.

Die Diastase zwischen der wesenhaft dem Leiden verfallenen menschlichen Existenz und der Utopie reiner Vollendung ist aufgerissen. Das Existential der Sehnsucht vermag die Kluft nicht zu schliessen, jedoch zu überbrücken, indem sie Kontingentes und Absolutes im Medium der Hoffnung miteinander vermittelt. Diese Vermittlung nun ist bei Bauhusius subjektiviert und internalisiert (vgl. bes. Z. 17). Er nimmt damit teil an einem wesentlichen Merkmal neuzeitlicher Frömmigkeitsgeschichte, beginnend beim Zisterziensermönchtum, weitergehend über die deutsche Mystik, die Bewegung der Devotio moderna bis zur Reformation und auf katholischer Seite der spanischen Mystik und auch Ignatius, dem Ordensvater des Bauhusius[2]. Fast zur selben Zeit entwickelt der deutsche Jesuit

---

[1] Eine Uebersicht zur Vorstellung vom Jenseits als "Paradiesgarten und Himmelsstadt" im Mittelalter vermitteln Lang/McDannell, Himmel S. 105-117. Zur Transformation der beiden Vorstellungen in der Renaissance vgl. ebd. S. 156-70.

[2] Zur Verwurzelung des Ignatius in der frömmigkeitsgeschichtlichen Wendung vom Objekt zum Subjekt vgl. Garcia-Mateo, Ignatius S. 34; Stierli, Ignatius S. 27 f.; zum Einfluss der Devotio moderna auf Ignatius vgl. Schwager, Kirchenverständnis S. 109; Guibert, Spiritualité S. 147 u.ö.

Friedrich von Spee (1591-1635), ignatianische Motive aufnehmend, eine Art Mystik des Seufzens, als Ausdruck einer in Anlehnung an Paulus (Röm 8,26) zentral vom Pneuma getragenen, gesamtmenschlichen Hinwendung zu Gott.[1]

In hymnischem Anruf und unmittelbarer Sprachwerdung innerster Gestimmtheit scheint das Gedicht seinen Höhepunkt zu finden (Z. 19). Rhetorische Dichtung schliesst zwar durchaus nicht aus, dass auch Gefühle und Emotionen zum Ausdruck gebracht werden können,[2] nur geschieht dies nicht in sogenannter "lyrischer Unmittelbarkeit", sondern immer schon in reflektierender Distanz.[3] Und so schliesst denn auch dieses Epigramm mit einem Distanz nehmenden Überstieg der Gefühlsebene; die Emotion wird auf ihre Bedingung und Ursache befragt. Die imaginative Vergegenwärtigung des Himmels (vgl. das *hic* in Z. 7-8) wird als produktives Wunschbild aufgezeigt, das gerade aus der Abwesenheit des Ersehnten seine Intensität gewinnt. Die Pointe des Epigramms "parodiert" so ein geläufiges Motiv der (mystischen) Tradition, für welche die Metaphern des Feuers und Brennens immer Bilder der *unio mystica* waren[4], der Nähe und nicht der Ferne.

---

1 Vgl. Spee, Trutz-Nachtigal, Lied Nr. 29, S. 152-161. Das Seufzen - im Nachvollzug des lauten Lesens - bedeutet bei Spee Teilhabe am innertrinitatischen Leben (Siehe bes. Str. 23-28). - Vgl. Haas, Spee S. 339 f.; Oorschot, Nachwort S. 710-714.

2 Vgl. Dockhorn, Macht S. 97; Stolt, Rhetorik, bes. S. 12-14.

3 Vgl. Conrady, Dichtungstradition S. 183.

4 Vgl. die Belege bei Lüers, Sprache S. 147-151 (brennen) und S. 180 f. (Feuer).

4. Transcensus per descensum (Mathias C. Sarbiewski)

Imitatio, Variation, Kontrafaktur, Parodie, sie bestimmen in ganz wesentlichem Mass die Lyrikproduktion des 17.Jahrhunderts. In mehrfacher Hinsicht trifft dies auch zu für die im folgenden interpretierte Ode des M. C. Sarbiewski (1595-1640) [1]. Sie nimmt erstens in Titel und Thema das oben besprochene Epigramm des Bauhusius auf, ist zweitens vor allem aber Kontrafaktur einer horazischen Ode und hat drittens möglicherweise das "Sternen"-Sonett von Gryphius mitbeeinflusst.

4.1 Liebesopfer

Ad coelestem adspirat patriam.

1 *Urit me patriae decor:*
Urit conspicuis pervigil ignibus
Stellati tholus aetheris,
Et lunae tenerum lumen, et aureis
5 *Fixae lampades atriis.*
O noctis choreas, et teretem sequi
Iuratae thyasum faces!
O pulcher patriae vultus, et ignei
Dulces excubiae poli!
10 *Cur me, stelliferi luminis hospitem,*
Cur, heu! cur nimium diu
Coelo sepositum cernitis exsulem?
Hic canum mihi cespitem,

---

1 Ein Grossteil der Literatur zu Sarbiewski ist in polnischer Sprache abgefasst und war mir somit nicht zugänglich, vgl. v.a. die umfangreiche Arbeit von Warszawski, Mickiewicz. Den ausführlichsten und am leichtesten zugänglichen, wenn auch schon reichlich weit zurückliegenden Ueberblick in

Hic albis tumulum sternite liliis,
15 *Fulgentis pueri domus.*
Hic leti pedicas exuor, et meo
Secernor cineri cinis.
Hic lenti spolium ponite corporis,
Et quidquid superest mei:
20 *Immensum reliquus tollor in aethera.*[1]

Sehnsucht nach dem himmlischen Vaterlande

1 Mich entflammet der Heimath Pracht,
   Mich entflammet der Glanz leuchtender Welten, des
Äthers sternebesätes Dach;
   Und der liebliche Schein Luna's, der Lampen Licht
5 Dort im goldenen Vaterhaus.
   O ihr Reihen der Nacht, flammende Fackeln, die
Ihr dem Tanze der Erde folgt!
   Heimath, herrliches Bild! freundliche Wachen des
Hohen, flammenerhellten Pols!
10 Warum bannt ihr den Gast eures Sternenlichts,
Ach, so lange von euch ihr mich?
   Seht, vom Himmel verbannt, irren verwaiset mich?
Dort erhebe mein Rasen sich,
   Und mit Lilienschnee decket den Hügel mir,
15 Die ihr wohnt in der Strahlenburg.
   Dort umspinnt mich des Tods traurige Schlinge nicht.
Und vom Staube der Staub getrennt,
   Lege müde der Leib endlich zur Ruhe sich.
Und der edlere Rest von mir
20 Schwing zum Äther empor sich, zum unendlichen.[2]

---

deutscher Sprache bietet Diehl, Sarbiewski; zur Lyrik vgl. v.a. Schäfer, Horaz S. 113-126.
1 Sarbiewski, Poemata, Leipzig 1840, Lyr. lib. I,19, S. 30 f.
2 Uebersetzung in: Budik, Bd. 1, S. 183/185.

Er sehnt sich nach dem himmlischen Vaterland

1   Mich entzündet die Schönheit des Vaterlandes,
     Entzündet die stets mit unübersehbaren Lichtern wachende
   Kuppel des gestirnten Himmels,
     Das milde Licht des Mondes und an goldenen
5   Palästen befestigte Leuchten.
     O Fackeln, dem Reigen und Rundtanz der Nacht
   Zu folgen genötigt!
     O schönes Bild des Vaterlands und süsse
   Wächter des feurigen Himmels.
10   Warum, mich Freund des Sternenlichtes,
   Warum ach! Warum, seht ihr mich nur allzulange
     Vom Himmel getrennt und verbannt.
   Hier bereitet mir den grauen Rasen,
     Hier den Grabhügel mit weissen Lilien,
15   Ihr Söhne des leuchtenden Hauses.
     Hier entledige ich mich der Schlingen des Todes und
   Trenne mich als Toter von dem, was an mir Asche ist.
     Hier legt nieder die Beute des trägen Körpers
   Und was von mir übrigbleibt:
20   Der Rest wird dann zum unermesslichen Himmel emporgetragen.

Wenn wir oben von der Kontrafaktur einer horazischen Ode (I,19)[1] sprachen, so war der Ausdruck zu ungenau. Zwar übernimmt Sarbiewski die Strophenform (Vierte asklepiadeische Strophe) und formt das weltliche Liebesgedicht in ein

---

1 Mater saeva Cupidinum
   Thebanaeque iubet me Semelae
              puer
  et lasciva Licentia
   finitis animum reddere amoribus.

in me tota ruens Venus
   Cyprum deseruit nec patitur
              Scythas
  et versis animosum equis
   Parthum dicere nec quae nihil
              attinent.

urit me Glycerae nitor
   splendentis Pario marmore purius,
urit grata protervitas
   et voltus nimium lubricus adspici.

hic vivum mihi caespitem, hic
   verbenas, pueri, ponite turaque
bimi cum patera meri:
   mactata veniet lenior hostia.

geistliches um - jedoch die Umformung ist so umfassend, dass von einem völlig neuen Gedicht gesprochen werden muss, das in sein Konzept formale Techniken und ins Gegenteil verfremdete inhaltliche Motive des Vorbilds eingefügt hat. Achtet man nur auf das Wortmaterial, so sind sogar bloss die horazischen Strophen 2 und 4 berücksichtigt.[1] Am genauesten trifft wohl der Begriff der *Imitatio* zu, der ja nicht blosse Nachahmung meint, sondern "Umbildung frei gewählter Vorlagen zu eigenen Zwecken"[2].

Horaz spricht in seiner Ode von der Liebesleidenschaft, die ihn noch einmal - obwohl er glaubte, durch sein Alter davor gefeit zu sein - mit ihrer unwiderstehlichen Macht und Gewalt überfällt. Die ersten drei Strophen schildern in zunehmend intensiverer Darstellung diesen Zustand in seiner ganzen Zwiespältigkeit: wehrlos und völlig passiv ist er vom Wirken der Venus in Bann geschlagen; aber diese Liebesgöttin ist eine *Mater saeva Cupidinum*, die Leidenschaft nicht beseligende Lust, sondern entfremdende Qual. Das Opfer, zu dessen Bereitung der Dichter die Sklaven in der letzten Strophe auffordert, soll denn auch nicht etwa die Erfüllung der Liebe befördern, sondern diese mässigen und zügeln. Formal sind "Sprache, Satzfügung und Gedankenfolge unserer Ode ... ausserordentlich schlicht".[3] Jeder Stophe entspricht jeweils ein Satz(-gefüge) und ein Gedanke; auffällig ist die durchgehende Dreigliedrigkeit in den Strophen.

Soweit die knappe Beschreibung der horazischen Ode. Wir haben sie an den Beginn unserer Interpretation gestellt, damit das Eigene des Sarbiewski umso deutlicher hervortritt. Dass dieser horazisches Material verwendet, ist schon beinahe selbstverständlich.[4] Bereits zu Lebzeiten gilt er als

---

1 Dass der Bezug zur horazischen Ode dennoch bewusst intendiert ist, zeigt die Beobachtung, dass beide Oden innerhalb der Odenbücher denselben Platz einnehmen (I,19).

2 Schäfer, Horaz S. IX.

3 Syndikus, Lyrik S. 209.

4 Zur Horazimitatio Sarbiewskis im Ganzen vgl. Schäfer, Horaz S. 113-126. Vgl. dazu auch die Dissertationen von Kolanowski, Sarbievio und Mueller,

der *Horatius Sarmaticus*[1], als polnischer Horaz oder Horaz seiner Zeit[2], ja es gibt Liebhaber seiner Poesie, die ihn sogar noch über das antike Vorbild stellen.[3] Von Sarbiewski selber wird berichtet: *Horatium totum fere ita memoria tenuit, ut odas ejus si quis vellet ad verbum recitare posset.*[4] Und in einem Vergil-Exemplar fanden sich von seiner eigenen Hand die Angaben, wievielmal er die lateinischen Klassiker gelesen habe: Vergil sechzig mal, die anderen ungefähr zehn bis zwanzig mal. Sarbiewski konzipierte so sein gesamtes Odenwerk nach dem des Horaz und stellte dessen thematischen Gruppen Entsprechendes zur Seite.[5]

Ein Liebesgedicht gleichsam contre cœur, so charakterisierten wir die horazische Ode. Eine Liebesklage nun ist auch das Gedicht des Jesuiten, aber da bei ihm der Gegenstand der Sehnsucht ein ganz anderer geworden ist, ist die Hingabe nicht mehr widerwillig, sondern strebt - dem üblichen Muster erotischer Lyrik folgend - zur Vereinigung. Was bleibt, ist der ausgesprochen passivische Charakter dieser Liebeserfahrung. Durch die motivisch-formale *Imitatio* des Horaz vermag Sarbiewski umso deutlicher den Kontrast zwischen irdischer und

---

Sarbievio, die sich ausführlich dem Vergleich zwischen Horaz und Sarbiewski widmen, bes. Mueller, der alle Parallelstellen auflistet (S. 32-52), so auch zu unserer Ode, ohne jedoch zu einem Vergleich vorzustossen.

1 So der Titel der Ausgabe der Gedichte Köln 1721. Vgl. auch den Abschnitt aus einem Lobgedicht von Michael Mortierius SJ (im *Epicitharisma* betitelten Anhang zur Gedichtausgabe, hier zit. nach Sarbiewski, Lyr. Libri IV, Köln 1721, S. 290):

> *Horatioque Pindaroque par (procul*
> *Metu cadentis Icari)*
> *Per ora currit, et per astra volvitur,*
> *Supervolatque sidera.*

(Die Stelle ist eine Anspielung auf die Horazode IV,2).

2 So Paul Fleming in einem Epigramm (IV,10) auf "Casimiro Sarbievio, aetatis nostrae Flacco", zitiert bei Schäfer, Horaz S. VII.

3 So z.B. Hugo Grotius (vgl. Budik, Leben, Bd. 1, S. 168). Vgl. auch Diel, Sarbiewski 1874, S. 71.

4 Kolanowski, De Mathia Casimiro Sarbievio S. 37.

5 Vgl. Schäfer, Horaz S.116.

himmlischer Liebe herauszustellen: der horazischen Ironisierung des weltlichen Liebesfurors, der fesselt und einengt, steht umso strahlender der *amor divinus* entgegen, der schliesslich in die unendliche Weite des Alls entführt.

Sarbiewski hat ganz auffällig den Aufbau und die Struktur seiner Ode verändert. Fünf statt vier Strophen sind nicht mehr jeweils klar syntaktisch und gedanklich getrennt, sondern die Strophengrenzen werden im Gegenteil in extremer Weise überspielt, und nur zwischen der dritten und vierten Strophe, am Wendepunkt des Gedichts, findet sich eine Zäsur. Die Ursache und der Effekt dieser Änderung sind leicht einsehbar: distanzierte Reflexion und betonte formale Nüchternheit (gleichsam zur Bändigung der Leidenschaft) weichen der mitreissenden Bewegung, der sich das Ich bei Sarbiewski überlässt: *Immensum reliquus tollor in aethera* (Z. 20). Diese stark affektische Prägung des Gedichts wird unterstützt durch die auffälligen anaphorischen Leitwörter, die die Ode in vier Perioden gliedern. Jeder dieser Perioden entspricht eine eigene Anapher wie auch ein je verschiedener "Sprechakt":

Z. 1-5	*Urit*	Aussage, Bericht
Z. 6-9	*O*	Anrede, Ausruf
Z. 10-12	*Cur*	Frage
Z. 13-20	*Hic*	Aufforderung, Wunsch

Die einzelnen Perioden sind ihrerseits nicht mehr von strenger Dreigliedrigkeit geprägt, sondern von je unterschiedlichen Strukturmustern, am häufigsten dem der Symmetrie und der Zweigliedrigkeit. Doch das grundlegende Kennzeichen der Horazischen Lyrik bleibt, das Prinzip der Gliedhaftigkeit und Reihung.[1] Auffallend ist jedoch, dass das Gesetz der wachsenden Glieder (in seiner quantitativen Form) durchgehend in sein Gegenteil verkehrt ist; und zwar gilt das für alle Ebenen: die beiden Hauptteile (Z. 1-12 und 13-20), die drei Perioden des ersten Teiles (Z. 1-5, Z. 6-9 und Z. 10-12) wie auch für die bei-

---

[1] Vgl. Conrady, Dichtungstradition S. 70 ff.

den Abschnitte des zweiten Teiles (Z. 13-17 und Z. 18-20) sowie für deren Unterabschnitte (je Aufforderung und Ich-Aussage). Auch für dieses Phänomen scheint es uns eine plausible Erklärung zu geben: Das Gedicht vollzieht eine zunehmende Verengung und Fokussierung der Perspektive und zugleich einen Abstieg, einen *descensus*.

4.1.1 Himmelsfeuer

Dies zu erläutern, wollen wir nun die Ode im Einzelnen analysieren. Das erste Wort (*Urit*), durch Inversion und anaphorische Wiederholung hervorgehoben, gibt bereits die entscheidenden Hinweise für das Verständnis des Gedichts, mehrere Motivstränge bündeln sich in ihm. Als erster die Liebesmetaphorik, zu deren mythologischer Ausstattung es seit jeher gehört, dass die Eroten Fackeln tragen, um das Feuer der Liebe bei ihren Opfern zu entzünden.[1] Durchaus "Opfer", d.h. passives Objekt dieser Inbrandsetzung ist der Liebhaber, so ja auch bei Horaz, woher Sarbiewski diese Formel entliehen hat. Bei jenem haben jedoch die Ursachen der Entzündung etwas Zwiespältiges an sich, werden ironisch gebrochen dargestellt. Nichts davon ist in unserer Ode zu spüren, im Gegenteil: die Brand-Metapher wird verdichtet und intensiviert durch die nun unmittelbare Aufeinanderfolge der Anapher und die Aufnahme der Bildlichkeit auch im dreigliedrigen Subjekt des zweiten Satzes.[2]

Doch - und damit sind wir beim zweiten Motivstrang - handelt es sich hier überhaupt um Metaphern? Mit der "Übertragung" in den Bereich der geistlichen Sternenhimmelbetrachtung hat die Liebesmetaphorik ihre Uneigentlichkeit verloren. Die Sterne sind ja wirklich Feuer[3], Lichter und Lampen.

---

1 Vgl. z.B. Ovid, Met. I,461 f., wo Apoll folgende Worte zu Cupido spricht: *tu face nescio quos esto contentus amores / inritare tua, ...*

2 Vgl. zur Heftigkeit der Affizierung durch die Sternenbetrachtung das Zitat aus der Ignatius-Biographie zu Beginn dieses Kapitels: "... gleich als ein scharpffer Stachel und resse Sporen ..." (Siehe oben S. 44).

3 Zum Sprechen von den Sternen als Feuern vgl. auch Vergil, Aen. IV,352 u. III,585.

Damit jedoch ist die Voraussetzung geschaffen für eine zweite "Übertragung": die realen Feuer und Lichter können ihren geistlichen Sinn enthüllen, werden zu Realsymbolen des jenseitigen Lichts. Das wird hier nicht explizit formuliert - wie ja überhaupt im ganzen Gedicht jedes eindeutig religiöse Wort fehlt[1] - und braucht es auch nicht: Der Sternenhimmel hat als einziges *visibile* den Charakter der "Zweideutigkeit"[2], der Äquivozität, er nimmt bereits natürlicherweise an dem Anteil, wofür er Zeichen ist. Sarbiewski nun gelingt es in ausgezeichnetem Mass, dieses Oszillieren, diesen Schwebezustand zwischen Symbol und Realem sprachlich umzusetzen, nicht nur in diesen ersten Zeilen, sondern im ganzen Gedicht. Profan-alltagsprachliche und allegorisch-geistliche Bedeutung gehen fliessend ineinander über. Sind mit dem *patriae decor* bloss die Sterne gemeint oder auch schon die Pracht des Himmels als eschatologischem Ort? Den Himmel als Kuppel (*tholus*) zu bezeichnen entspricht vorerst einmal ganz schlicht dem Alltagsempfinden jedes Menschen, lässt aber gleichzeitig auch an die lichterfüllten Gewölbe und Kuppeln der Renaissance- und Barockkirchen als Abbildern des Himmels qua Ort der Seligen denken - Sarbiewski war ja 1623-25 in Rom zum Studium.[3] Noch deutlicher spielt schliesslich das letzte Glied (*aureis Fixae lampades atriis*) auf das himmlische Jerusalem an, obwohl auch mit den *aureis atriis* schlicht die Kreisbahnen der Sterne gemeint sein können.

Realer Sternenhimmel - himmlisches Jerusalem: möglicherweise können wir in der Deutung sogar noch einen Schritt weiter gehen und dürfen verschlüsselt auch die "Bewohner" des Himmels erkennen: Gott Vater (*patriae*) im Himmel, die Engel als seine steten Wächter (*pervigil*) über dem Geschick der Menschen, die Gottesmutter Maria im ihr seit jeher eige-

---

[1] Dieses weitgehende Zurücktreten jeder expliziten Christlichkeit ist ein Merkmal der gesamten Lyrik Sarbiewskis. Vgl. Schäfer, Horaz S. 113, 118.
[2] Siehe oben S. 7.
[3] Vgl. Budik, Leben, Bd. 1, S. 157-159; Kolanowski, Sarbievio S. 14-26.

nen Sinnbild des Mondes[1], die Heiligen als die Leuchten am Himmel (Dan 12,3; 1 Kor 15,41)[2]. Wir haben damit eine absteigende Hierarchie festgestellt, kommen somit zurück auf das oben bereits angedeutete Strukturmerkmal der Perspektivenverengung und des Abstiegs. Abstieg bedeutet hier auch Anpassung an die Fassungskraft der Betrachters, Vertrauterwerden und Näherkommen: zuerst der abstrakte Oberbegriff des Vaterlands, dann die Totalität des Sternenhimmels, der aber als Kuppel bereits räumliche Begrenzung erfahren hat, dann der bereits vertrautere Mond - die Feuer sind zum Licht geworden, und schliesslich die Bändigung und Domestizierung (im wörtlichen Sinn von *domus*) des gestirnten Universums zu blossen Lampen an Palästen.

Damit sind die Gestirne soweit vertraut geworden, dass der Betrachter den Dialog mit ihnen aufnehmen kann, antworten kann auf das Geschehen der Entzündung. Dennoch wird die Grösse und Unfassbarkeit dieser Erfahrung auch noch in der Anrede (*O noctis choreas, et teretem sequi Iuratae thyasum faces! O pulcher patriae vultus, et ignei Dulces excubiae poli!*) spürbar: Sprachnot als Suchen nach dem zutreffenden Ausdruck und als Verschweigen des eigentlichen Namens mittels Periphrasen einerseits und affektischer Überschwang, ausgedrückt mittels der anaphorischen Interjektion und der Häufung von Anreden, anderseits bezeichnen die beiden Pole, die jede Sprachwerdung religiösen Erlebens prägen. Die Anrede an die Sterne bringt es auch mit sich, dass sie nun zunehmend personifiziert vorgestellt werden, die Bilder sich verstärkt der Liebesmetaphorik annähern (das Tanzmotiv; das "Gesicht" als ein Zitat aus der horazischen Ode) und so das Verhältnis des Betrachters zum Betrachteten inniger, intimer werden lassen. Bereits deutlicher sind nun für den aufmerksamen Leser die Verweise

---

1 Vgl. Salzer, Sinnbilder S. 79 u. 377-384. Bei Sarbiewski vgl. z.B. den Titel der Ode IV,22: *Ad Virginem Matrem. Quasi Aurora consurgens, pulchra ut Luna* ... (Der Untertitel aus Cant. 6,9 fehlt in der Ausgabe Leipzig 1840).

2 Siehe unten S. 205 f. - Vgl. auch die Vorrede zu Ribadeneyra, Historia S.cij: "heilige Personen / als wie klarscheinende brinnende Fackeln unnd Himmlische Liechter".

auf die geistliche Dimension: *iuratae sequi*, das verweist auf die Schöpfungsordnung, der die Sterne unterworfen sind[1]; *vultus* lässt an den Gedanken der Sterne als Augen Gottes denken[2]; von der Wächtersymbolik sprachen wir bereits und *ignei poli* erinnert an den Feuerhimmel, den Sitz Gottes und der Seligen - wenn auch nur per analogiam, bleibt doch das Empyreum dem irdischen Blick verborgen[3].

Die religiöse Dimension wird nun vollends deutlich in der abschliessenden, kürzesten Teilsequenz der ersten Gedichthälfte. Sie ist erster Höhepunkt und zugleich Wendepunkt. Höhepunkt, insofern das rhetorische Pathos sein Höchstmass erreicht hat, sichtbar in der Kombination von Anapher und Geminatio zur Hervorhebung des zentralen Frageworts *cur*. Es handelt sich dabei übrigens um eine poetische Technik, die ebenfalls Horaz entliehen ist, nämlich dem Parallelgedicht[4] zu I,19, der ersten Ode des vierten Buches (Verse 33-36: *sed cur heu, Ligurine, cur / manat rara meas lacrima per genas? / cur facunda parum decoro / inter verba cadit lingua silentio?*). Die In-Brand-Setzung ist nun sprachliche Wirklichkeit geworden in der sehnsüchtigen Frage (*Cur me, stelliferi luminis hospitem, Cur, heu! cur nimium diu Coelo sepositum cernitis exsulem?*), der Abstieg bis zum Betrachter ist vollzogen und damit die fundamentale Konstellation jeder Sternenbetrachtung herausgestellt. Ganz deutlich, schon formal, wird aber auch das grundsätzliche Ungleichgewicht zwischen den beiden Polen: der Be-

---

1 Vgl. dazu die unten interpretierten Gedichte von C. R. v. Greiffenberg "Bey Ansehung der Sternen / Wunsch-Gedanken", bes. Strophe 3 u. 4 (S. 200) und "Göttliches Wunder Lob", bes. Strophe 2 (S. 218).

2 Siehe dazu unten S. 203 f.

3 Vgl. die Definition des Empyreums, die der Jesuitenastronom G.B.Riccioli in seinem "Almagestum Novum", Bologna 1651, gibt: "Unter dem Namen des empyreischen Himmels versteht man den obersten aller Himmel, uns in diesem Leben unsichtbar, aller Bewegung ledig; innerhalb seiner bzw. oberhalb seiner Oberfläche sind und werden sein die Heiligen, die glückseligen Engel und Menschen; man hat ihn nach dem allerreinsten Lichte, mit dem er begabt ist, wie wir glauben, 'Empyreum' genannt,...". (Zitiert nach: Maurach, Coelum S. 2).

4 Parallelgedicht insofern, als dasselbe Thema behandelt wird und die Eingangsperiphrase von I,19 wiederholt wird (*mater saeva Cupidinum*).

trachter ist bloss passiv Erduldender, was noch dadurch verdeutlicht wird, dass sogar seine irdische Betrachtersituation aus der Perspektive des Gegenübers geschildert wird (*cernitis*). Dieses durchgehende Geschehenlassen und Hinnehmen steht in diametralem Gegensatz zur Hyperaktivität des STELLA bei Bauhusius, entspricht aber dem Grundsatz, womit Ignatius auf die Frage antwortete, welche Weise des Betens er am meisten gebrauche: *In caelestibus meditandis AGI se verius quam AGERE.*[1] Der Biograph fügt hinzu, das sei nichts anderes als die höchste Stufe der Erhebung zu Gott, das *divina pati* der mystischen Theologie seit Pseudo-Dionysios. Das Ich des Gedichts ist "Freund" des Sternenlichtes (eigentlich des "sternentragenden Lichtes" - wieder ein Hinweis auf die blosse Zeichenfunktion der Sterne), dies jedoch bloss als "Gast", oder, wie Vers 12 verdeutlicht, als "Verbannter".

4.1.2 Kenosis

Die Kluft zwischen Betrachter und Sternen ist eindringlich herausgestellt und drängt gerade deshalb umso stärker nach ihrer Überwindung. Die so emphatisch gestellte Frage verlangt nach einer Antwort. Diese fällt, genau betrachtet, völlig überraschend, paradox aus: Nicht etwa "hinauf, dorthin" lautet die Losung, sondern *hic* ("hier") wird zum anaphorischen Leitwort der zweiten Teils.[2] Damit wird auf den ersten Blick die Diastase nur noch verstärkt, der Blick wird abgewendet vom Sternenhimmel und auf den Erdboden gerichtet, die in der vorausgehenden Frage eröffnete Zukunftsperspektive eingeengt aufs Hier und Jetzt. Seltsamer Widerspruch: vorher schien alles Glück im Dort des Sternenhimmels konzentriert zu sein, jetzt scheint das Ersehnte vergessen und sein genauer Widerpart rückt ins Zentrum des Interesses.

---

1 Bidermann, De B. Ignatio S. 104; vgl. FN IV, S. 746.
2 Das Gedicht wird um seinen ganzen Sinn und um seine Pointe gebracht, wenn das *hic* mit "dort" übersetzt wird; so in der oben abgedruckten Uebersetzung von Budik, Leben, Bd.1, S. 183/185.

Soweit die Feststellungen einer bloss strukturellen Analyse des Gedichts. Doch aus theologischer Perspektive liegt in diesem Paradox die Mitte ignatianischer Spiritualität, christlicher Eschatologie, ja christlicher Theologie überhaupt. **Erstens** ignatianischer Spiritualität: In einem in Dialogform verfassten philosophisch-erbaulichen Werk des Jesuiten Ignatius Schwarz aus der ersten Hälfte des 18. Jahrhunderts wird die Frage erwogen, in welcher Hinsicht sich denn die Philosophie und Wissenschaft des Ignatius von Loyola von derjenigen der übrigen Erforscher des Universums unterscheide.[1] Fast satirisch wird der Reihe nach vorgeführt, wie unsicher und einander widersprechend die Hypothesen der profanen Sternenkundigen sind. All deren Bemühungen erscheinen als eine Art babylonische Türme, fruchtlose Versuche der Menschen, sich zu den Himmelshöhen aufzuschwingen (*Angelorum est de Coelis discurrere, non Sophorum*)[2]. Ignatius dagegen wird noch ganz als allegorisierender, dem Analogiedenken verpflichteter Philosoph und Theologe geschildert, der vermittels der Natur zum Schöpfer gelangt (*cum contemplatur Naturam, rapitur in Authorem Naturae*)[3]. So wird für ihn die Erforschung des physikalischen Himmels überflüssig, denn *ex terra sibi fecerat Coelum.*[4] Gerade die Hinwendung zu den Kreaturen, die Verausgabung im Dienst an der Erde eröffnet den wahren Weg zu Gott, ganz gemäss dem ignatianischen Leitspruch *in omnibus Deum quaerere.*[5] Am Ende des Dialoges bei Schwarz wird dieses ignatianische Paradox in folgenden Worten formuliert:

> Nunquam ille in terra, etiam cum maxime fuit in terra; nam conversatio illi erat in Coelis, etsi habitatio fuisset in terris,

---

1 Schwarz, Peripateticus, Pars II, S. 1-36 (*Atlas philosophicus seu Discursus I, De Mundo coelesti*). Für den Hinweis auf Schwarz danke ich U. Herzog.

2 Ebd. S. 7.

3 Ebd. S. 2.

4 Ebd.

5 Vgl. auch ebd. S. 32.

98

percipe mirabilem Sophum, paradoxam methodum philoso-
phandi.[1]

Dieses "Auf-der-Erde-Sein" soll beim Ordensgründer der
Jesuiten so stark gewesen sein, dass sogar sein einziges Verlangen dahin ging, möglichst durch keine Ekstasen in den Himmel entrückt und vorzeitig zu den Sternen versetzt zu werden.
Denn für ihn sei jede Zeit Zeit der Meditation, die ganze Welt
Gebetsraum und jeder Besucher Engel, wenn nicht sogar Christus. Das schliesst nicht aus, dass die ganze Sehnsucht des
Ignatius dem Erreichen des Himmels galt. Im Gegenteil, auch
Schwarz zitiert in abgewandelter Form das Motto ignatianischer Sternenhimmelbetrachtung: *Cum Coelum aspiceret, iam
illi sordebat terra, ibique magis vivebat, quo aspirabat, quam
ubi spirabat.*[2]

Dieses Wortspiel führt uns zurück zur Ode des Sarbiewski. Sie geht in der "Indifferenz"[3] gegenüber himmlischem
und irdischem Dasein nicht so weit wie der Ordensvater; ebensowenig wird die konkrete Hingabe an das Kreatürliche thematisch. Eher dürfte deshalb hier - **zweitens** - mit dem *hic* auf das
Wesentliche christlicher Eschatologie und Mystik verwiesen
sein. Im Grunde ist dem Christentum (neuplatonische) Auf-
stiegsmystik fremd, vielmehr führt der Weg zu Gott über den
Abstieg, die Verdemütigung, die Selbstverleugnung, den Tod.
Letzterer, in einem metaphorischen und einem realen Sinn genommen, ist die unausweichliche Tür zur Gottesvereinigung.
Deshalb finden wir auch hier, wie später bei Catharina Regina

---

1 Ebd. S. 28.
2 Ebd. S. 29.
3 Vgl. Ignatius, Uebungen S. 25 f., Nr. 23: "Darum ist es notwendig, uns allen
geschaffenen Dingen gegenüber gleichmütig (indiferentes) zu verhalten in
allem, was der Freiheit unseres freien Willens überlassen und nicht verbo-
ten ist. Auf diese Weise sollen wir von unserer Seite Gesundheit nicht
mehr verlangen als Krankheit, Reichtum nicht mehr als Armut, Ehre nicht
mehr als Schmach, langes Leben nicht mehr als kurzes, und folgerichtig so
in allen übrigen Dingen. Einzig das sollen wir ersehnen und erwählen, was
uns mehr zum Ziele hinführt, auf das hin wir geschaffen sind." - Vgl. Herzog, Poesis S. 20.

von Greiffenberg,[1] eine eindringliche Beschwörung des Todes, wobei dann in paradoxer Weise der Tod Befreiung vom Tod bedeutet (*leti pedicas exuor*) - eindringlich knapp zusammengefasst im Wortspiel (Polyptoton[2]) der Z. 17: *meo secernor cineri cinis*.[3] Gerade als Toter, als zu Staub Gewordener erst trenne ich mich von dem, was an mir Staub ist. Das Hier und Jetzt als Ort des Sterbens und des Begräbnisses zu feiern setzt auch einen deutlichen Kontrapunkt zu stoisch-epikureischer Selbgenügsamkeit und Lob des Landlebens bei Horaz, bei dem das *hic* vor tödlichen Gefahren bewahren und das Entschweben zu den Sternen bannen soll (vgl. z.B. Carm. I,2,45-50).

Ihre tiefste Begründung jedoch findet diese Erniedrigung in den Tod - **drittens** - in der Christologie. Diese bildet wohl den impliziten Hintergrund für den in unserer Ode beobachteten, formalen wie inhaltlichen *descensus*, der ja auf den ersten Blick in einem auffälligen Widerspruch steht zum Thema des Gedichtes, der Sehnsucht nach dem Himmel. Von daher fällt auch ein neues Licht auf Vers 13 (*Hic canum mihi cespitem*). Er ist ein umgeformtes Zitat aus der Horazode: dort werden die Sklaven aufgefordert, einen Rasenaltar zu errichten (*hic vivum mihi caespitem ... pueri, ponite*), damit darauf der Venus ein Opfer dargebracht werden kann. Der "lebendige Rasen" wird bei Sarbiewski zum "grauen", zum Grabhügel, doch dürfen wir wohl mit Recht annehmen, dass der Opfergedanke beibehalten wird. Nur dass dieser eine völlig neue Qualität erhält: Nicht mehr irgenwelche materielle Gaben werden geopfert, sondern zum Opfer wird die Hingabe des eigenen Lebens im Tod. Und zwar erhält dieses Opfer aus der Sicht christlicher Dogmatik nur seinen Sinn alsTeilnahme am einzigen Opfer Christi in seinem Sterben und Tod. Unser Gedicht vollzieht also, wenn auch

---

1 Siehe unten S. 190.

2 Die Benennungen für diese Art der Wortwiederholung unter Lockerung der Flexionsform schwanken. Andere Begriffe wären Metaklisis und Declinatio. Vgl. Lausberg, Handbuch § 646.

3 Im Abdruck bei Conrady, Dichtungstradition S. 362 findet sich hier ein Druckfehler: *cineris* statt *cineri*.

nicht explizit, die Kenosis Christi mit, an der in analoger Weise auch jedes Christenleben teilhat.[1]

Dienen bei Horaz Zweige als Schmuck des Altares, so bei Sarbiewski Lilien, in der christlichen Symbolik die Blumen der Reinheit, Jungfräulichkeit und Unvergänglichkeit, aber auch des Lichtes und der königlichen Würde[2] - ein erneuter Hinweis darauf, dass Sarbiewski der stellaren Apotheose gezielt die funerale gegenüberstellt. Wer sind jedoch die *fulgentis pueri domus*? Sind damit bloss personifizierend-metaphorisch die Sterne gemeint, wie aus der bisherigen Struktur des Gedichts am ehesten zu vermuten wäre? Die Ode verharrt auch hier, wie schon oben beobachtet, in ihrer eigentümlichen Schwebe, bewahrt ihre semantische Polyvalenz, ohne sie aufzulösen. Gewiss sind oberflächlich einmal die Sterne angesprochen; deren Personifikation (nicht bloss in einem rhetorischen Sinn) hat ja eine lange Tradition seit der Antike. Doch die Übersetzer gehen wohl nicht fehl, wenn sie interpretierend übertragen: "ihr Engel" (Rathsmann)[3] bzw. "Die ihr wohnt in der Strahlenburg" (Budik)[4]. Die Engel bzw. überhaupt die Gemeinschaft der Seligen sollen Helfer sein für den Weg in den Himmel. Bis zum Ende der Ode bleibt der Betrachter in seiner passiven Rolle, auch bis zum äussersten Ende seiner Existenz, wenn seine Überreste ins Grab gelegt werden (Z. 18-19).

Et quidquid superest mei: Die Abstiegsbewegung des Gedichts wie auch des Betrachters scheint an ihr Ende gekommen zu sein, die grösstmögliche Distanz zum ersehnten (Sternen-)Himmel ist erreicht, die Perspektive verengt bis auf

---

1 Vgl. dazu K. Rahner, Betrachtungen S. 273 in seiner Auslegung der "Betrachtung zur Erlangung der Liebe" (siehe unten S. 103 f.): "In allem und jedem kann Gott gefunden werden. Man kann mit ihm in die Welt absteigen, um damit ihm zu sterben. Man kann ihn im Lassen und im Nehmen finden, denn alle Dinge sollen durch das Kreuz, das zur Verklärung führt, und durch die Indifferenz, die im Grunde das Sterben Christi mitvollzieht, auf Gott transparent und bei ihm erlöst werden." Vgl. auch Ignatius, Uebungen S. 46, Nr. 98; S. 56, Nr. 146 f.; S. 61, Nr. 167.

2 Forstner, Lexikon S. 183 f.

3 Sarbiewski, Gedichte S. 109.

4 Budik, Leben, Bd. 1, S. 185.

das Grab und die darin ruhenden Reste des menschlichen Körpers. Und damit sind auch die Voraussetzungen geschaffen, poetologisch und theologisch, für den Umschlag, für die Wende: poetologisch für die abschliessende Pointe des Gedichts (auch die horazische Ode endet übrigens mit einer einzeiligen Pointe[1]), die einen überraschenden Kontrapunkt zur Abstiegsbewegung der ganzen Ode setzt; theologisch für den Umschlag von der tiefsten Erniedrigung in die unermessliche Erhöhung, vom Tod zum Leben. Dieses äusserlich so ganz und gar antikische Gedicht dringt damit vor zur Mitte christlicher Spiritualität, mit den Worten des Ignatius: *Longe ad infima ei est descendendum, quisquis eniti ad sublimia velit.*[2] Der entscheidende Unterschied zum horazischen Motiv des Himmelflugs (vgl. v. a. Od. 2,20) besteht genau in dieser gezielten Ausarbeitung des Abstiegsgedankens.

Die Pointe wird verstärkt durch die synonymische Wiederaufnahme des *superest* im *reliquus*, der erste Rest wird überstiegen zum wahren und bleibenden zweiten, der sich "schwingt ins Unermessliche"[3]. Somit ist wieder die Weite der Anfangsperspektive des Gedichts gewonnen, ja sogar übertroffen.[4] Die ersehnte Vereinigung der Standorte hat stattgefunden, doch erneut belässt es Sarbiewski bei einer Andeutung, das Gedicht verbleibt ganz im Bildbereich. Das macht unter anderem seine poetische Qualität aus, entspricht aber auch den dogmatischen Vorgaben christlicher Eschatologie, die es verwehrt, eingrenzende, begriffliche, irdischen Kategorien verhaftete Aussagen über das Jenseits zu machen, auch wenn dieses Prinzip nicht immer Beachtung fand. Zugleich zeigt sich hier er-

---

1 Vgl. Syndikus, Lyrik, S. 207 u. bes. 212.

2 Hevenesi, Scintilla S. 68 (2. März): das Zitat stammt aus der Biographie von Ribadeneyra, konnte aber nicht identifiziert werden.

3 Sarbiewski, Gedichte S. 109. - Das *tollor in aethera* ist sehr wahrscheinlich eine Reminiszenz aus Vergil: Buc. V,51 (*Daphnimque tuum tollemus ad astra*) u. Aen. XII,794 f (*Aenean ... fatisque ad sidera tolli*).

4 Nur am Rande sei hier bemerkt, dass die inhaltlichen Stukturen auch auffällig mit der Zahlsymbolik übereinstimmen würden. Der zweite Teil der Ode besteht aus acht Versen und die Zahl acht gilt als die Zahl der Auferstehung, des Ueberstiegs über die normale Woche.

neut das fast völlige Verharren in rein antiker Bildlichkeit, wie auch die Antithese "entre le corps »retenu« par la terre, et l'âme »ravie« vers le ciel"[1] antiken Vorstellungen entstammt und durch vergilische Einflüsse schon sehr früh in die Bildlichkeit christlicher Poesie eindrang.[2]

Zu Beginn unserer Interpretation charakterisierten wir im Vergleich mit Horaz die Sarbiewski-Ode als ein Liebesgedicht. Das lenkt unseren Blick auf die "Betrachtung zur Erlangung der Liebe" im Exerzitienbuch des Ignatius,[3] die in ihrer Stellung am Ende der Geistlichen Übungen als deren zweites "Fundament" gilt.[4] Und tatsächlich finden sich zwar keine wörtlichen Entlehnungen - das Gedicht würde missverstanden als bloss in poetischem Kleid durchgeführte Exerzitienbetrachtung! -, jedoch erstaunliche strukturelle Entsprechungen.

> Die erste Vorübung besteht im Aufbau (des Schauplatzes); das ist hier: schauen, wie ich stehe vor Gott unserem Herrn, vor den Engeln, vor den Heiligen, die für mich Fürbitte einlegen.[5]

Ganz entsprechend baut auch Sarbiewski zuerst den himmlischen Schauplatz auf, dessen Elemente möglicherweise als Sinnbilder für die himmlischen Bewohner gedeutet werden können, wie wir oben zeigten.[6] In der eigentlichen Betrachtung geht es dann darum, "die empfangenen Wohltaten" sowie das Wohnen und Abmühen Gottes in den Geschöpfen zu erwägen. Und zwar soll dies "mit grosser Hingebung (afecto)" geschehen: dieser Forderung kommt unsere Ode ja in ausgezeichneter Weise nach. Ebenfalls bemerkten wir in ihr die Grundstruktur

---

1 Fontaine, Images S. 57.
2 Vgl. ebd. S. 56 den Beginn einer Inschrift von Papst Damasus: *Hic congesta iacet quaeris si turba piorum, / corpora sanctorum retinent veneranda sepulcra, / sublimes animas rapuit sibi regia caeli* ...
3 Ignatius, Uebungen S. 78-80, Nr. 230-237.
4 Vgl. Stierli, Ignatius S. 120.
5 Ignatius, Uebungen S. 78 f., Nr. 232.
6 Siehe S. 94 f.

von Betrachten des Heilsmysteriums und "Zurückbesinnen auf mich selbst".

Ziel dieser Reflexion auf sich selbst ist die totale Selbsthingabe, wie wir sie im Begriff des *descensus* zu beschreiben versuchten. Der Begriff meint aber in Anlehnung an Jak 1,17 (*Omne datum optimum, et omne donum perfectum desursum est, descendens a Patre luminum ...*) auch die Herabkunft alles Guten und aller Gaben "von oben (de arriba)", was Gegenstand des vierten Betrachtungspunktes sein soll. Diese absteigende Liebesbewegung Gottes, wofür Ignatius auch das Bild der Sonnenstrahlen verwendet, ist die Ermöglichung des Aufstiegs des Menschen zum "himmlischen Vaterland". Die Sehnsucht danach findet wohl ihren prägnantesten Ausdruck im Vaterunser, das zu beten Ignatius dem Exerzitanden am Schluss der Betrachtung aufträgt.

In der "Betrachtung zur Erlangung der Liebe" findet sich aber auch das berühmte *Suscipe*-Gebet (Nr. 234). In Anlehnung an dieses Gebet verfasste Sarbiewski ein Epigramm, das argutiös das (ursprünglich von Franz von Assisi stammende) Wort vom "Kadaver-Gehorsam" deutet und gleichsam wie das - nun explizit christologische - Gegenstück zu unserer Ode wirkt. Sogar die Verbindung der Themen Liebe und Tod kehrt wieder durch das bekannte Motto aus dem Hohelied.

SACRI STUDIOSUS OBSEQUII CADAVER EST.
Fortis est ut mors dilectio. Cant. 8,6

Ut scires, quo, Christe, tui flammarer amore,
Non unus pro me nuntius ivit amor.
Cor ad te misi; cor non est, Christe, reversum:
Mitto voluntatem, Christe: nec illa redit.

Ut tandem totam posset tibi dedere mentem,
Intellectus erat missus; et ille manet.
Nunc animam mitto: quod si non illa redibit,
O ego quam vivum, Christe, cadaver ero![1]

4.2 Himmelsflug und Theaterfall

Das besprochene Gedicht verharrt bis zum Ende in der
Perspektive desjenigen, der sehnsüchtig nach oben schaut, ein
Perspektivenwechsel deutet sich zum Schluss als blosse Möglichkeit an. Dass anderseits bei Sarbiewski der "Blick von oben
herab" nicht fehlt, belegt die zweiundzwanzig Strophen umfassende Ode *E rebus humanis excessus*[2], die ähnlich wie bei
Bauhusius als Fortsetzung der eben interpretierten Ode gelesen werden kann. Sie ist bloss das bekannteste und folgen-
reichste Beispiel für das beim polnischen Jesuiten zentrale
Motiv des Himmelsfluges und der damit gegebenen Vogelper-
spektive auf das irdische Treiben.[3] Auch dieses Vorstellungsmodell ist Teil seiner Imitatio des Horaz (besonders der Ode
II,20), der seinerseits auf eine in der Antike weitverbreitete
Vorstellung zurückgriff.[4] Zugrunde liegt der Gedanke, dass der

---

1 Sarbiewski, Poemata, Leipzig 1840, Epigr. XVIII, S. 267. Wir fügen die
recht genaue Uebersetzung von Diel, Sarbiewski (1874) S. 366 bei: "Damit
du erkennest, mein Heiland, wie sehr ich Dich liebe, sandte ich viele Lie-
besboten an Dich. Ich sandte mein *Herz*, und es kam nicht wieder; meinen
Willen sandte ich, und er kehrte nicht zurück. Da schickte ich meinen *Ver-*
stand, um mich ganz dir zu weihen - und siehe! auch er blieb bei Dir. Nun
gebe ich meine *Seele* selber hin und kehrt auch sie nicht zurück - dann, o
mein Heiland, will ich ein immerwährendes lebendiges Brandopfer der
Selbstvernichtung sein." (Hervorhebungen im Original).
2 Sarbiewski, Poemata, Leipzig 1840, lib. II,5, S. 42-44. Uebersetzungen bei
Budik, Leben, Bd. 1. S.189-195 (es fehlt die 10. Strophe) und Götz, Gedichte, 2. Teil, S. 39-44 (sehr freie Uebertragung).
3 Vgl. Schäfer, Horaz, bes. S. 121. Schäfer führt unter den Beispielen auch
die Ode I,19 an, scheint uns aber gerade das zentrale *descensus*-Motiv dabei zu übersehen.
4 Vgl. Syndikus, Lyrik S. 480-482. - An christlichen Quellen für die Vorstellung von einer Himmelsreise seien u.a. erwähnt: die Himmelfahrt des Elias

in seinem Werk unsterbliche Dichter sich nach seinem Tod in Gestalt eines Schwanes oder Adlers zum Olymp schwingt. Sarbiewski tradierte dann das Modell an Balde weiter, der es besonders in seinen Enthusiasmen verwendete.[1]

Die *Excessus*-Ode soll hier nicht ausführlich besprochen werden; einige vergleichende Hinweise mögen genügen. Sie beginnt mit der Beschreibung der Himmelfahrt und der zunehmenden Entfernung des Irdischen, geht dann aber bald über in eine ausführliche Vergänglichkeitsklage, die den weitaus grössten Teil des Gedichts (Str. 3-18) einnimmt. Es handelt sich noch nicht um die ignatianische Perspektive des in den Himmel Aufgenommenen, sondern erst um eine universale Schau auf den Unbestand des weltlichen Glücks und vor allem auf die Greuel der Kriege und Schlachten. Auf den ersten Blick scheint dieser Himmelsflug diametral der Bewegung "nach unten" der oben interpretierten Ode zu widersprechen. Doch in Wirklichkeit vollzieht sich auch hier der Reduktionsvorgang des Irdischen bis zum *Stat tacitus cinis* (Str. 14) und sogar noch auffälliger die Verengung der Perspektive:

> *Suoque semper terra minor globo*
> *Iamiamque cerni difficilis suum*
> > *Vanescit in punctum?* . . . (Str. 21)[2]

Bis zu diesem Moment ist der Blick stets auf die entschwindende Erde gerichtet, keineswegs etwa auf die Pracht des gestirnten Himmels. Erst an diesem "Punkt" der äussersten Verkleinerung und Fokussierung geschieht - wie in der er-

---

(2 Kön 2,11), die Entrückung des Paulus in den dritten Himmel (2 Kor 12,2), die "kontemplative" Himmelsreise des Augustinus (Conf. 9,10; Uebers. J. Bernhart S. 462), die philosophische bei Boethius (Cons. phil. 4,1; Uebers. E. Gothein S. 204-207).

1 Vgl. Schäfer, Horaz S. 185 f. Als leicht zugängliches Beispiel vgl. die Ode "An Sabinus Fuscus", in: Balde, Dichtungen (ed. Wehrli) S. 26-35.

2 Ungenau scheint mir die Uebersetzung von *suoque ... minor globo* mit "kleiner als ihr Rund" bei Schäfer, Horaz S. 122; der Komparativ sollte hier absolut als "in ihrem Rund immer kleiner werdend" verstanden werden.

sten Ode - der dialektische Umschlag in unendliche Weite, aber überraschenderweise durch den Wechsel in eine ganz andere Bildlichkeit: die mystische des unbegrenzten Meeres der Gottheit[1]. Dadurch markiert Sarbiewski sehr deutlich den wesenhaften Unterschied zwischen bloss immanentem (Phantasie-) Flug zum Himmel und eschatologischem Eingang in den Himmel. Letzteres ist ein spirituell-geistlicher Vorgang, der sich einer Beschreibung in raum-zeitlichen oder kosmologischen Kategorien entzieht; wir bemerkten schon bei der ersten Ode das Verstummen an diesem Punkt. Die poetisch-kosmologische Himmelfahrt dagegen wird als blosses Spiel (Str. 20: *Ludor?*), als Illusion, die teilhat am Scheincharakter alles Irdischen, entlarvt. Auffällig ist, dass Sarbiewski hier am Schluss seinen eigenen Namen nennt, also das Spiel der poetischen Rollen und Fiktionen aufgibt im Moment der (ersehnten) Gottesvereinigung. Für ihn ist diese nur eschatologisch denkbar; am "letzten Tag" jedoch, da "schliesst das gestirnte Welttheater", wie die Formulierung in Str. 18 lautet (*Suprema donec stelligerum dies / Claudat theatrum*). Das besagt aber, dass auch der Sternenhimmel blosse Theaterdekoration ist, trügerische Illusion wie alles übrige Irdische.

Auf tragisch-komische Weise illustrieren diesen Sachverhalt drei Epigramme Sarbiewskis, die sich mit dem Tod seines italienischen Mitbruders Caesar Grimaldi beschäftigen, der beim Inspizieren und Reinigen des Bühnenhimmels 1623 in Rom zu Tode stürzte.[2] Die Pointe und die Moral liegen auf der

---

1 Vgl. Lüers, Sprache S. 224-226. Angesichts der breiten Tradition dieses Bildes in christlicher Frömmigkeit scheint es mir übertrieben, wenn Schäfer, ebd. S. 123 meint, Sarbiewski vermeide bewusst "eine christliche Gottesvorstellung". Zu einseitig scheint deshalb auch die Deutung der letzten Odenverse als bloss "letzte(r) Akt der Entäusserung" (ebd.), noch verstärkt bei Stroh, Rez. zu Schäfer S. 328 als "rauschhaftes Finale der Selbstauslöschung".

2 Sarbiewski, Poemata, Leipzig 1840, Epigrammata Nr.114-116, S. 303 (In der Ausgabe Antwerpen 1630 finden sich leicht andere Nummern: 114=116, 115=117, 116=121) - Der Familienname des betroffenen Jesuiten, von dem nichts weiter bekannt ist als sein Todesdatum (vgl. Fejér, Defuncti, Pars I, S. 111), wird nur in der Ausgabe Antwerpen 1630 genannt. Sarbiewski erlebte demnach die Geschichte bei seinem Romaufenthalt 1623-25, wo er

Hand: Hüte dich vor trügerischen Illusionen - eine Mahnung auch an die Sterngucker - und: Wer Caesar heisst, ist besonders sturzgefährdet.

Ep. 114. De morte Caesaris N., qui, scenicum
dum lustrat coelum, praeceps inopino casu
ad theatrum datus, exspiravit.

1 *Vivus ubi roseum fulgor mentitur olympum,*
   Et simulant vivas aurea tecta domos,
   Picta renidentis dum lustrat sidera scenae,
   Atque alacres Caesar fertque refertque gradus;
5 *Pendula nitentes decepit bractea plantas,*
   Atque sua quassum mole necavit onus.
   Noxia Caesaribus semper sublimia: quisquam
   Ad superos veniat Caesar, et inde ruet.

Über den Tod von Caesar N., der bei der Inspektion des Bühnenhimmels
   in plötzlichem Fall kopfüber auf das Theater stürzte und starb.

1 Wo lebendiger Glanz den rötlichen Himmel vortäuscht,
   Geben goldene Dächer auch wirkliche Häuser vor.
   Während Caesar die gemalten Sterne der schimmernden Szene musterte
   Und eiligen Schrittes hin- und herlief,
5 Täuschte ein schwankendes Blättchen die auftretenden Füsse
   Und die schwache Last tötete durch ihr Gewicht.
   Der Schaden ist für die Caesaren immer am höchsten[1]: Mag einer
   Auch bis zu den Göttern als Caesar gelangen, so wird er auch von dort
                                                      herunterstürzen.

Wenn hier im schauerlichen Exempel der Illusionscharakter des Theaters enthüllt wird, so eben auch derjenige des

---

wie sein berühmter Vorgänger Martial Furore machte mit Stegreifepigrammen (Vgl. Diel, Sarbiewski (1873) S. 352; Budik, Leben, Bd. 1, S. 158).
[1] Oder: Schädlich ist für die Caesaren immer das Erhabenste.

Theatrum mundi und dessen Bühnenapparates.[1] Das Theater bleibt auch hier - oder erst recht hier - wahre Darstellung der Welt und diese erweist sich in Wahrheit als trügerische Illusion. Dieses reziproke Verhältnis kommt im Epigramm 116 zur Sprache: der Theatermann inszeniert mit seinem Sturz vom Bühnenhimmel selber sein letztes Theaterstück (Z. 5-6).

Ep. 116. De eodem.

1 *Scenica mentiti dum forte palatia coeli,*
    Et dubio Caesar scanderet astra pede;
  Aurea, quae falsi simulaverat atria coeli,
    Scissa ruinosum tela fefellit iter.
5 *Decepto ruit ille gradu; tragicique doloris*
    Ad sua materies ipse theatra redit:
  Et Iesum vocat ore. Pii ne flete sodales;
    Non ruit ex astris Caesar, in astra ruit.

Über Denselben.

1 Während zufällig die Theaterpaläste des falschen Himmels
    Und mit unsicherem Fuss die Sterne Caesar erstieg,
Goldenes Gewebe, das die Höfe des falschen Himmels nachgebildet hatte,
    Täuschte zerrissen einen verderblichen Weg vor.
5 Jener stürzte durch getäuschten Schritt; und tragischen Schmerzes
    Selbst Gegenstand kehrte er zum Theater zurück:
Und rief laut Jesus. Weint nicht, fromme Mitbrüder;
    Nicht aus den Sternen stürzte Caesar, sondern in die Sterne.

Das Trostwort am Ende des Gedichts lenkt zum Zentrum des jesuitischen Verhältnisses zum Sternenhimmel zurück. Wie die Sterne zwar (auch hier) Symbol für das Jenseits sind,

---

1 Zur Vorstellung vom "Welttheater" in der Barockzeit vgl. Alewyn, Welttheater, bes. S. 60-90; Barner, Barockrhetorik S. 86-131 (zum Scheincharakter des Theaters bes. S. 111-114); Rusterholz, Theatrum. Zur Ausprägung des Motivkomplexes bei den Jesuitendramatikern vgl. Rädle, Spiel; Valentin, Théâtre, bes. S. 327 f.

ebensosehr weisen sie einen falschen Weg dahin, indem sie zu titanischer Vermessenheit und Hochmut anleiten. Nochmals wiederholt sich so das besonders für Sarbiewski typische Paradox: der wahre Weg zu den Sternen bedeutet Abstieg; im buchstäblich tödlichen Absturz erst eröffnet sich der wirkliche Himmel.

Am deutlichsten wird dies im für unsere Fragestellung interessantesten mittleren Epigramm 115:

Ep. 115. Idem loquitur de se.

1 *Falsa theatralis dum sidera miror olympi,*
   Vera mihi, dixi, sidera pande, deus.
   Dum meus has Lojola pater modo cerneret oras,
   Putida, clamabat, quam mihi sordet humus!
5 *O mihi tam pulchri reserentur morte penates!*
   Vera mihi reserat, dum loquor, astra deus.
   At quia mors aberat coelo quaesita, cadendum
   Ad terram nobis, ut moreremur, erat.

Derselbe spricht von sich.

1 Während ich die falschen Sterne des Theaterhimmels bewunderte,
      Sprach ich: zeige mir, Gott, wahre Sterne.
   Solange mein Vater Loiola noch diese Gegenden betrachtete,
      Rief er: wie verachte ich die schmutzige Erde!
5 O würde sich mir doch im Tod das so herrliche Vaterhaus öffnen!
      Wahre Sterne offenbart mir Gott, während ich noch spreche.
   Aber weil der erbetene Tod fern vom Himmel war,
      Mussten wir zur Erde fallen, um sterben zu können.

Den Grundgedanken dieses Gedichts scheint Sarbiewski von Jakob Bidermann übernommen zu haben, nämlich aus den beiden oben besprochenen Ignatius-Epigrammen. Sowohl das Vorstellungsmodell des aus dem Jenseits Sprechenden und sich Erinnernden wie das bereits wohlvertraute Ignatius-Wort

Quam sordet mihi terra, dum coelum aspicio kehren wieder.[1]
Hinzu kommen jedoch einige für den polnischen Jesuiten typische neue Akzente, so dass es sich lohnt, das Epigramm etwas eingehender zu betrachten.

Die erste Gedichthälfte (Z. 1-4) behandelt in zwei parallel
gebauten Perioden das Thema von Schein und Sein, von Trug
und Wahrheit. Die Vorstellung des Sprechers, des Jesuiten
Caesar Grimaldi, bricht sich dabei ironisch im Spiegel der Konzeption seines Ordensvaters. Das beginnt schon bei der Aus-
gangstätigkeit: Obwohl der Theaterolymp als trügerisch durch-
schaut wird, ist er dennoch Gegenstand der Bewunderung
(*miror*) für den theaterbegeisterten Jesuiten; Ignatius hingegen
nimmt die Welt in kritischer Unterscheidung wahr (*cerneret*).
Diese "Unterscheidung der Geister" ist gespiesen aus der Indifferenz, die nicht aus eigenem Wollen etwas "Höheres" er-
strebt: Es bleibt offen, ob die *oras* bloss die irdischen Regionen
oder (auch) die himmlischen bezeichnen, entscheidend ist allein
die innere Abwendung von der "Welt". Caesar N. jedoch
wünscht sich ganz ausdrücklich den Anblick der "wahren
Sterne", wobei die Assoziation einer Apotheose naheliegt.
Deutlich wird das in der fünften Zeile (*O mihi tam pulchri reserentur morte penates*), die den zusammenfassenden Wunsch
formuliert - notabene ohne ausdrücklich zu machen, wer ihn
ausspricht, Ignatius oder Caesar. Dessen Name ist Sinnbild,
wie schon die Pointe des ersten Epigramms zeigte, so dass
diese Zeile als Horaz-Allusion zu lesen ist. In der Ode III,14
feiert dieser die triumphale Heimkehr des siegreichen Kaisers
Augustus aus Spanien: *Caesar Hispana repetit penatis victor
ab ora.* Somit ist nun klar, dass sich in diesem Wunsch nach einem "schönen Tod" die triumphatorischen Phantasien Caesars
aussprechen, der auch noch in seinen Jenseitsvorstellungen
seinem Namen verhaftet bleibt.

Doch die folgende Zeile (*Vera mihi reserat, dum loquor,
astra deus*) scheint seine Sehnsüchte voll zu bestätigen. Sie
nimmt in der Erfüllung nochmals die Formulierungen des Wun-

---

1 Vgl. auch den Ausdruck "Loiola" für Ignatius.

sches auf, indem der zweite Vers mittels *complexio* variierend wiederholt und auch das Verb *reserare* des vorausgehenden Verses nochmals verwendet wird. Möglicherweise bewusst wird jedoch das Wort *sidera*, das ja auch für die Theatersterne Verwendung fand, durch die *astra* ersetzt. Nur die Pointe[1] fehlt dem Gedicht noch, und diese zerstört denn auch gründlich alle Illusionen und Herrscherphantasien. *Quia mors aberat coelo quaesita* - zwei Deutungen dieser Begründung sind möglich: der ersehnte (triumphale) Einzug in den Himmel entsprach erstens nicht den Kriterien und Kategorien eines christlichen Todes, war so gar nicht auf den (religiösen) Himmel hingeordnet; oder zweitens: der Tod ist kein interstellares Phänomen, keine kosmische Apotheose, eben gerade kein Himmelsflug, sondern etwas höchst Irdisches, ein zu Staub- und Aschewerden. Beide Deutungen ergänzen einander und müssen zusammengelesen werden.

So wird der tragische Tod des theaterbegeisterten Jesuiten zum erbaulichen Exempel; Sarbiewski betreibt hier Allegorese nicht anhand des Buchs der Natur, sondern desjenigen der Geschichte. Die didaktische Intention wird angedeutet durch den Wechsel zum "Wir" am Ende des Gedichts, das den Leser einbezieht in die ignatianische Konzeption der Dienstgesinnung.[2] Diese beobachteten wir bei Sarbiewski in der Transformation einer radikal kenotischen, "irdischen" Eschatologie.

---

[1] Sarbiewski ist Verfasser eines poetologischen Werkes zur Pointenkunst: *De Acuto et Arguto Liber Unicus* (1627); vgl. dazu die knappe Uebersicht bei Fullenwider, Concors Discordia S. 619-621.

[2] Zur ignatianischen "Mystik des Dienstes" vgl. Stierli, Ignatius S. 13 u.ö.; Schwager, Kirchenverständnis, S. 177-184.

5. Zusammenfassung: Die Ambivalenz ignatianischer Sternenhimmelbetrachtung

Eine eigenartig ambivalente Einstellung zur Sternenhimmelbetrachtung durchzieht in verschiedenster Abwandlung die in diesem Kapitel behandelten Texte von Jesuitendichtern. Das beginnt bereits beim Ordensgründer Ignatius: seiner bis zum Lebensende belegten Vorliebe, sich vom Anblick des gestirnten Firmaments zum Gebet inspirieren zu lassen, steht ebenso deutlich seine Ablehnung einer bloss theoretischen Existenz (im Sinne der platonischen Theoria) entgegen; das Neue seines Ordens sollte ja gerade die entschiedene Hinwendung zur Welt und dienende Praxis sein. Doch beides sollte nicht beziehunglos nebeneinander stehen, vielmehr in dialektischer Spannung zueinander, im bekannten Wort, womit sein enger Mitarbeiter P. Hieronimo Nadal die Spiritualität des Ignatius umschrieb: *in actione contemplativus*.[1] Umgriffen wird beides durch die Haltung der Indifferenz, der nichts fremd ist, sofern es zur Ehre Gottes gereicht, die ihr Ziel in der völligen Auslieferung an den Willen Gottes hat.

Im Gegensatz zur Statik bloss stoischer Ataraxie ist dieser Haltung immer schon eine Dynamik immanent, die über das reine Verharren im seligen Augenblick hinausdrängt - ignatianisch ausgedrückt in der Formel des "mas", des "Mehr". Bei Jakob Bidermann wurde dieses Strukturprinzip auf die *Contemplatio astrorum* des Ordengründers selbst angewendet. Drei Stufen liessen sich unterscheiden: Erstens die Apotaxis weg von der Erde hin zu den Sternen, Gemeingut auch heidnisch-antiker Lebensweisheit; zweitens der in christlicher Schöpfungstheologie und Eschatologie begründete Überstieg auch der Sternensphäre und deren Relativierung auf ihr kreatürliches Mass. Überraschend jedoch die dritte Stufe: die erneute Hinwendung zum Geschöpflichen, nun ganz aus himmlischer Perspektive, gleichsam mit den Augen Gottes es be-

---

1 Vgl. Stierli, Ignatius S. 61.

trachtend. In der Anschaulichkeit räumlicher Kategorien wird damit der Endpunkt christlicher Mystik dargestellt, das Einswerden mit der absteigenden Liebesbewegung Gottes;[1] das Epigramm endete denn auch bezeichnenderweise im Verb *amare.*

Bei Bernhardus Bauhusius dominierte im STELLA-Gedicht die Polarität zwischen Sternenhimmelbetrachtung und deren eschatologischem Überstieg, jedoch besonders akzentuiert durch die dialogische Darstellung und die dadurch ermöglichte Ironisierung des stellaren Enthusiasmus. An sich berechtigte Begeisterung für die Gestirne und deren ausgezeichnete Signifikanz hat sich hier verselbständigt, sprachlich erkennbar am Übermass von rhetorischem Pathos und stilistischem Ornat. Die Fallhöhe bzw. die Höhe des Falles ist deshalb nach der Schlusspointe umso grösser. Bauhusius gelingt so ein entschiedenes poetisches Plädoyer für eine streng funktionale und relative Sicht der Sternenhimmelbetrachtung, wobei sich bei allen Jesuitenpoeten die Funktion auf den anagogisch-eschatologischen Aspekt beschränkt, im Gegensatz zu den in deutscher Sprache schreibenden Autoren und Autorinnen, bei denen ebenso auch der allegorische und der tropologische Aspekt zur Geltung gelangen. In der konsequenten Linie dieser Relativierung des Blicks zu den Sternen hinauf vollzog dann das zweite besprochene Gedicht des Bauhusius eine Verinnerlichung der *Contemplatio coeli,* so dass der "Himmel" nur noch eine spirituelle Realität ist, wenn auch veranschaulicht mit Hilfe elysischer Metaphorik.

Auf den innersten Kern der Ambivalenz jeder Sternenhimmelbetrachung aus eschatologischer Perspektive wies schliesslich die Ode von Mattias C. Sarbiewski hin, indem sie der hinaufstrebenden "Sehnsucht nach dem himmlischen Vaterlande" kontrapunktisch die kenotische Abwärtsbewegung zum Tode gegenüberstellte. Entscheidend ist, dass nicht einfach der

---

[1] Ein eindringliches Bild für die auf die "Welt" ausgerichtete Fruchtbarkeit ignatianischer Mystik fand sich bei Carlo Bovio: die Gebetstränen machen die Erde zum glänzenden Stern (siehe oben S. 60).

Tod als notwendige Tür zum Jenseits genannt wird, sondern das Gedicht als solches in seiner poetischen Faktur den *descensus* vollzieht, soweit bis der dialektische Umschlag in die unermessliche Weite möglich wird. Es hebt sich damit ab von den "Himmelsfluggedichten". Ein kurzer Blick auf eines von ihnen zeigte jedoch, dass auch dort die Aufwärtsbewegung ironisch gebrochen und vor dem eschatologischen Horizont überstiegen wird. Sehr anschaulich schliesslich führten die drei Epigramme auf den Tod des Caesar Grimaldi die paradox inverse Struktur der Sarbievischen Sternen-Eschatologie vor Augen und verbanden diese mit den für die Barockzeit so typischen Motiven vom Fall des Herrschers aus seiner Höhe, vom Sturz des Ikarus[1] und vom Illusionscharakter alles Irdischen und auch der Dichtung. Folgerichtig fand sich so bei Sarbiewski auch die am weitesten gehende Reduzierung der positiven Aspekte der Sternenhimmelbetrachtung. Verstärkt wurde diese Tendenz aber wohl auch durch die Horaz-Imitatio, den antikischen Charakter dieser Lyrik, die deshalb nicht so sehr auf die biblisch-patristische Terminologie und die damit gegebene allegorische Exegese zurückgreift.

Zum Abschluss dieses Kapitels mag ein unscheinbares Epigramm von Jakob Bidermann nochmals veranschaulichen, worum es bei der Betrachtung des Sternenhimmels eigentlich geht. Wir wählen als Grundlage unserer Interpretation diesmal die Fassung der ersten Auflage der Epigramme, die den Gattungsnormen der *brevitas* und der *argutia* u. E. besser entspricht als das doppelt so umfangreiche Epigramm der Neuausgabe.

---

1 Zur Verbindung von Sternseherei (Astrologie) und Ikarus-Motiv vgl. das Emblem bei Alciatus mit dem Lemma "In Astrologos" (= Henkel/Schöne, Emblemata Sp. 1056 f.). - Siehe Abbildung 4.

Icare per superos qui raptus et aëra donec
   In mare praecipitem caera liquata daret.
Nunc te caera[2]) eadem feruensque resuscitat ignis,
   Exemplo ut doceas dogmata certa tuo.
Astrologus caueat quicquam praedicere preceps,
   Nam cadet impostor dum super astra uehit.

In die Sternseher.

Icare der du gfaren bist
   In der Höch durch die Wolcken mit list
Biß daß das Wachß wurd weich vnd schmoltz
   Vnd du ins Meer filst wie ein Holtz?
Nun ermundert dich wider jetz
   Eben diß Wachß[2]) vnd feuwrig hitz
Das du gebest ein gwisse lehr
   Durch dein Exempel vns jetzt her
Damit sich in dAstronomey
   Ein jeder hüt war zusagen frey
Dann der mit seiner Kunst ist schnell
   Ins Himmels lauff / kompt in vngfell.

Abb. 4

In Astrologos
(Quelle: Henkel/Schöne, Emblemata Sp. 1056 f.)

In oculos caelo defixos

Stant oculi, et fixo spectant sublimia nutu,
Nescio quid nostro pulchrius orbe vident?
Pergite, quicquid id est, spectare, o pergite, sursum:
Terra nihil pulchri, quod videatis, habet.[1]

Über die zum Himmel gerichteten Augen

Es stehen still die Augen, und unverwandt beschauen sie Erhabenes.
Ich weiss nicht, was sie Schöneres sehen können als unsere Welt?
Fahrt fort zu beschauen, auf jeden Fall, fahrt fort nach oben zu schauen,
Die Erde nichts Schönes, was ihr sehen möget, hat.

Das Epigramm wäre denkbar als der sprachliche Teil eines Emblems. Ein klar umrissenes Phänomen wird zum Anlass seiner überraschend-argutiösen Deutung: Jemand starrt zum Himmel hinauf, gefragt ist nach dem Zweck dieser Handlung. Der unerwartete Einfall des Dichters besteht nun darin, dass die Schau nach oben nicht durch das zu Sehende, sondern durch das Nicht-zu-Sehende motiviert wird, wobei das Nicht-zu-Sehende in einem doppelten Sinn zu verstehen ist: einerseits das, woran jeder Blick verschwendet ist, das Irdische, anderseits das, was der irdischen Schau notwendigerweise verborgen bleiben muss, das Himmlische in seinem religiösen Sinn.

---

[1] Bidermann, Epigrammatum, Dillingen 1620, lib. I,96, S. 47. Die zweite Fassung (Bidermann, Epigrammatum, Ed. sec., Dillingen 1623, lib. III,103, S. 245 f.) lautet:

Oculi in Coelum defixi.
Stant oculi, fixoque inter sublimia nutu,
Nescio, quid nostro pulchrius orbe vident!
Caerulea sive poli spectatis inania; sive
Luciferâ aeternas in statione faces:
Sive aliud stellis sublimius esse videtis,
Cuius in aspectum vos inhiare iuvet:
Pergite, quicquid ist est, spectare, ô pergite. Tellus
Nostra nihil pulchri, quod videatis, habet.

Letzteres wird auch sprachlich bloss in Andeutungen fassbar, so besonders im Wort *sublimia*: es bezeichnet primär einfach Gegenstände, die über der Erde, oben, in der Luft sind; meint dann aber auch das Erhabene und Hehre. In seiner Ambiguität träfe der Ausdruck also auf den Himmel in seiner materiellen und seiner religiösen Bedeutung zu. Die zweite Zeile scheint Kritik zu äussern an dieser Schau ins "Blaue", ins Unbestimmte, dem die Konkretheit "unserer Welt" entgegengesetzt wird. Doch der folgende Vers erweist diese erste Deutung sofort als falsch: das Objekt der Betrachtung ist völlig nebensächlich, ins Zentrum rückt allein das *sursum*. Die Syntax bringt diesen Sachverhalt unübersehbar zur Darstellung: in der Mitte als Gelenk der Infinitiv *spectare*, der beiden Gliedsätzen zugehört; diese sind verbunden durch die anaphorisch wiederholte Aufforderung (*pergite*) und voneinander geschieden durch das inhaltsleere Objekt (*quicquid id est*) bzw. das den Akzent erhaltende Adverb *sursum*. Die abschliessende Zeile liefert die Begründung, indem sie einen weiteren Trugschluss des zweiten Verses herausstellt: der dort verwendete Komparativ (*nostro pulchrius orbe*) war gar nicht statthaft, denn der Erde eignet überhaupt nichts Schönes und darum Sehenswertes.

Mit dieser Akzentverschiebung vom Gegenstand zur Richtung des Blickes wird nochmals die bereits besprochene Relativierung der Betrachtung des Sternenhimmels (von dem hier gar nicht mehr die Rede ist), in Erinnerung gerufen, vor allem aber zeigt sich noch einmal deutlich die Tendenz zur Verinnerlichung und Spiritualisierung, in deren Konsequenz dann die Sternenhimmelbetrachtung nur noch zur blossen Metapher für den rein innerpsychischen Vorgang der Erhebung der Seele zu Gott wird. Dieser Schritt ist bei den Jesuiten dieser Zeit noch nicht vollzogen, aber er bahnt sich an und mit ihm der Abschied von der Naturallegorese.

III. ANDREAS GRYPHIUS

Im Zentrum dieses Kapitels wird das Sonett "An die Sternen" stehen. Es soll in zwei weiteren Schritten dann in den Kontext einiger weiterer Gedichte von Gryphius gestellt sowie mit einer späteren Umarbeitung und Neufassung durch August Adolph von Haugwitz verglichen werden.

1. "An die Sternen"

An die Sternen.

1 *IHr Lichter / die ich nicht auff Erden satt kan schauen /*
Ihr Fackeln / die ihr Nacht und schwartze Wolcken
trennt
Als Diamante spilt / und ohn Auffhören brennt;
Ihr Blumen / die ihr schmückt des grossen Himmels Auen:
5 *Ihr Wächter / die als Gott die Welt auff-wolte-bauen;*
Sein Wort die Weißheit selbst mit rechten Namen nennt
Die Gott allein recht misst / die Gott allein recht kennt
(Wir blinden Sterblichen! was wollen wir uns trauen!)
Ihr Bürgen meiner Lust / wie manche schöne Nacht
10 *Hab ich / in dem ich euch betrachtete / gewacht?*
Herolden diser Zeit / wenn wird es doch geschehen /
Daß ich / der euer nicht allhir vergessen kan /
Euch / derer Libe mir steckt Hertz und Geister an
Von andern Sorgen frey werd unter mir besehen?[1]

Varianten:

2	BCD	*ihr stets das weite firmament*
3	BCD	*Mit ewren flammen ziert / undt*
11	BCD	*Regirer unser zeitt /*
14	B	*frey was näher werde sehen.*

---

1 Der Text folgt der Ausgabe E (1663), abgedruckt in: Gryphius, Gedichte (ed. Elschenbroich), S. 7.

Das Sonett "An die Sternen" erschien erstmals 1643 in Leiden im ersten Buch der "Sonnete" und wurde für die Ausgabe Frankfurt a. M. 1650 wie auch besonders für die Ausgabe Breslau 1663 an einigen Stellen umgearbeitet, wie die oben abgedruckten Varianten zeigen.[1]

Zu einer zahlenkompositorischen Deutung der Sonettbücher gibt es in der Forschung bereits einige Ansätze,[2] die jedoch noch nicht vorzudringen vermochten zu einer zwingenden, alle Sonette umfassenden Deutung. Die Stellung unseres Sonetts als sechsunddreissigstes macht eine eindeutige Einordnung besonders schwer, ist doch die Zahl 36 selber in der Zahlenallegorese kaum belegt,[3] lässt sich aber zerlegen in verschiedene sehr symbolträchtige Zahlen (3x12, 4x9, 6x6).

Wir wollen uns deshalb bezüglich unseres Gedichtes nicht auf zahlenallegorische Spekulationen einlassen, es aber dennoch nicht aus dem Kontext des ganzen Buches isolieren. Hilfreiche Hinweise gibt dazu ein Aufsatz von K. Richter[4], der nicht von einem strengen zahlenkompositorischen Aufbau, sondern von einem "sehr locker gefügten Zyklus"[5] nach heilsgeschichtlichen Prinzipien ausgeht.[6] Ein solcher heilsgeschichtlicher Ordo mit der Erlösungsgestalt Christi am Kreuz im Zentrum muss die Folie bilden für die Interpretation jedes, sei es auch vordergründig noch so "weltlichen" Gedichts der "Sonnete. Das erste Buch".

Das "Sternen"-Sonett erscheint fast als einziges abweichendes in einer grossen Zahl, die an Personen gerichtet sind (Nr. XII-XLII), "zunächst an biographisch-historische, dann -

---

1 Vgl. GA I, S. 53 f. Zu den Umarbeitungen siehe: Weydt, Sonettkunst S. 22-24; Kimmich, Umarbeitung.

2 Browning, Determination; Mauser, Dichtung S. 27-30; Ott, Die 'Vier letzten Dinge' S. 153-168.

3 Sie fehlt z.B. bei Lauretus; knappe Angaben bei Meyer, Zahlenallegorese S. 159; Meyer/Suntrup, Lexikon Sp. 707 f.

4 Richter, Vanitas, bes. S. 133-138.

5 Ebd. S. 133.

6 Vgl. dazu auch Mauser, Philosoph S. 211-213.

zum überwiegenden Teil - an literarisch-fiktive"[1]. Falls jedoch tatsächlich das STELLA-Epigramm von Bauhusius das Gryph'sche Gedicht inspirierte, so ginge auch dieses, gemessen an seinem Vorbild, durchaus konform mit der kennzeichnenden Redehaltung des es enthaltenden "Zyklus". Voraus geht dem Sonett Nr. 36 eines "An eine Jungfraw", als nächstes folgt eines "An seinen H. Bruder", ein Trostgedicht. Der Zusammenhang ist nicht ohne weiteres einsichtig. Einige Vermutungen seien dennoch erlaubt. Zum voraufgehenden Preis einer edlen Jungfrau könnte sich das Sternengedicht parodistisch verhalten, in einer Art Kontrafaktur das Motiv der Sterne als Augen der Geliebten[2] ins Geistliche transponieren: die Sterne wären als Augen Gottes zu betrachten.[3] Das Sternensonett liesse sich denn auch in weiten Teilen (Z. 1-4, 9-10, 12-14) als Liebesgedicht lesen. Mit einer solchen parodistischen geistlichen Antwort auf ein Liebesgedicht wird die "weltliche" Liebe relativiert und eingeordnet in das Schema von Vanitas und Ewigkeit. Zugleich wird mit dieser Jungfrau ein Vorbild tugendhaften, demütigen Lebens beschrieben und damit die rechte Haltung im Angesicht der Ewigkeit.

Hatte das vorausgehende Sonett eher den irdischen Aspekt des "Sternen"-Sonetts zum Inhalt, so das darauf folgende den jenseitigen. Das Trostgedicht "An seinen H. Bruder" spricht von den Toten, die die Ewigkeit erreicht haben, bei denen also der in der letzten Zeile unseres Gedichts geäusserte Wunsch, die Sterne unter sich zu sehen, in Erfüllung gegangen ist. Mit diesen Hinweisen zur Einordnung des Sternensonetts haben wir auch bereits dessen zentrale Spannung zwischen Diesseits und Jenseits, zwischen Wunsch und Erfüllung angedeutet.

In der Gryphius-Forschung fand das vorliegende Gedicht verschiedentlich Beachtung. Zu erwähnen ist da zuerst die eingehende und präzise Interpretation von E. Trunz (mit der sich

---

1 Richter, Vanitas S. 134.
2 Vgl. zu diesem verbreiteten Topos z.B. GA I, S. 52; S. 57; S. 126.
3 Vgl. Schleusener, Auge S. 855-860; siehe unten S. 203 f.

unsere Interpretation in vielem deckt), dann die Studie von G. Weydt zum Problem der Umarbeitung, weiter die Ausführungen von D. W. Jöns zur Bildlichkeit sowie schliesslich die Behandlung des Gedichts im Rahmen der Hell-Dunkel-Thematik durch V. Fässler.[1] Wir werden im folgenden nicht bei jeder einzelnen Stelle auf diese Arbeiten verweisen, sondern nur, wo spezielle Hinweise aufgenommen werden oder sich gravierende Differenzen ergeben. Doch gehen wir nun über zu einer, vorerst dessen Ablauf folgenden, detaillierten Untersuchung des Sonetts.

1.1 Detail-Analyse des Gedichts in seinem Verlauf

Der Titel ist, einem bei Gryphius sehr häufigen Muster folgend, als Anrede formuliert.[2] Die Sterne figurieren demnach nicht als tote Objekte wissenschaftlich-analytischer Untersuchung. Vielmehr wird vor dem Leser der Vorhang zu einer kleinen Szene aufgetan, mit dem Betrachter als Sprechendem[3] und den Sternen als Hörenden; ein Verhältnis, das sich im Verlauf des Gedichts noch differenzieren und verändern wird. Damit ist zugleich schon auf die besondere Art der Sternenbetrachtung, nämlich eine religiös-deutende, hingewiesen, um die es hier geht, und die das Gedicht noch eigens thematisieren wird.

Dass der erste Eindruck aufgrund des Titels nicht getäuscht hat, belegt der Eingang des Sonetts, welches mit einer Apostrophe beginnt, die dann, anaphorisch wiederholt und variiert, das ganz Gedicht strukturieren wird. Die Apostrophe als "Abwendung vom normalen Publikum"[4] drückt das überbor-

---

1 Trunz, An die Sternen; Weydt, Sonettkunst S. 19-24; Jöns, Sinnenbild S. 150-153; Fässler, Hell-Dunkel S. 65-68.
2 Zu einem ähnlichen Titel vgl. Schirmer, Rosen-Gepüsche S. 182 f.: "An die Sterne / als Er nicht bey Marnten war". Siehe auch unten S. 146 f. (Opitz).
3 Das sprechende Ich soll im folgenden nicht mit dem Autor gleichgesetzt, sondern als rollenhaft-exemplarisches verstanden werden. Vgl. dazu Mauser, Einsamkeit S. 233; Krummacher, Gryphius S. 467.
4 Lausberg, Handbuch S. 377.

dende Pathos des Sprechers aus, welches in der ersten Zeile auch in expliziter Form ("nicht ... satt kan schauen") zur Sprache kommt. Die Sterne werden im **ersten Quartett** zu Adressaten einer Lobrede, was den metaphernreichen Stil rechtfertigt.

Die erste Anrede "Ihr Lichter" exponiert bereits den Gegensatz von Dunkelheit und Helle: "Lichter" können die Sterne ja nur vor einem dunklen Hintergrund, d.h. der nächtlichen Finsternis, sein. Die Lichtmotivik, biblischen Ursprungs[1], verweist implizit schon auf die Herkunft der Sterne von Gott als dem ungeschaffenen wahren Licht[2]. Da wir Menschen jedoch das intelligible Licht nicht direkt erfahren können, sind wir auf Symbole wie z.B. die Sterne verwiesen.[3] Zwischen beiden Lichtbereichen besteht eine Seinsanalogie, was denn auch die Naturallegorese ermöglicht, die Gott aus seinen Geschöpfen zu erkennen sucht. Johann Arndt formuliert diese Anschauung in seiner Auslegung von Gen 1,5 folgendermassen:

> Weil nun einem Christen gebührt, die Kreaturen Gottes mit geistlichen Augen also anzuschauen, dass er Gott, seinen Schöpfer darin sehe, und aus den Werken den Werkmeister preise: so wollen wir uns damit fassen, zu sehen, wie das Licht oder die Sonne ein Zeuge Gottes und Christi sei.[4]

Zugleich zur Exposition des Licht-Themas werden in der ersten Zeile die beiden Partner des "Dialogs" räumlich situiert: hier der Betrachter "auff Erden", dort die Sterne am Himmel. Dieser Gegensatz Himmel-Erde, der das ganze erste Quartett explizit "rahmt", spiegelt sich auch lautlich, indem vor der Zäsur der helle, lichte Vokal "i" dominiert, nachher auf der irdischen Seite der dunkle Vokal "a". Was vorerst bloss eine

---

1 Vgl. Gen 1,14-16.
2 Vgl. Sedlmayr, Licht S. 322, der Rob. Grosseteste zitiert: *Deus lux dicitur proprie et non translative*; vgl. auch zahlreiche biblische Stellen, z.B. 1 Joh 1,5; Jak 1,17: "Vater des liechts".
3 Vgl. Koch, Lichtsymbolik S. 654.
4 Arndt, Christenthum S. 445.

räumliche Spannung schafft, wird später erweitert zum heilsgeschichtlichen Gegensatz (vgl. Z. 2).

Der bewundernden Sternenbetrachtung aus der irdischen
Perspektive eignet stets noch ein Defizit ("*nicht* ... satt kan
schauen")[1], so dass immer noch eine Sehnsucht offenbleibt.
Die Anschauung der Gestirne initiiert auf diese Weise eine
utopische Bewegung, deren Dialektik das ganze Sonett prägt.
Das Verb "schauen" meint hier andächtiges Meditieren des
Naturphänomens, wie es im ersten Quartett beschrieben wird.
Dieses Schauen geht dann erst in einem zweiten Schritt in die
eigentliche Betrachtung oder Kontemplation über. Wohl am
deutlichsten hat Gryphius diese Methode der Naturandacht in
seinem Sonett "Einsambkeit" beschrieben.[2]

Die zweite Zeile ("Ihr Fackeln / die ihr Nacht und
schwartze Wolcken trennt") führt die Lichtmetaphorik weiter.
Als "Fackeln", wie die Sterne nun angesprochen werden, sind
sie zugleich Führer, Wegbegleiter.[3] Ihr bereits im biblischen
Schöpfungsbericht bezeugter Zeichencharakter wird also angedeutet, indem eine ansonsten durchaus gebräuchliche
Schmuckmetapher verwendet wird.[4] Die Sterne als Fackeln
eröffnen Einbrüche des Lichts in die Dunkelheit, ja durch das
Verb "trennen" werden Licht und Finsternis beinahe zu duali-
stischen, unvereinbaren Gegensätzen hypostasiert. Die Licht-
/Dunkel-Thematik in dieser expliziten Form erscheint erst in
der letzten Sonettfassung. Damit gewinnt das Gedicht auf der
bildlich-metaphorischen Ebene grössere Prägnanz und Verbindlichkeit, auf der inhaltlich-thematischen Ebene akzentuiert
sich anderseits die heilsgeschichtliche Antithetik zwischen
Licht qua Erlösung, himmlische Herrlichkeit und Nacht qua

---

1 Vgl. Sir 43,1.
2 GA I, S. 68, bes. Z. 3 u. 6.
3 Vgl. auch Lohenstein, Himmel-Schlüssel S. 9: "Der kan nicht irre ziehn /
  der nach den Sternen reiset / Den Himmel / Gott und Licht / selbst leiten
  mit der Hand".
4 Vgl. z.B. Spee, Trutz-Nachtigal S. 80; Opitz, GW II,2, S. 726; Bergmann,
  Aerarium S. 807 f.; Schirmer, Rosen-Gepüsche S. 182. Zu Vorbildern in der
  romanischen Dichtung vgl. Trunz, An die Sternen S. 26.

Welt, Unglauben, Sünde etc. Die Sterne und damit auch deren Betrachtung vermögen die schwarze Wolkenwand, hinter welcher Gott verborgen ist[1], aufzubrechen.

Im dritten Vers wird die Lichtmetaphorik zur Bildlichkeit des Schmückens und Zierens erweitert. Die Sterne gelten dem Betrachter als etwas besonders Kostbares, als Diamanten, die schimmern und glänzen[2]. Dieser strahlende Glanz ist jedoch nicht mit irdisch-vergänglichem Schein zu vergleichen, vielmehr zeichnet ihn gerade seine Unaufhörlichkeit aus, womit die Sterne hinweisen auf die ewige Herrlichkeit.[3] In den "Zufälligen Andachten" von Chr. Scriver werden Diamanten vor einem dunklen Hintergrund sogar als ein Vorbild der Gnade Gottes, "die niemahln heller und lieblicher als in unserm eusersten Elend leuchtet"[4], gedeutet.

Das Feuermotiv, im Wort "Fackeln" bereits angedeutet und im Verb "brennen" nun verstärkt, mag auf Verschiedenes verweisen.[5] Zuerst ist es durchaus wörtlich gemeint, heisst es doch noch im Zedler'schen Lexikon von der Materie der Sterne: "Sie bestehen also aus Feuer"[6]. Dieses Feuer kann als Symbol auf das Wesen Gottes hinweisen,[7] vielleicht aber auch auf die enge Verbindung zwischen den Sternen und den Engeln als Feuerwesen.[8]

Die das erste Quartett abschliessende Zeile ("Ihr Blumen / die ihr schmückt des grossen Himmels Auen") nennt nun den

---

1 Vgl. Ps 18,12.
2 Vgl. Grimm, Wörterbuch, Bd. 10,I, Sp. 2333, der das Wort "spielen" in dieser Bedeutung als technischen Ausdruck bei Edelsteinen anführt. Vgl. auch Scriver, Andachten S. 158 f.
3 Vgl. Lauretus, Silva S. 489, der die Deutung "vita aeterna" für "gemma" kennt.
4 Scriver, Andachten S. 159.
5 Vgl. Allgemeines bei Kemper, Gottebenbildlichkeit S. 285 f. - Siehe auch oben S. 93.
6 Zedler, Bd. 39, Sp. 1950.
7 Vgl. Koch, Lichtsymbolik S. 657.
8 Vgl. Lurker, Wörterbuch S. 166. Zur Beziehung Sterne - Engel siehe unten S. 153.

Terminus "schmücken" explizit.[1] Das Bild vom Himmel als blumenübersäter Wiese[2] rückt den bisher dominierenden Gegensatz von Licht und Dunkel in den Hintergrund. Das Firmament fungiert nicht mehr als blosse Folie für das Sternenheer. Seine positive Konnotierung wird wichtig für die nachfolgende Zeile, wo Gott genannt wird, als dessen "Wohnsitz" der Himmel ja dient.

Überblicken wir nochmals kurz die erste Strophe, so stellen wir fest, dass die Betrachtung der Sterne noch weltlich-immanent bleibt; oder um es in der Terminologie der mittelalterlichen Exegese zu sagen, dass der Litteralsinn dominiert. Momente einer spirituellen Dimension sind erst latent vorhanden und können vom Leser erst aus der Kenntnis des ganzen Gedichts erschlossen werden. Das Anfangsquartett entspricht im Rahmen der Naturmeditation also der ersten Phase der genauen Anschauung des Gegenstandes und seiner Eigenschaften, anhand derer dann die deutende Betrachtuung möglich ist. Ganz entsprechend bleibt die Bildlichkeit noch weitgehend im Bereich des Natürlich-Sinnlichen, und als "handelnde Personen" kommen erst der Betrachter und sein Gegenstand, die Sterne, vor.

Im **zweiten Quartett** nun wird das Personal erweitert und auch die Metaphorik ändert ihren Charakter. Die Anrede an die Sterne bedient sich jetzt einer *fictio personae,* einer verpersönlichenden Metapher[3] : "Ihr Wächter".[4] Damit tritt das Gedicht aus der Ebene der reinen Phänomenbeschreibung heraus in den Bereich der geistlichen Deutung. Die Einführung der Sterne als "Personen" setzt erst eigentlich den Prozess der Kommunikation des Betrachters mit dem Himmel in Gang.

Wen die Sterne bewachen und wovor, die Antwort darauf bleibt vorerst der Imaginationskraft des Lesers überlassen.

---

1 Vgl. Sir 43,9: "und die hellen Sterne zieren den Himmel".
2 Vgl. zu diesem Motiv auch Abschatz, Uebersetzungen, Himmel-Schlüssel S. 5.
3 Vgl. Lausberg, Handbuch S. 287 u. 411.
4 Vgl. Sir 43, 11: "(Die Sterne) wachen sich nicht müde".

Naheliegend ist zunächst die Assoziation an die Nachtwächter[1], die ja im 17. Jahrhundert noch eine bedeutende Rolle spielten. Sie hatten die Schlafenden vor Feuersbrünsten zu warnen, die sittliche Ordnung aufrechtzuerhalten sowie die Zeit anzusagen.[2] Alle drei Aufgaben lassen sich auf die Sterne übertragen: die letzte ist bereits in der Genesis bezeugt (Gen 1,14: "Es werden Liechter an der Feste des Himels / ... und geben / Zeichen / Zeiten / Tage und Jare"), die zweite erfüllen sie, indem sie die Menschen zu geistlicher Betrachtung führen, und die erste, indem sie als "Warnungszeichen"[3] vor göttlicher Strafe dienen. Die Wächter-Metaphorik bedeutet auch eine Weiterführung der Licht- und besonders Fackelbildlichkeit, die metonymisch bereits für das Wächteramt hat stehen können.

Wächter stehen immer in jemandes Auftrag, dessen Ordnung sie zu überwachen haben. Der "Auftraggeber" wird im weiteren Verlauf der fünften Zeile, die ganz analog zum Eingangsvers des ersten Quartetts gebaut ist, genannt. Auch hier wird nach der Apostrophe zu Beginn des anschliessenden Relativsatzes ("die als Gott die Welt auff-wolte-bauen") eine neue Person eingeführt, nach dem "ich" des Betrachters nun Gott. Damit wird im zweiten Quartett nun gleichsam die Bedingung der Möglichkeit des vorausgehenden Lobpreises an die Sterne genannt. Deren Herrlichkeit erweist sich als eine geschaffene vom Schöpfergott.

Als bedingt und abhängig erweist sich nicht nur die Pracht der Sterne, sondern ebenso deren Beschreibung und Benennung. Beide "Dialogpartner" (Sterne und Betrachter) sind letztlich Fiktionen (Schöpfungen) ihres göttlichen Autors, insofern sie der "Welt" angehören; dies jedoch nicht in gleicher Weise, denn der Betrachter qua Mensch kann selber auch zum Autor, zum *alter Deus*[4] werden, indem er die Dinge beim

---

1 Spee, Trutz-Nachtigal S. 145 spricht von den "Sternelein, Zur Schildwacht außgeschicket".
2 Vgl. Zedler, Bd. 23, Sp. 292.
3 Arndt, Christenthum S. 473.
4 Vgl. die Formulierung, auf den Dichter bezogen, bei Scaliger, Poetices libri I,1, S. 3.

Namen nennt und selbst eine dichterische Welt schafft.[1] Doch dies kann er stets nur in Analogie und Abhängigkeit zu Gott[2], zu dessen Wort, der "Weißheit selbst". Mit der "Weißheit" ist die Tradition der Erörterungen über die göttliche Sophia angesprochen[3], die in den alttestamentlichen Weisheitsschriften ihren Anfang nimmt, sich besonders in der Ostkirche fortsetzt und mit der Hypostasierung der Sophia als göttlicher Person zu einer eigentlichen Sophia-Mystik führt, wie wir sie im Barock z.B. bei Gottfried Arnold finden. Für unseren Zusammenhang, die Schöpfung der Welt durch die göttliche Weisheit, diente wohl eine Stelle aus dem Buch der Sprüche (Spr 3,19) als Vorbild:

> Denn der HERR hat die Erden durch Weisheit gegründet / und durch seinen Rat die Himel bereitet.[4]

In der Genesis wird dieser Schöpfungsvorgang durch das göttliche Wort[5] in Bezug auf die Sterne folgendermassen berichtet:

> Und Gott sprach / Es werden Liechter an der Feste des Himels / und scheiden tag und nacht / und geben / Zeichen / Zeiten / Tage und Jare / und seien Liechter an der Feste des Himels / das sie scheinen auff Erden / Und es geschach also. Und Gott machet ... dazu auch Sternen. Und Gott setzt sie an die Feste des Himels / das sie schienen auff die Erde und den Tag und die Nacht regierten / und scheideten Liecht und Finsternis.

Der Genesis-Abschnitt 1,14-18 zeigt augenfällig die Analogie zwischen Gott und dem Betrachter qua Sprechendem des Gedichts. Wir haben auf die Parallelen in der Namenge-

---

1 Vgl. z.B. Buchner, Poet S. 11.
2 Zur Geschichte des Verhältnisses von göttlicher und künstlerischer Schöpfung vgl. Cramer, Creator (mit Literaturhinweisen!).
3 Vgl. LThK, Bd. 10, Sp. 999-1004.
4 Vgl. auch Jer 10,12.
5 Siehe dazu auch unten S. 224 f.

bung bereits hingewiesen ("Lichter", "Zeichen", "scheideten Licht und Finsternis"). Erst mit diesem Vergleich zwischen göttlichem und menschlichem Autor erweist sich jetzt, dass das, was wir poetische Metaphern (also uneigentliche Ausdrücke) nannten, die wahren, durch Gottes Wort verbürgten Namen sind - mit der Reformation war ja auch eine besondere Betonung der Verbalinspiration der Schrift gegeben! Ebenso sind die Aufgaben der Sterne, wie sie der Betrachter beschreibt, göttlichen Ursprungs.

Damit werden die Worte des Dichters zwar ihrer göttlichen Herkunft versichert, vor allem jedoch wird das dichterische, menschliche Sprechen in seine Schranken verwiesen. Dieses bleibt trotz seiner biblischen Wurzeln uneigentliches und analoges Sprechen, das sich letztendlich immer dem göttliche Logos verdankt, der allein die eigentlichen "rechten Namen" kennt.

Der Unterschied Gott-Mensch wird im siebten Vers noch deutlicher akzentuiert. "Gott allein" vermag die Sterne ganz zu erforschen ("messen") und damit ihr Wesen zu erkennen. Gryphius bietet an dieser Stelle alle zur Verfügung stehenden Mittel auf, um den zentralen Charakter dieser Aussage hervorzuheben. Der Vers steht als siebter auch strukturell im Mittelpunkt des Gedichts. Eine Häufung rhetorischer Mittel der Vereindringlichung: völlig paralleler Bau der beiden Teilsätze (Isokola)[1] kombiniert mit der anaphorischen Wiederholung der vier zentralen Wörter, solches übersteigt blosses Informieren und dient der affektischen Überbietung und der Erregung eines äussersten Pathos beim Leser.[2] Und als schliesslich letzte Bekräftigung lehnt sich die Aussage ganz eng an Worte der Bibel an:

> Er [i.e. Gott] zelet die Sternen / Und nennet sie alle mit
> namen. (Ps 147,4).
> Hebet ewer augen in die Höhe / und sehet / Wer hat solche

---

1 Vgl. Lausberg, Handbuch S. 359 ff.
2 Vgl. ebd. S. 311.

ding geschaffen / und füret ir Heer bei der zal eraus: Der sie
alle mit namen ruffet. (Jes 40,26)

Die grossartigen Bemühungen der Astronomen, das
Weltall zu vermessen und zu berechnen, wie auch die sprach-
mächtige Beschreibung der Sterne im ersten Quartett verblas-
sen völlig vor der Allwissenheit Gottes. Gegen das nachdrück-
liche "allein" gibt es keine Widerrede. Damit bestätigt sich
auch die beim "Kopernikus"-Epigramm festgestellte wissenschaftskritische Haltung von Gryphius, die noch weit entfernt
ist von einer säkularisierten und autonomen Auffassung von
Naturbetrachtung und Naturwissenschaft.

Die andere Seite der Entgegensetzung göttlicher Weisheit gegenüber menschlicher Beschränktheit kommt in der
nächsten, achten Zeile zur Sprache. Ganz folgerichtig ist sie in
Klammern gesetzt, ist doch menschliches Bemühen vor Gott
kaum der Rede wert. Der Ausruf "Wir blinden sterblichen"
spiegelt die Erschütterung des menschlichen Selbstbewusst-
seins angesichts der Allwissenheit Gottes. Eine Erschütterung, in die der Leser durch das Pronomen "wir" gleich mithineingenommen wird. Blindheit umfasst hier, wenn wir Lauretus
folgen, das ganze Spektrum menschlicher Beschränktheit von
Unwissenheit, Unglauben über Affektbehaftetheit bis zur Sündhaftigkeit;[1] ja, sie wird als eigentliches Existenzial des Menschen bezeichnet. Damit verweist diese Stelle implizit auch auf
die Erlösungsbedürftigkeit des Menschen durch Jesus Christus[2] und ordnet das Gedicht in den für Gryphius grundlegenden soteriologischen Kontext ein.

Die achte Zeile entlarvt auch die unaufhörliche Anschauung der himmlischen Lichter in der ersten Strophe als Blindheit,
deren Grund in der Sterblichkeit des Menschen liegt. Damit geschieht eine weitere Verstärkung des utopischen Impulses, der
in der Polarität zwischen Aufschwung zu den Sternen und des-

---

1 Lauretus, Silva S. 195. Vgl. auch Abschatz, Uebersetzungen, Himmel-
Schlüssel S. 5, der mahnt: "Geh nicht den breiten Weg der weltgesinnnten
Blinden", sondern "Erhebe dich im Geist bey das gestirnte Hauß".
2 Vgl. auch die verschiedenen Blindenheilungen in den Evangelien.

sen gleichzeitiger Vergeblichkeit wurzelt. Dieser Gegensatz bestimmt auch die zweite Hälfte des Verses. Die Frageform des Ausrufs wahrt die Balance zwischen der Relativierung der Himmelsschau durch den Betrachter und der neuerlichen Spannungserzeugung im Leser: die Bemühungen der menschlichen Sternenhimmelbetrachtung könnten ja doch einen Sinn haben. Die zweite Strophe führt somit zu einer radikalen Relativierung der weltimmanenten Himmelsbetrachtung und eröffnet gleichzeitig die transzendente Dimension der *Contemplatio coeli*.

Nach der Selbstbesinnung des Betrachters folgt im **ersten Terzett** die erneute Hinwendung zu den Sternen. Das bereits vertraute Muster der Anrede ("Ihr Bürgen meiner Lust") kehrt wieder, wobei nun Sterne und Betrachter enger verbunden sind: die Himmelslichter erscheinen nicht mehr als blosse Objekte der Anschauung, sondern sie leisten Gewähr für die "Lust" des Betrachters; "Lust" wohl verstanden im mehrfachen Sinn des Verlangens, der Sehnsucht nach etwas als auch der Erfüllung des Begehrens qua Freude, Glück, Vergnügen und schliesslich im Sinne dessen, was das Vergnügen verursacht.[1] Der Ausdruck beinhaltet somit die ganze Ambivalenz der Betrachtung: einerseits verbürgen die Sterne die Existenz des ewigen Glücks in Gott[2], anderseits initiieren sie damit erst das Begehren, die Lust nach letzterem.[3] Vorerst wird das Objekt der Lust nicht genannt, die absolute Formulierung lässt jedoch vermuten, dass es um eine umfassende, jegliches Verlangen stillende Freude gehen muss.

Mit dem ersten Terzett wird auch das "Ich" des Betrachters wieder genannt. Ein Dreifaches geschieht damit: Erstens wird der Brennpunkt des Interesses wieder vom Jenseitigen, Gott, weg auf das Irdische, den Menschen hin verlagert, und somit zweitens die Struktur des ersten Quartetts wiederaufge-

---

1 Vgl. Grimm, Wörterbuch, Bd. 6, Sp. 1314, 1319 u. 1325.
2 Vgl. Ps 37,4: ("Habe deine lust am HERRN / Der wird dir geben was dein hertz wündschet.")
3 Vgl. GA I, S. 56 (Son. XL, Z. 6). Weydt, Sonettkunst S. 22 schränkt das Bedeutungsspektrum wohl zu stark ein, wenn er "Lust" nur als "Betrachtungslust" deutet.

nommen, jedoch auf einer höheren Ebene: statt äusserlicher Anschauung geht es nun um erinnernde Betrachtung. Drittens verdeutlicht der Wechsel vom "wir" zum "ich": Eitelkeit und Sündhaftigkeit sind universale Bestandteile der Conditio humana, die Hinwendung zu Gott jedoch ist Aufgabe jedes Einzelnen, der auch nur als solcher Erlösung erhoffen kann. Auch hier zeigt sich also - worauf wir schon bei den Jesuitendichtern hingewiesen haben - die epochenspezifische Tendenz zu einer individualistischen Frömmigkeit und besonders Eschatologie, die bei den Lutheranern schon grundgelegt ist in des Reformators Zentralfrage: Wie bekomme *ich* einen gnädigen Gott.[1]

Nachdem die einführende Apostrophe diesen neuen Horizont eröffnet hat, drängt im Gedicht alles vorwärts: die Syntax hält sich noch weniger an die Versgrenzen (Enjambement Z. 9/10), Fragen drängen auf ihre Beantwortung und dienen somit gleichzeitig dem rhetorischen Ziel des *movere*. Die Sternenbetrachtung der ersten Strophe wird zur Vergangenheit, an die sich der Sprechende erinnert: "wie manche schöne Nacht Hab ich / in dem ich euch betrachtete / gewacht?" Zugleich kündet sich bereits der die Schlusspointe dominierende Perspektivenwechsel an: Das Amt des Wächters geht von den Sternen auf den Betrachter selbst über, der damit einer biblischen Forderung entspricht, die "zu den Grundforderungen der neutestamentlichen Paränese"[2] gehört. Die Nachtwache ist einerseits die Zeit des Gebets,[3] womit angezeigt ist, wohin das vorliegende Sonett letztlich mündet und was Naturbetrachtung für Gryphius zum Ziel hat. Anderseits beinhaltet die Forderung nach Wachsamkeit in der Nacht wesentlich ein eschatologisches Moment: die Mahnung, sich angesichts der Erwartung der Wiederkunft Jesu im Letzten Gericht in christlicher Standhaftigkeit zu bewähren und allen Versuchungen zu widerstehen. Wachsamkeit ist so "Ausdruck christlicher Grundhal-

---

1 Vgl. auch Kemper, Lyrik, Bd. 2, S. 243.
2 LThK Bd. 10, Sp. 905.
3 Vgl. Lk 6,12.

tung".[1] Damit wird auch die Sternenbetrachtung ihrer Zufälligkeit enthoben und erweist sich als Parabel für das christliche Leben schlechthin.[2]

Die mit Z. 9 eingeleitete Funktionalisierung der Sterne setzt sich fort, wenn sie in der nächsten Anrede "Herolde(n)", also Boten, Verkünder[3] genannt werden. Dadurch werden auch die Sterne in expliziter Weise zu Redenden. Sie künden dem Betrachter in "diser Zeit" von der Nicht-Zeit qua Ewigkeit. Zeit meint hier einerseits die Lebenszeit des Menschen, die Zeit- und Vergänglichkeit des Irdischen, anderseits schwingt in dieser Anrede auch die Genesis-Stelle (1,14) mit, die die Himmelskörper zu Garanten der Einteilung der Zeit in ihre Abschnitte macht. Damit bestätigt sich von neuem die Scharnierfunktion zwischen Himmel und Erde, die den Sternen eignet und die erst in der zweiten Fassung dieser Stelle richtig fassbar wird.[4]

Als "Herolde" apostrophiert, verstärken die Sterne umsomehr die Sehnsucht des Betrachters, die in dessen Seufzer "wenn wird es doch geschehen" Sprache wird. Noch immer weiss der Leser jedoch nicht explizit, wonach das Begehren strebt. Gryphius gelingt es, kunstvoll die Spannung im Rezipienten zu erhalten und anwachsen zu lassen, an dieser Stelle einerseits durch das proleptische "es", anderseits durch retardierende, eingeschobene Relativsätze in den Zeilen 12 und 13, bis sich dann die Spannung in der Schlusspointe lösen wird.

Die Anfänge der beiden ersten Zeilen des **Schlussterzetts** nennen antithetisch nochmals die Protagonisten des Gedichts: das "ich" des Betrachters und das "euch" seines Ge-

---

1 LThK Bd. 10, Sp. 905. - Zum Zusammenhang von Schau, Wachsamkeit und Gebet vgl. Balthasar, Gebet S. 132; wichtig für unsern Zusammenhang ist seine Bestimmung des Wachens als "Gebet, das die Eschatologie nicht in Mystik aufgehen lässt".

2 Vgl. auch die beiden Sonette auf die Perikope Mt 21,1-13 (Gleichnis von den zehn Jungfrauen) GA I, S. 222 u. S. 225 f.

3 Vgl. Grimm, Wörterbuch Bd. 4,II, Sp. 1122.

4 Auch die Erstfassung "Regirer unser zeit" lehnt sich an eine Genesis-Stelle (1,18) an. Jöns, Sinnenbild S. 153 erklärt die Aenderung "aus Gründen der dogmatischen Richtigkeit".

genstandes. Der Gegensatz erweitert sich in den Relativsätzen ("der euer nicht allhir vergessen kan" bzw. "derer Libe mir steckt Hertz und Geister an") zum Chiasmus, damit das Ineinander von Gleichheit und Verschiedenheit zwischen Sternen und ihrem Betrachter ausdrückend. Zugleich spiegelt sich in der chiastischen Konstruktion das wechselseitige Fluktuieren von Sternen und Betrachter zwischen Subjekt- und Objektposition, worauf letztendlich auch der "Witz" des Sonetts beruht.

Nicht nur mit der antithetischen Nennung der beiden Pole des Gedichts wiederholt das Schlussterzett in überbietender, d.h. rhetorisch gesteigerter, und variierender Form Motive aus dem Beginn des Sonetts. Die erste und die zwölfte Zeile sind sogar weitgehend parallel gebaut, wenn auch mit signifikanten Veränderungen. Die erste betrifft den Wechsel des Fokus vom Objekt ("IHr Lichter") zum Subjekt ("Dass ich"). Der Standort des Betrachters ("allhir") blieb zwar gleich, dennoch fehlt nun die explizite Nennung des Gegenpols, der Abstand scheint also eingeebnet zu sein. Ebenfalls neu aufgenommen wird das Motiv des unerfüllbaren Verlangens, das aber jetzt von der äusseren Anschauung nach innen gewendet ist. Mit dem "nicht vergessen können" ist die Assoziation an Liebesgedichte geweckt[1]: das Verhältnis Betrachter - Sterne wandelt sich von dem der betrachtenden Anschauung in ein Liebesverhältnis.

Dass diese Assoziation nicht ganz grundlos ist, belegt die folgende Zeile, welche den zweiten Vers variierend wiederaufnimmt, jedoch erneut einen Perspektivwechsel vornehmend. Der Betrachter hat sich seinem Objekt verähnlicht und wirkt nun selber als Fackel, aber erst nachdem sich die Anschauung zur Liebe gewandt hat.[2] Diese Liebe zu den Sternen und d.h. zu dem, wofür sie stehen, entzündet die gesamten inneren Vermögen ("Hertz und Geister") des Betrachters. Gryphius verwendet damit zwar einen Topos aus der weltlichen Liebes-

---

1 Vgl. bes. GA I, S. 126 (Son. LXIV "An Eugenien"), wo auch die Gleichsetzung Augen der Geliebten = Sterne in der Nacht geschieht.
2 "derer Liebe" wäre demnach als Gen. obj. zu lesen.

lyrik[1], deutet ihn jedoch gleich ins Geistliche um. Einerseits das Motiv der brennenden Sehnsucht (vgl. Z. 1 u. 12) wiederaufnehmend, antizipiert die Aussage anderseits die himmlische Existenz, in der sich der Selige mit den englischen Feuerwesen in der göttlichen Liebe vereinen wird.

Die metaphorische Verwandlung des Betrachters in eine Fackel und damit in einen Stern hat ihre Wurzeln in der Allegorese, die in den Sternen ein Sinnbild "der Auserwählten in der Ewigkeit"[2] sieht. Dabei kann sich die Exegese auf zahlreiche Bibelstellen stützen,[3] um die Sterne "auf die Engel, die einzelnen Chöre der Heiligen und Gerechten, die Kirche und ihre Vorsteher und Lehrer (zu) beziehen".[4]

Ein Stern auf Erden jedoch macht keinen grossen Sinn. Der Unterschied zwischen Sternen und Erde liegt gerade in ihrer räumlichen Trennung in ein Hier und ein Dort. Das angesprochene Paradox löst sich in der letzten Zeile des Sonetts, die zugleich die Bewegung des Gedichts zu ihrem Ziel führt, wobei jedoch auch die scheinbar gelungene Erfüllung wieder in Frage gestellt wird. Die das Sonett strukturierende Antithetik ist zwar in der poetischen Fiktion bereits aufgehoben, der Realität (Lebenswirklichkeit) bleibt sie hingegen als utopisches Moment inhärent.

---

1 Vgl. als Beispiele bei Gryphius GA I, S. 47 (Son. XXVI) u. GA II, S. 91 ("Lieb ist nichts / denn Glut und Flammen / Wie Gott Licht und Feur zusammen"). Zur "realen" Grundlage der Vorstellung vom brennenden Herzen in der aristotelischen Philosophie und der zeitgenössischen Medizin vgl. Kemper, Lyrik, Bd. 3, S. 90. - Der Hinweis bei Trunz, An die Sternen S. 22, der Satz erinnere "entfernt an die Sprache der Mystik", bleibt zu allgemein und zu vage; Siehe dazu oben S. 86, Anm. 4.

2 Forstner, Welt S. 104. Vgl. als Belege aus dem Barock Gerhardt, Andachten S. 202: "Nun ruhen alle Wälder", Str. 3; Harsdörffer, Gesprächspiele III, S. 23; Abschatz, Uebersetzungen, Himmel-Schlüssel S. 6; Scriver, Andachten S. 354.

3 Bes. Hjob 38,7; Dan 12,3; 1 Kor 15,41 f.

4 Forstner, Welt S. 105; vgl. auch Lemke, Sonne S. 75; Lauretus, Silva S. 952; Dilherr, Betrachtungen S. 132.

Das Ziel des Verlangens wird es, von allem anderen Verlangen[1] freizuwerden, ausser dem der Liebe. Dieser Wunsch
entspricht einer biblischen Forderung in 1 Petr 5,7 (vgl. Ps
55,23; Mt 6,25):

> Alle eure Sorgen werfet auf ihn / den er sorget für euch.

Solches wird erst möglich sein nach einem grundlegenden
Standortwechsel[2], der zwar bereits im Verlauf des Gedichts
vorbereitet wurde, aber erst jetzt in der letzten Zeile vollzogen
wird. Hier wird denn auch am deutlichsten sichtbar, dass die
Umarbeitungen der Sonette eindeutige Verbesserungen brach-
ten, denn erst die spätere Formulierung ("werd unter mir besehen" statt: "was näher werde sehen") entspricht dem Gat-
tungsideal der scharfsinnigen Pointe, die das epigrammatische
Sonett beschliessen soll.[3] Mit dem Wechsel des Standorts hat
sich auch der Charakter der Anschauung geändert. Aus dem
allegorisierenden "schawen" aus irdischer Perspektive, dem ein
sehnsüchtiges Verlangen entspricht, wird das nüchtern-di-
stanzierte "unter mir besehen". Die eigentlich ersehnte Schau
jedoch, die *visio beatifica* der Seligen, wird nicht genannt und
muss vom Leser ergänzt werden.

Wir finden bei Gryphius ein entsprechendes Sonett[4], wel-
ches das ewige Glück sprachlich zu fassen sucht, wobei der
Sprecher auch bereits aus der himmlischen Perspektive spricht.
Bermerkenswert sind besonders die Zeilen 7 und 8:

---

[1] "Sorge" verstanden als "Bemühung". Vgl. Grimm, Wörterbuch, Bd. 10,I,
Sp. 1769.

[2] Vgl. zu diesem Motiv auch Opitz, Dichtung (ed. Oesterley) S. 149.

[3] Vgl. die Hinweise auf die barocke Poetik bei Mauser, Dichtung S. 308. Zur
Pointe im allg. vgl. Curtius, Literatur S. 297.

[4] GA I, S. 91 f. (Son. XLIX. "Ewige Frewde der Außerwehlten"). Das Gedicht gehört zum Sonettzyklus "Ueber die letzten vier Dinge"; vgl. dazu
und zur Tradition, der Gryphius verpflichtet ist, Krummacher, De quatuor
novissimis (zur angeführten Stelle vgl. ebd. S. 544).

IESu! ewig-gläntzend Licht' (tunckel ist der Sonnen kertz!)
Ach! wie funckeln deine Scharen! Sternen fliht! hier
schimmern wir.

Dies entspricht nun ganz der oben angeführten Lehre von den Seligen, die an Stelle der Sterne treten. Diese haben jetzt ihre verweisende und damit überhaupt ihre Funktion verloren; ihren Platz am/im Himmel nehmen die Auserwählten ein. Auf diesem Gedanken beruht auch die Schlusszeile des Sternensonetts. Indem der Betrachter von oben auf die Sterne herunterschaut, haben sie ihren Zeichencharakter verloren, und er selbst ist an ihre Stelle getreten.

Möglich ist ein solches Hinuntersehen auf die Sterne nur im Rahmen des antik-mittelalterlichen Weltbildes, wie wir es oben skizziert haben; eines Weltbildes, das grundlegend - kosmologisch wie auch ontologisch - zwischen einem Oben und Unten unterscheidet und heils- und naturgeschichtliches Weltbild einswerden lässt.[1] Im Kontext dieses Weltbildes ist es dann sehr wohl möglich, dass "wir über die Sterne und den sichtbaren Himmel erhöhet"[2] werden und auf die Sterne hinunterblicken können.

1.2 Das Gedicht in seiner formalen und inhaltlichen Struktur

Nachdem wir bis jetzt das "Sternen"-Sonett Zeile für Zeile möglichst genau gelesen haben, soll nun der Versuch einer Übersicht und Ergänzung dieser Detailanalyse folgen. Wir

---

1 Inwiefern in unserem Gedicht "das neue Verhältnis zu der Sternenwelt die Grundlage" bilden soll, wie Krolzik, Säkularisierung S. 167 meint, ist mir völlig unverständlich. Möglicherweise rührt dies davon, dass er sich auf die Arbeiten von Powell stützt (siehe dazu oben S. 12). Jedoch hält auch Krolzik fest, dass bei Gryphius von einem kopernikanischen Schock oder einer Gefährdung der Natur- und Heilsordnung nicht die Rede sein könne (vgl. ebd.).
2 Arndt, Christenthum S. 453.

können uns recht knapp fassen, da bereits viele Hinweise auf die Gesamtstruktur des Gedichts in der vorhergehenden Interpretation erfolgt sind.

Gryphius verwendete für seine poetische Sternenbetrachtung die strenge Form des Sonetts, das als die "repräsentative Gedichtform"[1] des Barock gelten kann, nicht nur bezüglich seiner zahlenmässigen Verbreitung, sondern auch, indem es in hohem Masse den Formerwartungen und Normvorstellungen des 17. Jahrhunderts entsprach.[2] Trotz dieser ersten Blüte des Sonetts im Barock, handelte es sich zu dieser Zeit noch um eine sehr junge, aus Frankreich und Italien übernommene Form, deren Wesen und Struktur z.T. noch völlig verkannt wurden.[3] Kriterien ihrer gattungsmässigen Bestimmung waren vor allem Zeilen- und Reimanzahl sowie die Reimstellung.[4] Die uns heute geläufige Einteilung in Quartette und Terzette zeigte sich nur selten im Druckbild - so auch nicht bei Gryphius - und kann auch poetologisch nicht auf jeden Fall vorausgesetzt werden. Denn vielfach wurde ein Sonett als ein einstrophiges, vierzehnzeiliges Gedicht betrachtet, so dass fliessende Übergänge zwischen Quartetten und Terzetten nicht verwundern dürfen und nicht auf jeden Fall bedeutungstragend sind.

In diesem Kontext müssen auch die Gryph'schen Sonette beurteilt werden. Das "Sternen"-Sonett ist reimmässig nach der im Barock seit Opitz üblichen Grundform abba abba ccd eed gebaut,[5] einer Form, die zur Überwindung der Terzettgrenzen hintendiert, wie denn auch in unserem Sonett die Grenze durch ein Enjambement überspielt wird. Seiner Sonettform gemäss, liesse sich das "Sternen"-Gedicht folgendermassen strukturieren: vorerst in Oktave und Sextett,[6] denen in etwa die Betrachtung des Naturphänomens und anschliessend deren persönlich-

---

1 Sorg, Ich S. 40.
2 Vgl. ebd. S. 41; Mauser, Dichtung S. 307.
3 Vgl. Liwerski, Beitrag S. 239.
4 Vgl. ebd. S. 219.
5 Vgl. Fechner, Sonett S. 24.
6 Zur Zweiteiligkeit des Sonetts vgl. Mönch, Sonett S. 33; Sorg, Ich S. 42; Liwerski, Beitrag S. 235.

heilsgeschichtliche Deutung entsprechen. Eine solche Gliederung vermag jedoch nicht recht zu befriedigen, weder formal noch inhaltlich. Es fällt nämlich auf, dass auch die Grenze zwischen Oktave und Sextett nicht scharf gezogen ist. Demnach entspricht das Sonett "An die Sternen" einem "epigrammatischen" Sonett, das der Strophenabteilung wenig Bedeutung beimisst und ganz auf die Schlusspointe hin ausgerichtet ist.[1] Dieser Ausrichtung kommt auch das Reimschema entgegen, welches das Gedicht nicht mit einem Paarreim enden lässt.

Ein überzeugenderes Gliederungsmodell beruht auf der Lehre vom vierfachen Schriftsinn[2]: das erste Quartett beschreibt das Naturphänomen, die Sterne, und nennt ihre natürliche Funktion im Kosmos, entspricht also dem Litteralsinn; das zweite Quartett nennt die Stellung der Gestirne in Gottes Heilsplan, entdeckt demnach ihren *sensus allegoricus*. Das Sextett führt das Ich des Betrachters wieder ein und deutet die Sterne auf dessen persönliche Lebenspraxis hin, ja, führt die zentrale moralische Kategorie der Liebe ein, womit auch der *sensus tropologicus* seinen Platz findet. Erst die letzte Zeile eröffnet schliesslich explizit die eschatologische Dimension der Gestirne und damit den *sensus anagogicus*. Dieses exegetische Schema gliedert das Gedicht gleichsam in seiner Tiefenstruktur, an der Oberfläche lassen sich die verschiedenen *sensus* nicht streng voneinander trennen, da sie implizit an jeder Stelle alle bereits mitenthalten sind.

Auf der rhetorische Ebene ist das Sonett geprägt von der anaphorisch wiederholten Apostrophe, die dem Gedicht als roter Faden dient und zugleich die fortschreitende Entwicklung im Verhältnis des Sprechenden zu den Angesprochenen markiert. Mit dieser dialogischen Form verliert die Sternenkontemplation ihre distanzierend-rationale Haltung und wandelt

---

1 Vgl. Mauser, Dichtung S. 308.
2 Siehe oben S. 36 f. Ebenfalls für eine solche Gliederung, wenn auch mit gewissen Differenzen, plädieren Trunz, An die Sternen S. 22 [spricht nur vom *mundus symbolicus*, nicht vom vierfachen Schriftsinn und unterteilt in Naturordnung (1. Quartett), Heilsordnung (2. Quartett) und Heilshoffnung]; Weydt, Sonettkunst S. 20-22.

sich zum persönlichen "Liebesverhältnis"; es wird damit signalisiert, dass die *Contemplatio coeli stellati* nicht einfach interesselose Theoria oder nüchterne wissenschaftliche Beobachtung sein kann, sondern den Betrachter im Kern seiner christlichen Existenz betrifft. Durch die im Gedicht verwendete Sprechhaltung wird dem Leser ein Modell für seine eigene Kontemplation vor Augen gestellt. Das Gedicht ist also wesentlich - wie überhaupt das (geistliche) Barockgedicht - Didaxe, Unterweisung, Predigt.[1] Diesem Ziel dient nicht zuletzt der mit den Mitteln der Rhetorik geformte Stil, auf den wir in unserer Interpretation an den entsprechenden Stellen hingewiesen haben.

Die Syntax des Gedichts ist ganz auf die lehrhafte Pointe am Schluss ausgerichtet. Eigentlich besteht das Sonett nur aus zwei Sätzen. Beide sind als Fragen formuliert. Der erste (Z. 1-10) fasst in sich die Phase der meditierenden Betrachtung der Sterne und ist mit Hilfe der zahlreichen Relativsätze der Beschreibung und Deutung des Phänomens gewidmet. Die präteritale Formulierung der Frage zum Schluss weist jedoch bereits auf die Überwindung dieser Stufe hin. Diese erste Frage ist noch rein "rhetorischer" Natur und dient so vor allem der affektischen Wirkung auf den Leser.

Die zentrale Frage jedoch bleibt in ihrer ausdrücklichen Form der Schlusszeile vorbehalten, drückt nun aber kein blosses Geschehen, sondern eine innige Sehnsucht aus. Damit spiegelt die Syntax eine Entwicklung der *Contemplatio coeli*, die von der bewundernden Anschauung über die dadurch ausgelöste Reflexion der eigenen Situation (vgl. vor allem Z. 8: "Wir blinden Sterblichen! was wollen wir uns trauen") zum brennenden Wunsch nach deren Überwindung ("wenn wird es doch geschehen / Dass ich ... Euch ...Von andern Sorgen frey werd unter mir besehen") führt. Gryphius gelingt es dabei, ein Gleichgewicht zu finden zwischen ungeduldigem Vorwärtsdrängen

---

[1] Vgl. dazu Steinhagen, Lyrik; Browning, Lyrik S. 93; Barner, Barockrhetorik, bes. S. 74; van Ingen, Vanitas S. 151-191; Krummacher, De quatuor novissimis S. 557.

und besinnlich-retardierenden Elementen. Ersterem dienen die zahlreichen Enjambements als auch das häufige Überspielen der Mittelzäsur des Alexandrinerverses, letzterem vor allem eingeschobene Sätze (Z. 8, Z. 12-13). Dieser genannten Spannung entspricht diejenige zwischen Wahrung der Form und deren Überwindung, zwischen verbindenden und trennenden Elementen; eine Spannung, welche ebenfalls das Eigentliche des Verhältnisses des Betrachters zu den Sternen ausmacht.

Diese Beziehung ereignet sich zur Hauptsache als eine optische, als ein Augenverhältnis, wie die das Gedicht einfassenden Verben "schauen" und "besehen" zeigen. Durch die Hervorhebung des visuellen Moments ist aber zugleich eine entscheidende Relativierung des Stellenwerts der Sternenbetrachtung für das Glaubensleben gegeben - besonders für einen Lutheraner, für den die "Medien" seines Gottesverhältnisses ja primär das *Hören* auf das Wort der Schrift und der *Glauben* sind. Letzterer jedoch definiert sich nach Joh 20, 29 und Hebr 11,1 ("ES ist aber der Glaube ... nicht zweivlen an dem / das man nicht sihet") gerade in Abgrenzung zum "Sehen". Die Dimension des "Wortes" wurde im Gedicht besonders in Zeile 6 greifbar, wie auch in der engen Bindung der Sprache an die Bibel. Aber ebenso im Verhältnis zum "Himmlischen" zeigte sich eine zunehmende Tendenz weg vom Visuellen hin zum Auditiven (vgl. Z. 11:"Herolden") und zu einer stärkeren Personalisierung ("Libe"). Trotz dieser Relativierung behält die Naturallegorese ihren Wert, wie Gryphius in einer Leichenpredigt festhält: Obwohl "Gott in einem unbegreifflichen Liecht wohnet" können wir gleichwohl "auß den sichtbaren Wercken Gottes seine unsichtbare Krafft und Weißheit etlicher massen erkennen."[1]

Was W. Mönch vom Wesen des Sonetts generell aussagt:

---

1 Gryphius, Dissertationes Funebres S. 236.

> Das Grundwesen des Sonetts liegt in seinem dialektischen Spiel und seinen paradoxen Funktionen[1],

kann in ganz besonderem Masse für die Gryph'schen Sonette gelten. Erst solches dialektisches Spiel auf allen Ebenen des Gedichts wird dem Inhalt gerecht, um den es Gryphius geht. Seine geistliche Lyrik will den Leser zugleich mit formalem Raffinement (*delectare*) in die paradoxen christlichen Wahrheiten einführen (*prodesse*), welchen aus irdischer Perspektive nur in dialektischer Weise beizukommen ist.

1.3 Traditionen und Vorbilder

Wir betonten bis anhin stark die eigenständige künstlerische Leistung des Gryphius in seinem Sonett "An die Sternen". Bereits unsere Detail-Interpretation zeigte jedoch, wie wenig "original", wie stark das Sonett in der Tradition verwurzelt ist, vor allem im Hinblick auf seine Bildlichkeit. Dabei wäre zu differenzieren zwischen Vorlagen in der Bibel, in der allegorisch-emblematischen Tradition und ganz allgemein bei anderen Lyrikern. Unser Interesse geht nun nicht dahin, irgendwelche genauen Kausalbezüge zu "beweisen", sondern vielmehr einige Hinweise zu geben auf das ganze Geflecht von Traditionen, in welchem Gryphius mit seiner Dichtung verwurzelt ist, und welches auch für seine zeitgenössischen Leser weithin Verbindlichkeit besass.[2]

Ein erster Traditionsbezug ergibt sich ganz selbstverständlich aus dem Charakter unseres Sonetts als eines geistlichen Gedichts von einem lutherischen Autor[3], für den die Bibel oberste Autorität sowohl bezüglich seines Stoffes als auch sei-

---

[1] Mönch, Sonett S. 49.

[2] Zum Einbezug der Tradition als hermeneutischer Voraussetzung für die Interpretation von Werken des 17. Jahrhunderts vgl. Schings, Tradition S. 1-22; Krummacher, Gryphius S. 29; Rusterholz, Rostra S. 11 f.

[3] Zur Religiosität von Gryphius siehe unten S. 165.

ner Sprache sein muss. Wenn es für die Zeit bis zum Ende des 17. Jahrhunderts richtig ist,

> dass geistliche Dichtung in diesem Zeitraum vorwiegend oder doch zu sehr erheblichen Teilen an bestimmte Quellen und Vorlagen gebunden, dass sie in starkem Masse Paraphrase von Vorgegebenem ist,[1]

so ist sie in erster Linie Bibelparaphrase, sei es in einem engeren Sinn (Psalmen-, Hohelied-, Perikopendichtung), wie wir sie bei Gryphius vor allem in seinen "Sonn- und Feiertagssonetten" finden; sei es in einem weiteren Sinn, wie bei unserem Sonett, das zwar an einigen Stellen fast wörtlich die Bibel zitiert, zum grössten Teil aber in mehr oder weniger freier Weise in Bildlichkeit und Lehre biblische Aussagen variiert. Geistliche Dichtung dient so in ganz wesentlichem Ausmass der Verbreitung des Wortes Gottes, wie es sich im Buch der Heiligen Schrift und, falls sie "Naturdichtung" ist, im Buch der Natur offenbart hat.

Ganz eng verknüpft mit diesem ersten biblischen Traditionsstrang ist naturgemäss der ihrer Exegese. Die gesamte Allegorese der *rerum naturalium* verdankt sich ja zu einem überwiegenden Teil der Bibelexegese seit der Väterzeit. Die Kenntnis der Patristik gehört bei den Dichtern und Dichterinnen des 17. Jahrhunderts, so auch bei Gryphius,[2] zur selbstverständlichen Voraussetzung, so dass ein Kompendium wie z.B. dasjenige von Lauretus wohl ohne grosse Bedenken zur Erklärung herangezogen werden darf, auch wenn nicht bewiesen werden kann, dass Gryphius genau dieses Werk gekannt hat. Schliesslich gehören zu diesem Quellenkomplex auch die zeitgenössischen Werke theologischer und vor allem erbaulicher Art.[3]

---

1 Krummacher, Gryphius S. 435.
2 Vgl. Schings, Tradition, bes. S. 91. Zu den patristischen Kenntnissen von Gryphius vgl. auch Flemming, Gryphius S. 113-115.
3 Vgl. Krummacher, Gryphius, bes. S. 21. Als Beispiel vgl. das Sonett "An eine Frauens Person / die mit Meyfahrts Himmlischen Jerusalem gebunden

Ein *poeta doctus* des Barock kennt sich nicht nur in der Bibel aus, sondern ebensosehr in der antiken Tradition,[1] sei es in deren Mythologie, Dichtung, Philosophie oder Poetik und Rhetorik. Im einzelnen sind hier die Bezüge im isolierten Gedicht meist schwerer feststellbar, sind solche Einflüsse doch vielfach in der geistlichen Lyrik stark zurückgedrängt oder christlich überformt. Zudem ist meistens schwer zu eruieren, was direkt aus der Antike oder vermittelt durch humanistisch-neulateinische Poesie übernommen wurde.

In der biblisch-exegetischen und antik-humanistischen Tradition wurzelt auch die Sinnbildkunst des Barock, die Emblematik, der die Bildlichkeit der Barockdichtung ja so viel verdankt, wie die Forschung der jüngeren Zeit hat nachweisen können. Bei unserem "Sternen"-Sonett scheint es uns jedoch, dass kaum von einer emblematischen Struktur im präzisen Sinn des Worts gesprochen werden kann. Als hilfreicher erwies sich das Schema des vierfachen Schriftsinns.[2] Eine grobe Umschau ergab zudem, dass geistliche Embleme zum Sternenhimmel nicht sehr zahlreich sind,[3] und dass sich zum vorliegenden "Concetto" des Gryph'schen Sonetts kein emblematisches Vorbild finden liess.

Zuletzt ist noch die Frage zu klären, ob Gryphius für sein Gedicht Vorbilder in der ihm vorausgehenden Dichtung fand. Antworten finden sich in der Literatur bereits bei V. Manhei-

---

wird" (GA I, S. 124). Zur Kenntnis Arndt's durch Gryphius vgl. Krummacher, Arndt.

1 Vgl. zu Gryphius Flemming, Gryphius S. 115.

2 Obwohl Weydt, Sonettkunst dieses Schema auf das Gedicht anwendet, bleibt er sonst in seiner Begrifflichkeit unpräzis und verwirrlich (vgl. bes. S. 22): so unterscheidet er nicht zwischen allegorischer Deutung der *rerum naturalium* und bloss rhetorisch-metaphorischem Ornat der Rede (indem er "Wächter" als Allegorie bezeichnet); ebenso bleibt für ein präzises Verständnis von "Emblem" rätselhaft, inwiefern "Herolden dieser Zeit" ein "emblematisches Bild" sein soll. Bei allen Anreden handelt es sich schlicht um Metaphern, die jedoch die verschiedenen Bedeutungsebenen der *res* "Sterne" sprachlich ausdrücken.

3 Vgl. v.a. Henkel/Schöne, Handbuch Sp. 39-41; Picinelli, Mundus S. 47-50.

mer, E. Trunz, G. Weydt und D. W. Jöns. Der Hinweis Manheimers[1] auf die *Ad coelestem adspirat patriam*-Ode Sarbiewskis wird von Conrady[2] und Jöns[3] als zu allgemein qualifiziert. Da wir oben das Gedicht des polnischen Jesuiten eingehender interpretiert haben, lässt sich die Frage jetzt besser beantworten. Aus einem genaueren Vergleich ergibt sich, dass zwar zahlreiche Gemeinsamkeiten gegeben sind, dass diese jedoch zu unspezifisch und die Differenzen zu gross sind, als dass von einer Imitatio gesprochen werden könnte. Identisch ist die Struktur von Betrachtung und Beschreibung des gestirnten Himmels, Anrede der Sterne, Reflexion auf die defiziente Situation des Betrachters und Wunsch nach Erhöhung zum Himmel. Jedoch die konkrete inhaltliche Füllung dieser Struktur differiert beträchtlich: Werden bei Gryphius fast ausschliesslich die Sterne beschrieben, so bei Sarbiewski eher der Nachthimmel als ganzer, der zudem bei ihm viel mehr eschatologischen Bildern (himmlisches Jerusalem) angenähert ist; das beim Polen so wichtige Motiv des Todes und des Grabes fehlt völlig beim Schlesier; dieser hingegen rückt an zentrale Stelle das Thema der Schöpfung. Damit zeigt sich das Gryph'sche Gedicht auch viel expliziter als ein christliches, wie es ja auch durch und durch von biblischer Sprache geprägt ist - ganz im Gegensatz zum völlig antikischen Sprachgewand der Sarbiewski'schen Ode. Was die Ähnlichkeiten in der Metaphorik betrifft (Schmuck, Fackeln, Wächter, Entzündung), so hat unsere Analyse gezeigt, dass es sich dabei um zu unspezifische und zu weitverbreitete Vorstellungen und Ausdrucksformen handelt, als dass von daher eine Abhängigkeit "bewiesen" werden könnte. Trotz dieser Einschränkungen mag die Ode des Jesuiten durchaus das Sonett von Gryphius angeregt und beeinflusst haben.

Ähnliches lässt sich in Bezug auf Bauhusius sagen. Für eine literarische Abhängigkeit sprechen vor allem die Titel (vgl.

---

1 Manheimer, Lyrik S. 141 f.
2 Conrady, Dichtungstradition S. 362.
3 Jöns, Sinnenbild S. 150 f.

auch die Einordnung des Gryphius-Sonetts im Sonettbuch) und die Pointen der beiden Gedichte, die erstaunlich konvergieren.[1] Jedoch ist dazu gleich einschränkend zu bemerken, dass bei Gryphius in der Erstfassung das Motiv des Hinuntersehens ja noch fehlte. Was beim gemeinsamen Natureingang sich entspricht, ist wieder so unspezifisch, dass es sich auch mit der Bildlichkeit der Sarbiewskischen Ode deckt. Vor allem aber sind die Grundkonstellation und Sprechhaltung der beiden Gedichte sehr stark verschieden: bei Bauhusius das ironisch-distanzierte Spiel mit der Begeisterung des Sternenbetrachters, bei Gryphius die zur Identifikation einladende, durchgängige Ich-Perspektive des sternenbegeisterten Betrachters selber.

Nicht viel anders sind die Ergebnisse in Bezug auf mögliche Vorlagen in den Epigrammen von Opitz.[2] Es handelt sich bei diesen durchwegs um weltliche Liebesgedichte. Vorbildhaft könnten hier in erster Linie die Titel und die darin ausgedrückte Sprechhaltung gewirkt haben. Sie lauten: "An die Nacht und das Gestirn" (Nr. 119), "Epigramma an die Sternen" (Nr. 122), "An die Sternen / dass sie jhm den Weg zeigen wollen" (Nr. 125), "Als er bey Nacht den Himmel ansahe" (Nr. 127). Diese Titel und Epigramme lehnen sich ihrerseits z.T. an Gedichte von J. C. Scaliger an.[3]

Als Einfall dient den ersteren zwei und beim letzten Epigramm der hyperbolische Vergleich der geliebten Jungfrau und ihrer Augen mit den Sternen. Daneben lassen sich weitere, aber grossteils sehr unspezifische Ähnlichkeiten erkennen. Am ehesten liesse sich das Gryph'sche Sonett noch als geistliche Kontrafaktur des Opitz-Epigramms "An die Sternen / dass sie jhm den Weg zeigen wollen" deuten:

---

[1] Eher unwahrscheinlich scheint mir, dass Gryphius sich direkt vom oben S. 68 erwähnten Epigramm der Anthologia Graeca beeinflussen liess. Die Differenzen sind da doch zu gross.

[2] Vgl. Trunz, An die Sternen S. 26 f.; Weydt, Sonettkunst S. 20-23 (betont sehr dezidiert die Opitz'sche Vorbildhaftigkeit); Abdruck der Gedichte in: Opitz, GW II,2 S. 723-726 (Nr. 119, 122, 125, 127).

[3] Vgl. die Abdrucke bei Conrady, Dichtungstradition S. 365.

Ihr Fackeln dieser Welt / jhr grosses Wolcken fewer /
Ihr Liechter in der Lufft / jhr Himmels äugelein /
Führt mich zur liebsten hin: kompt jhr mir nicht zu stewer /
So wird mein brennend Hertz' an statt der Sternen seyn.[1]

Zuerst fällt da die Parallelität in der anaphorisch wiederholten Anrede an die Sterne auf, die sich z.T. identischer Ausdrücke bedient. Der Gedanke der Wegweisung ist hingegen bei
Gryphius nur noch in impliziter Weise vorhanden. Das Motiv
des brennenden Herzens aber, welches an die Stelle der Sterne
treten wird, taucht im Sonett fast identisch, nur ins Geistliche
transponiert, wieder auf.[2] Hier liegen also doch recht erstaunliche Ähnlichkeiten vor. Sollte möglicherweise Opitz hier als
Vorbild gedient haben, so beweist Gryphius mit seiner Kontrafaktur dennoch seine eigenständige Schöpfungskraft, gerade
durch die Tatsache, dass es in der deutschen Dichtung "vor ihm
kein religiöses Sternengedicht gegeben"[3] hat.

2. Gryphius - Dichter der Nacht?

Die Frage nach Gryphius als einem Dichter der Nacht
spricht verschiedene Problemkreise an. Zuerst einen thematischen, der mit unserem "Sternen"-Sonett gegeben ist: Sternenbetrachtung ist ja immer nur in der Nacht möglich, da das Licht
der Sterne bloss vor dem dunklen Hintergrund sichtbar wird. So
ist denn zu fragen, welche Rolle die Nacht-Thematik in der Ly-

---

1 Opitz, GW II,2, S. 726 (Fassung A!).
2 Diese Gemeinsamkeit wird von Weydt, a.a.O. übersehen, der jedoch u.E.
  viel zu stark die Aehnlichkeit bez. des Wegweisermotivs betont. Ebensowenig vermögen wir ihm zu folgen, wenn er meint, von diesem Epigramm
  und den Schlussversen eines Sonetts (Poemata Nr. 27, zit. ebd. S. 23: "Ihr
  Sternen, die ihr müst vff vnser Leben sehen, / Wirdt es, eh' ich zu euch ver-
  reiß, auch je geschehen, / Daß ich ihn, oder ja den letzten Todt anschaw?")
  sei "die gedankliche Konzeption des Gryph'schen Sonetts bis in die Pointe
  hinein geprägt worden" - da läge das Vorbild der beiden Jesuiten schon
  näher.
3 Trunz, An die Sternen S. 27.

rik des Gryphius spielt.[1] Dabei stossen wir auf zahlreiche Gedichte von Gryphius über seine eigene Geburtsnacht. Dies führt uns zum zweiten Problemkreis, der Frage, inwieweit seine Dichtung (auto-)biographisch gelesen werden darf. Und damit vebunden ist schliesslich die Frage nach seiner Religiosität und Lebenshaltung und ob wir es bei Gryphius wirklich mit einem abgrundtiefen Pessimisten und Weltverachter zu tun haben.[2] Ein solches Bild beherrscht ja mehr oder weniger abgeschwächt einen beträchtlichen Teil der Gryphius-Literatur, so z.B. in der Formulierung von Browning:

> Dass das Leben glücklich sein kann oder wenigsten sein sollte, kommt Gryphius nicht einmal in den Sinn.[3]

2.1 Geburtsnacht - Todestag Jesu

Auf der Suche nach weiteren Belegen für das Sternen-Motiv stösst man bei Gryphius auf zahlreiche "Abend"- und vor allem "Nacht"-Gedichte. Wir können diese hier nicht in extenso interpretieren, wollen durch sie aber doch das Bild ergänzen, das wir durch die Interpretation des "Sternen"-Sonetts gewonnen haben.

Im Sonett "Abend"[4] tritt die Nacht in der ersten Zeile personifiziert als Sternenheerführerin[5] auf:

Der schnelle Tag ist hin / die Nacht schwingt ihre fahn /
Und führt die Sternen auff. ... (Z. 1-2)

Es wird so die Szene eines Kampfes zwischen Licht und Dunkel, zwischen "Tag" und "Nacht" (vgl. Z. 1) entworfen. Da

---

1 Vgl. dazu Herzog, Nacht.
2 Vgl. z.B. Obermüller, Studien S. 80.
3 Browning, Lyrik S. 94.
4 GA I, S. 66.
5 Zum Motiv des Sternenheers vgl. Jer 33,22; Ps 33,6.

die Sterne die Soldaten im Dienst der Nacht sind, darf diese hier wohl kaum negativ als Sinnbild für Sünde, Böses etc. gelesen werden. Schon adäquater scheint dagegen ihre Deutung als Nacht des Todes, der die Schwelle bildet zwischen irdischem Leben und ewigem Licht.[1] Die Sterne haben also auch hier die uns bereits vertraute Verweisfunktion auf die Ewigkeit. Und insofern kämpfen sie gegen die Verhaftetheit des Menschen an die Verführungen des Tages (Vgl. Z. 10: "Lass mich nicht ach / nicht pracht / nicht lust / nicht angst verleiten."). Der Tag ist zudem eindeutig bereits zu Beginn durch das Adjektiv "schnelle" als Sinnbild der Vergänglichkeit identifiziert. Diese paradoxe Umkehrung der Bewertung von Tag und Nacht wird uns ausführlich im Sonett "Uber die Geburt Jesu" begegnen.

Das auf "Abend" folgende Tageszeitensonett "Mitternacht"[2] treibt das Paradox noch eine Stufe weiter, indem nun die Nacht wieder eindeutig negativ konnotiert wird als schreckliche Zeit (Z. 1), in der der Mensch im Verborgenen seine dunklen Pläne schmiedet; der Tag jedoch wird gedeutet als der Jüngste Tag, an dem

> ... wird was geredet / gewürcket / gemeynt.
> Sonder vermänteln eröffnet sich finden vor deß erschreck-
> lichen Gottes Gerichte. (Z. 13-14).

Vor dem Schrecken der Finsternis tritt das Licht in diesem Gedicht ganz in den Hintergrund; der Bezug zwischen betrachtendem Mensch und den Sternen scheint verloren. Es herrscht fast unumschränkt die Finsternis der Transzendenzlosigkeit,

---

1 Vgl. Z. 5-7:
> Der port naht mehr und mehr sich / zu der glieder Kahn.
> Gleich wie diß licht verfiel / so wird in wenig Jahren
> Ich / du / und was man hat /und was man siht / hinfahren.

Vgl. auch das Emblem Nr. 422 bei Picinelli, Mundus S. 60, mit dem Lemma "Vertetur in diem", der Nacht als Pictura und dem Tod als Bedeutung; Gryphius, Dissertationes Funebres S. 17: "nach dem Abend dieses Lebens / das ist / nach dem Tode".

2 GA I, S. 66 f. Vgl. dazu Cohen, Tageszeiten S. 109-113.

Ob zwar die jmmerdar schimmernde lichter / der ewig
schitternden Sternen entbrand! (Z. 4).

Die Sterne haben zwar noch ihre Funktion als Chiffren
des Ewigen ("jmmerdar ... ewig"), aber nur noch als zufällig
und verstreut aufleuchtende Lichtpunkte, die nahe am Verlö-
schen sind, falls unsere Deutung der Partizipien "schimmernd"
("zur Bezeichnung eines leuchtenden, meist zitternden Glan-
zes" bzw. "von einem schwächeren Lichte")[1] und "schitternd"
(Grimm[2] nennt als Bedeutungen: lückenhaft machen, hinfällig,
gebrechlich werden; Palm[3]: "zitternd glänzen") zutrifft. Nur
noch in sehr gefährdeter Weise sind also die Sternen "Bürgen
meiner Lust" oder "Herolden", vielmehr sind auch sie Teil der
hinfälligen Schöpfung. Das Zurücktreten des Sternenlichts ent-
puppt sich dann tropologisch gedeutet als Sinnbild für die im
zweiten Quartett geschilderte Situation des Menschen, der
seinen eitlen Strebungen in der Dunkelheit nachgeht.

Diese beiden Tageszeiten-Sonette zeigen uns im Vergleich zum "Sternen"-Sonett bereits deutlich, dass im Rahmen
der Allegorese die Dinge nicht eine einzige festgelegte Bedeutung besitzen, sondern dass diese immer nur aus dem jeweiligen Kontext und den jeweils aktualisierten Eigenschaften des
Phänomens gewonnen werden kann.[4]

Ganz zentral wird nun die Nacht-Licht-Antithetik in den
Gryph'schen Weihnachtsgedichten. Das bekannteste und in der
Forschung wohl auch eines der am meisten interpretierten ist
das Sonett "Uber die Geburt Jesu"[5], in dem zwar keine Sterne
vorkommen,das jedoch deutlich aufweist, wie komplex und paradox Gryphius das Verhältnis von Hell und Dunkel sieht. Hier

---

1 Grimm, Wörterbuch, Bd. 9, Sp. 162 u. 163.
2 Ebd. Sp. 229.
3 Gryphius, Gedichte (ed. Palm) S. 456.
4 Zu den Bedeutungsaspekten der Nacht vgl. Hinman, Night.
5 GA I, S. 30. Zur Interpretation vgl. Jöns, Sinnenbild S. 133-135; Fässler,
   Hell-Dunkel S. 53-57; Mauser, Dichtung S. 78-81; Schindler, Sonnets S. 52-
   67; Tax, Sonette S. 470-474; Trunz, Geburt S. 133-138; Weber, Lux S. 13-
   16.

haben wir es nicht mehr einfach mit einem natürlichen Lichtphänomen (Sterne) zu tun, welches dann auf die *lux invisibilis* verweist, sondern Christus als das göttliche "Licht vom Lichte"[1] ist selbst in der Welt sichtbar geworden. Irdisches und Göttliches durchdringen sich und werden im menschgewordenen Gottessohn eins, statt dass sie bloss durch eine Zeichen- und Kausalrelation verbunden sind. Dieses "Ereignis von epochaler Tragweite"[2] wirft alle irdischen Relationen über den Haufen, ist nicht mehr in einem allegorischen, sondern nur noch in einem paradoxen Diskurs ausdrückbar. Die "schwartze nacht der sünden" (Z. 12) wird überwunden durch die "mehr den lichte nacht" (Z. 1;14) der Geburt Jesu.[3] Was wir hier als Beispiel exaltiertester Artistik und barocker Freude an Antithetik und Paradox zu lesen geneigt sind, steht ganz in biblischer Tradition, wenn es in Ps 139,12 von Gott heisst:

> Denn auch Finsternis nicht finster ist bey dir /
> Und die nacht leuchtet wie der tag / Finsternis ist wie das Liecht.

Es verwundert angesichts der bereits in der Bibel so breit angelegten Licht-Dunkel-Thematik nicht, wenn auch deren Auslegung ebenso differenziert und vielschichtig ist,[4] was denn auch für die Gedichtinterpretation jeweils Folgen hat. Es bringt demnach wenig Erkenntnisgewinn, generelle Aussagen über die Nacht bei Gryphius zu machen.

Die Paradoxie von Nacht und Licht anlässlich der Geburt Jesu hat auch andere Barockdichter fasziniert und zu Gedichten angeregt. Das Lob der Nacht, die heller als der Tag ist, findet sich z.B. bei Assig[5], Gerhardt[6], Greiffenberg[7], Lohenstein[8] und

---

1 Vgl. dazu bei Gryphius seine Uebertragung des Credo GA III, S. 78; GA III, S. 114.
2 Mauser, Dichtung S. 81.
3 Die Geburtsnacht findet ihre heilsgeschichtliche Entsprechung und Erfüllung in der Osternacht. Vgl. Tax, Sonette S. 473 f.
4 Vgl. Lauretus, Silva S. 722-724 (*nox*) und S. 637-640 (*lux*).
5 Cysarz, Barocklyrik, Bd. 2, S. 244.

Kuhlmann[1]. Das Sonett Kuhlmanns ist für uns von besonderem Interesse, da es den überbordenden Preis der Nacht abschliesst mit dem Entschluss:

Hir wil ich Tycho sein / und dis Gestirn erlernen /
biß sich mein Geist gesellt zu solchen Himmelssternen.
                                                    (Z. 13-14).

Kuhlmann differenziert also nicht zwischen der Sternenbeobachtung des Astronomen (Tycho Brahe) und derjenigen des religiösen Ekstatikers. Am Schluss steht wie bei anderen Sternengedichten der Wunsch, die Kluft Sterne - Beobachter zu überwinden und selber ein Stern zu werden, d.h. an der himmlischen Existenz der Engel teilzuhaben (vgl. Z. 12; "O Nacht! di gantz durchsternt der Cherubinenhauf!").[2] Das Sonett Kuhlmanns ist im übrigen auch ein Beispiel für die fast völlige Auflösung der Strophigkeit des Sonetts: Ganze zwölf Zeilen lang beginnt jeder Vers mit dem Anruf "O Nacht", woran sich eine hyperbolische nähere Bestimmung dieser Nacht anschliesst. Auch das Reimschema (abab abab ccd cee) könnte uns veranlassen, hier eher von einem vierzehnzeiligen Epigramm als einem Sonett zu sprechen.[3]

Kehren wir zurück zu Gryphius und untersuchen noch ein weiteres Weihnachtsgedicht, das uns besonders interessieren muss, da darin auch das Sternenmotiv erscheint:

---

6 Gerhardt, Andachten S. 134 f.
7 SW I, S. 106.
8 Lohenstein, Himmel-Schlüssel S. 44.
1 Kuhlmann, Libesküsse S. 26 f.
2 Zur Gleichsetzung Engel - Sterne siehe unten S. 153.
3 Ein Befund, der sich auch mit den Bestimmungen in manchen Barockpoetiken deckt. Siehe oben S. 139, Anm. 1.

Uber die Geburt des HErrn Jesu.

Wilkommen süsse Nacht / die du des Tages Last /
Und des Gesetzes Joch gantz von uns weg genommen.
Die du / in dem das Licht ist von dem Himel kommen
An stat des Monden: Gott / der Sternen: Engel hast.[1]

Der Concetto des Epigramms beruht darauf, die Nacht-Hyperbolik des oben besprochenen Sonetts konkret, wörtlich zu nehmen, also an der Phänomen-Welt durchzudenken, was die besondere Qualität der Christnacht ausmacht. Das heilsgeschichtliche Ereignis bildet sich in der Natur zwar ab und übersteigt die Abbildung zugleich immer schon. Dennoch ist die Ersetzung des Mondes durch Gott und der Sterne durch die Engel nicht bloss ein der dichterischen Phantasie entsprungener, concettistischer Einfall, sondern hat seine Vorlage im Bericht des Evangelisten Lukas von Jesu Geburt (Lk 2,8-14). Wir haben in diesem Epigramm nun auch einen Beleg bei Gryphius für die Beziehung zwischen Sternen und Engeln. Die Ersetzung der ersteren durch die letzteren wird jedoch erst möglich durch die Menschwerdung Gottes ("in dem das Licht ist von dem Himmel kommen"). Damit wird hier explizit die Bedingung der Möglichkeit für das "Sternen"-Sonett genannt. Erst die Erniedrigung, das Herabkommen des Gottessohnes, ermöglicht die Erhöhung, das Über-den-Sternen-Stehen des Menschen. Explizit kommt dieser bereits patristische Gedanke des "Wunderbaren Tauschs" im Sextett eines weiteren Weihnachts-Sonetts zur Sprache:

---

1 GA II, S. 171.

Uber die Geburt des HErren JEsu

1 DEr Himmel hat bißher sich auf die Erd erhitzt
Und mit viel Schwefel /Feur und Flammen lichten krachen/
Gelodert und getobt; Die Erd hat aus dem Rachen
    Des Abgrunds auf die Luft und Sternen selbst geblitzt:
5 Nicht einer der das Schloß des grossen Throns besitzt
Hat iemahls sich ins Feld der Erden wollen machen /
Nicht einer der allhier muß auf der Erden wachen
    Hat auf den gülden Bau des Himmels sich gespitzt.
Nunmehr wil GOtt Friede machen und schlägt edle Mittel
                                                    vor /
10 Er wird selbst ein Mensch gebohren und entschleust des
                                        Himmels=Thor
    Was haben wir für Ursach mehr zu zancken?
GOtt und Engel steigen nieder; Schwache Menschen fahren
                                                    auf
Nunmehr wird eins Erd und Himmel / Engel /Menschen
                                        sind ein Hauff.
    Wer wundert sich daß Mensch und Engel dancken.[1]

Gegenpol und notwendige Ergänzung zur Geburt Jesu ist sein Tod. Dies drückt der folgende Zweizeiler aus:

Der HErren Sterbens Tag.

Tag / schwärtzer als die Nacht / in dem die Welt verlohren
Ihr Leben / Trost und Licht / das in der Nacht geboren.[2]

Das Epigramm ist das genaue Pendant zum Gedicht "Uber die Geburt Jesu", nur steht jetzt der (Sterbens-)Tag im Zentrum, was auch rhythmisch (vgl. den Spondeus zu Beginn) zum Ausdruck kommt. Seine biblischen Wurzeln hat das Sprechen vom Tag, der zur Nacht wurde, in Lk 23,44 f., wo von einer

---

1 GA I, S. 95.
2 GA II, S. 171.

Sonnenfinsternis bei Jesu Sterben berichtet wird. Damit verbindet sich bereits in frühchristlicher Zeit die Vorstellung von Christus als Sonne, die im Tod untergeht.[1]

Wieder wird hier ein Heilsereignis nur im Paradox fassbar, wird vor allem deutlich, wie "irreal" und belanglos natürliche, irdische Faktizität und Realität im Vergleich zur heilsgeschichtlichen Realität ist. Uns scheint deshalb auch die Ansicht zu kurz zu geifen, die hier einfach von einem Spiel mit eigentlicher und übertragener Bedeutung von Begriffen wie "Nacht" und "Tag" spricht.[2] Grundlage für die paradoxen Wortverbindungen ist sicher zuerst die sprachliche Ambiguität der Wörter, letztlich jedoch drückt sich in den Hell-Dunkel-Oxymora das heilsgeschichtliche Paradox selber aus. Denn die Menschwerdung Gottes ist selber eine Vereinigung der Gegensätze. Es scheint uns deshalb auch verfehlt, bei Gryphius von einem "strikten Dualismus"[3], von einer zerstörten Analogie zwischen irdischem und himmlischem Licht zu sprechen. Gerade das "Sternen"-Sonett zeigte, dass die Analogie nach wir vor besteht, wenn auch Analogie naturgemäss immer Identität *und* Differenz meint, und Gryphius eher dazu tendiert, die Gegensätze zuzuspitzen, statt sie verschwimmen zu lassen.

2.2 "In der Nacht geboren"

Gryphius verfasste nicht nur Gedichte auf die Geburtsnacht Jesu, sondern auch über seine eigene Geburt um Mitternacht. Ist nun daraus eine negativ-pessimistische Weltsicht von Gryphius abzuleiten? Wie steht es überhaupt mit einer biographischen Deutung seines Werks, einem Aspekt, den wir bisher fast ganz ausgeklammert haben? Noch C. Wiedemann, in seiner 1984 erschienenen Gryphius-Darstellung in einem Sammelband zu den Dichtern des 17.Jahrhunderts, liest die

---

1 Vgl. Rahner, Mythen S. 108-112.
2 Vgl. Fässler, Hell-Dunkel S. 54.
3 Ebd. S.49.

Gedichte als "Selbstkommentar des Dichters"[1], so dass er den Gryph'schen Lebensweg sieht als

> Kette bedrückender Erfahrungen ... , gesäumt von Gewalt und Tod, beherrscht von unbezwingbarer Existenzangst.[2]

Und in bezug auf die religiöse Bewältigung dieser Angst meint er:

> Zu einem Zeugnis protestantischer Glaubensgewissheit will uns die Gryphsche Andachts- und Bibellyrik nicht werden.[3]

Unsere Arbeit kann zwar nicht den Rahmen bieten für eine grundsätzliche Auseinandersetzung mit diesen Thesen. Dennoch scheinen sie uns aus zwei Gründen fragwürdig: Ersten verkennt dieser recht manifeste Biographismus den primär religiös-geistlichen Charakter der Lyrik des Gryphius und zweitens beachtet Wiedemann zuwenig die didaktische und dogmatische Signifikanz der Weltverachtungstopik.[4]

Einige Hinweise, die unsere Ansicht belegen, wird uns die folgende Betrachtung einiger Gryph'scher Gedichte über seine Geburt liefern, wobei diese Gedichte zugleich noch Ergänzungen zum Sternenbetrachtungs-Thema beibringen werden.

Im ersten Buch seiner Epigramme von 1663 veröffentlichte Gryphius unter den Nummern LXI bis LXXI elf Epigramme über seine Geburtsnacht. Voraus gehen bereits zahlreiche "Beyschriften" über die Geburt Jesu, weshalb eine Parallelisierung auch von daher naheliegt. Die Geburts-Epigramme

---

1 Wiedemann, Gryphius S. 441.
2 Ebd.
3 Ebd. S. 454.
4 Vgl. hingegen Scheitler, Lied S. 345: "Rhetorisches *movere* und nicht introvertierte Bekenntnishaftigkeit sind Fundament und Ziel dieses Dichtens."

156

sind also in erster Linie unter dem Aspekt der *Imitatio Christi*[1] zu lesen, wie das folgende deutlich zeigt:

LXIII. Auff dieselbige.

Ihr die ihr ewre Zeit von erstem Tag an zehlet /
Verlachet meine Nacht des Lebens Anfang nicht:
Ob ihr gebohren seyd bey hellem Sonnen Licht /
Hat meine Lebens Stund doch GOTT ihn selbst erwehlet.[2]

Das vorerst zufällige Ereignis der nächtlichen Geburt erhält durch eine spirituelle Lektüre heilsgeschichtliche Bedeutung, kann so gleichsam als Zeichen für die Berufung des Autors in die Nachfolge Christi gelesen werden.[3] Das heisst, sich der Vergänglichkeit des irdischen Lebens bewusst zu sein (Z. 1) und dessen Mühsal ("Nacht")[4] standhaft auf sich zu nehmen.

Deutlicher noch führt diesen Zusammenhang das folgende Epigramm vor Augen:

---

[1] Vgl. dazu besonders das erste Buch bei Arndt, Christenthum, der seinerseits die "Nachfolge Christi" des Thomas a Kempis rezipiert und auch selbst übersetzt hat (vgl. Wallmann, Arndt S. 66).

[2] GA II, S. 180 (Titel von Nr. LXI: "Uber die Nacht meiner Geburt").

[3] Vgl. dazu ein Gedicht von Abschatz, Uebersetzungen, Himmel-Schlüssel S. 12 f. mit dem Titel "Geburts-Nacht", das den gleichen Einfall variiert:

Eine lange Winter=Nacht   *Laß mir deinen Gnaden=Schein*
Hat mich an das Licht gebracht /   *Tag und Nacht für Augen seyn*
JEsu / welchem Nacht und Licht   *Wenn der finstren Wercke Dunst*
Zu gehorchen ist verpflicht /   *Will vertuncklen deine Gunst;*

Wenn die trübe Todes=Nacht
Mir die Augen finster macht /
Biß ich dich / den hellen Tag /
Sonder Nächte schauen mag.

[4] Vgl. Gryphius, Dissertationes Funebres S. 70 u. 72.

LXII. *Auff dieselbige.*

Diß ist mein erste Nacht / der Anfang meiner Tage /
Darin' ich mit viel Angst der letzten Nacht nachjage.
Doch weil ich meine Nacht HErr durch dein Licht verloh-

ren /

bin ich zwar in der Nacht / doch nicht der Nacht gebohren.[1]

Hier finden wir auf knappstem Raum das ganze Spektrum der Bedeutungen der Nacht bei Gryphius. Die "erste Nacht" meint zuerst die Tageszeit der Geburt, ist aber als "der Anfang meiner Tage" auch schon im tropologischen Sinn Nacht der vergänglichen, sündigen Welt. Die "letzte Nacht" ist die Nacht des Todes im Sinne des "Mitternacht"-Sonettes. Darin impliziert ist aber auch - als drohende Möglichkeit - die Nacht der Verdammnis. Soweit ist also das Leben des Christen ein Leben in der Nacht und zwischen Nächten. Doch diese Deutung greift zu kurz; denn durch die Geburt Jesu, des wahren Lichts, in der Nacht ist ein ganz neuer Deutungshorizont gegeben, so dass das "Ich" des Epigramms die eigene Interpretation seiner nächtlichen Geburt relativieren und differenzieren muss. Er ist zwar in der tageszeitlichen Nacht (falls dies nicht auch bloss ein literarischer Topos ist!) und der Nacht der sündigen Welt geboren, aber die Nacht des Todes und der Verdammnis darf er zu überwinden hoffen.[2] Der Mensch ist nämlich mithineingenommen in das Geschehen der Inkarnation und der Auferstehung, wie die letzte Zeile zeigt. Diese belegt auch in der Prägnanz der concettistischen Pointe, wie übertrieben es ist, bei Gryphius von fehlender Glaubenszuversicht zu sprechen.

Eine solche Paraphrase vermag nicht den Reiz des Epigramms wiederzugeben, der darin liegt, dass Gryphius fast ganz auf der Bildebene bleibt und die Deutung der verschiedenen Nächte dem Leser überlässt. Das Spiel mit der Mehr-

---

[1] GA II, S. 180 (Titel siehe S. 157 Anm. 2)
[2] Vgl. 1 Thes 5,5: "Ir seid allzumal Kinder des liechtes und Kinder des tages / Wir sind nicht von der nacht noch von der finsternis."

deutigkeit des Wortes "Nacht" bewirkt so auch, dass das Gedicht nicht mehr nur als persönliches Bekennntnis des Autors gelesen werden muss, sondern als Gebet von jedem gläubigen Leser gesprochen werden kann, sogar wenn dieser faktisch nicht in einer Nachtstunde geboren ist. Gewiss soll damit eine Verwurzelung dieser Epigramme in der persönlichen Lebenssituation des Gryphius nicht bestritten werden, doch auch Gryphius selber interessiert sich in seiner Dichtung für diese nur, als sie vor dem heilsgeschichtlichen Hintergrund bedeutsam wird. Sein eigenes Leben wird ihm so zu einem Gegenstand der geistlichen Betrachtung im gleichen Masse wie kreatürliche und historische Phänomene. Und erst als solcher gewinnt es auch Verbindlichkeit über das eigene Schicksal hinaus für den Kreis der Leser.

Das soll noch an einem weiteren Epigramm gezeigt werden:

Gedancken über meine Geburt.

Der du mich an das Licht hast bey besternter Nacht /
Aus meiner Mutter Leib' als einem Kercker bracht;
Lass fern von Sternen mich /doch Sternen gleich auffgehen/
Wenn hir ich untergeh / dort über Sternen stehen.[1]

Der Concetto dieses Gedichts[2] ist im Grunde identisch mit demjenigen des "Sternen"-Sonetts. Auch in diesem Epigramm handelt es sich nicht um ein autobiographisches Bekenntnis, sondern um das gezielte Arrangement verschiedener bedeutungstragender Elemente zu einer allgemeingültigen christlichen Deutung der Conditio humana. Das erste Verspaar lässt sich lesen als eine Collage aus biblischen Stellen[3], was eine Lektüre nach dem Schema des vierfachen Schriftsinns

---

1 GA II, S. 180.
2 Vgl. auch den Hinweis bei Windfuhr, Bildlichkeit S. 270.
3 Vgl. Ps 22,10; 142,8; Micha 7,9. Vgl. Gryphius, Dissertationes Funebres S. 416: "Der kurtze Tag unsers Lebens entsteht aus der Nacht / in welcher wir in dem Verborgenen gebildet werden."

nahelegt. Zuerst ist da das historische Faktum der Geburt in einer Sternennacht, welches jedoch bezüglich des Autors nur heilsgeschichtliche, nicht historisch-tatsächliche Faktizität beanspruchen darf. Allegorisch ist dieses Geschehen zu deuten als die Geburt Jesu. Das Schwergewicht liegt jedoch auf dem *sensus tropologicus* und dem *sensus anagogicus*. Beide Deutungsebenen sind zwar bereits im ersten Verspaar angesprochen, nämlich als Orientierung des Lebens am göttlichen Licht sowie als Überwindung der irdischen Leiblichkeit im Tod. Dennoch werden sie explizit erst im zweiten Verspaar, das sich durch eine völlig verschiedene Sprachstruktur auszeichnet, ausgeführt. Das Spiel mit der Vieldeutigkeit des Wortes "Stern" ermöglicht eine ganze Kette von paradoxen Antithesen. Versuchen wir, dies nachzvollziehen, wobei eine ein-deutige Deutung sehr schwierig, wenn überhaupt vom Text her möglich und vom Autor intendiert ist.

Zuerst ist da - wie gesagt - der Neugeborene unter dem Sternenhimmel als dem natürlichen Faktum und Garanten des göttlichen Lichts. Die dritte Zeile ist sodann am einleuchtendsten nach dem *sensus moralis* zu lesen: "fern von Sternen" d.h. in die weltlichen Geschäfte des Alltags verwickelt und vom ewigen Leben im Himmel noch weit entfernt, möchte der Beter sein dereinstiges himmlisches Dasein doch auf Erden bereits antizipieren, möchte, wie die Sterne, "Licht der Welt"[1] sein durch vorbildliches christliches Leben; und so in der *imitatio Christi* den Gegensatz zwischen Betrachter und Sternen aufheben. Die letzte Zeile kann die Bewegung von Aufgang und Untergang weiterführen durch den Wechsel auf die anagogische Ebene: Das irdische Leben und damit das Licht-Sein in der Welt hat ein Ende, trachtet aber danach, im Jenseits das irdisch Vorweggenommene zu vollenden und zu übersteigen.

Eine schematische Darstellung soll nochmals zeigen, wie äusserst komplex das Schlusspaar des Epigramms gebaut ist:

---

[1] Vgl. Mt 5,14.

Lass fern von Sternen mich	doch Sternen gleich auffgehen
Ich	Nicht-Ich
(dort)	(hier)
unter den Sternen	aufgehen
fern (Differenz)	gleich (Identität)
(gleich)	(fern)
untergehen	über den Sternen
hier	dort
Ich	Nicht-Ich
Wenn hir ich untergeh	*dort über Sternen stehen*

Durch die Verwobenheit von Chiasmen und Parallelismen, die vielschichtige Antithetik, welcher die Struktur des Alexandrinerverses sehr entgegenkommt, und durch die Aktivierung jeweils anderer Bedeutungskonstituenten der Wörter gelingt eine Komplexität der Aussage, wie sie in einem linearen, prosaischen Diskurs nicht möglich wäre. Zugleich legt der Poet damit ein hervorragendes Zeugnis seiner Kunstfertigkeit vor und erfüllt die Gattungsforderung der *argutia* aufs höchste.

Wir wollen nicht weiter auf den Inhalt dieses Epigramms eingehen, wurde doch Entscheidendes, z.B. zur Bildlichkeit und deren allegorischer Deutung, zum Perspektivenwechsel oder zum Weltbild schon im Rahmen der Interpretation der jesuitischen Gedichte und des "Sternen"-Sonetts gesagt. In den Epigrammen über seine Geburtsnacht finden wir aber schliesslich auch eines, das die Begründung für die (Gryph'sche) Kontemplation des Sternenhimmels liefert:

LXI. Uber die Nacht meiner Geburt.
II. Octob. hora XII. p.m.

Die Erden lag verhüllt mit Finsternüß und Nacht /
Als mich die Welt empfing / der Hellen Lichter Pracht /

Der Sternen goldne Zier umbgab des Himmels Awen
Warumb? Umb daß ich nur soll nach dem Himmel schawen.[1]

Ausgangspunkt ist wieder das Ereignis der Geburt in einer Sternennacht. Sogleich werden die Sterne auch hier als "Zeichen" (Gen 1,14) gelesen, die dem Neugeborenen das Ziel seines Lebens vorgeben, nämlich die *Contemplatio coeli* in ihrer doppelten Bedeutung als geistliche Allegorese der kosmischen Phänomene und als Ausrichtung des irdischen Strebens nach den himmlischen Gütern. Die Veränderung des Titels von "Der Autor uber seine Geburt"[2] zu "Uber die Nacht meiner Geburt" zeigt die Akzentverlagerung an, von einer biographisch-persönlichen zu einer heilsgeschichtlich-allgemeinen Perspektive. Die genaue Datierung des Ereignisses verweist vielleicht auf den (später vor allem im Pietismus geläufigen) Topos der Datierung eines Berufungserlebnisses[3]: Gryphius sähe dann also seine Geburtsstunde als diesen Zeitpunkt an. Er nimmt damit ein biblisches Motiv[4] auf und weist zugleich auf das Miteinander von allgemeiner und je individueller Berufung hin. Die Berufung zum christlichen Leben ist so nicht Folge eines persönlichen Erweckungserlebnisses, sondern selbstverständliches Datum für jede christliche Existenz.

Im Wörtchen "Warumb" in der Schlusszeile kommt die durchgehend teleologische Betrachtungsweise der Welt im 17. Jahrhundert zum Ausdruck, die sich nicht mit der nackten Faktizität der Dinge begnügt, für die vielmehr die ganze Welt auf ein Ziel ausgerichtet ist. Vorerst ist dieses Ziel der Mensch, auf den hin die ganze Schöpfung geschaffen ist[5] (z.B. die Sterne als Zeichen für die Menschen), letztlich aber kann dieses Ziel

---

1 GA II, S. 179 f.
2 Vgl. die Erstfassung GA II, S. 157.
3 Vgl. zu diesem Motiv bei C.R.v. Greiffenberg Frank, Greiffenberg S. 20.
4 Vgl. z.B. Jes 49,1.5.
5 Zur Anthropozentrik der mittelalterlichen Kosmologie vgl. Wildiers, Weltbild S. 104 f. und 124 f.

nur die Einigung des Menschen mit Gott, d.h. die Wiederher-
stellung des paradiesischen Zustandes sein.

Die Geburt in einer Sternennacht nimmt also Gryphius
rückblickend als Grundlegung seines Interesses an der spirituellen Deutung der Natur. Dieses Motiv weitet sich in einem
Sonett "Auf seinen Geburts-Tag" zum eigentlichen Schöpfungslob aus:

Auf seinen Geburts=Tag.

1   *DAnck sey dir! ewig Danck! vor höchste Wunderthaten /*
Danck sey dir / HErr / daß ich dein Wunderwerck an mir
Und Allmacht deiner Hand und Höchste Gunst verspür /
Dadurch in Mutterleib ich dein Geschöpff gerathen.
5   *Du hast mit deinem Licht in den verborgnen Schatten*
Die Seel in mir entsteckt / die Glieder die ich führ /
Der Beiner Meisterstück / das Fleisch / der Adern Zier /
Sind Wunder. Wunder ists was du mir wilst verstatten;
Doch über Wunder geht HErr daß ich dich erkenn /
10   *Daß ich / ich blöder Mensch / dich GOtt und Schöpfer*
nenn /
Daß ich mich von der Erd' hinauf in Himmel schwinge.
Mehr über Wunder geht daß du dich mir entdeckt /
Und Zuversicht zu dir in meinem Geist erweckt /
Daß ich / O Wunder GOtt / von deinem Wunder singe.[1]

Der Hymnus auf die Wunder Gottes in den beiden Quartetten erinnert beinahe an Gedichte der Greiffenberg. Es wird
hier auch klar, dass der *Contemptus mundi* bei Gryphius immer
in didaktisch-theologischer Absicht verwendet wird und dialek-
tisch auf die Ewigkeit bezogen ist. Schon aus seinem christlichen Glauben heraus kann Gryphius nicht zu einer "radikale(n)
Verneinung der Schöpfung"[2] kommen. Es spricht sich in diesen
Zeilen auch durchaus feste Glaubens-"Zuversicht" (Z. 13) aus.

---

[1] GA I, S. 106.
[2] Fässler, Hell-Dunkel S. 50. Aehnlich Browning, Lyrik S. 116.

Wenn in den meisten anderen Gedichten die Vanitas-Thematik dominiert, so ist dies nicht in erster Linie biographisch zu lesen, vielmehr tradiert sich darin ein bereits biblischer, in der christlichen Tradition gut begründeter Topos fort.[1] Es kann denn auch nur mit Nachdruck P. Böckmann zugestimmt werden, wenn er feststellt:

> Jene Weltverachtung des Gryphius, das dauernde Bezogensein auf das Jenseits, ist nicht als eine persönliche Verdüsterung, als eine Art Weltschmerz dieses besonderen Menschen Gryphius zu verstehen ..., sondern die Folge jener Bindung an die Offenbarung, deren Sinn gerade in der Überwindung des Todes liegt und sich an den Augenblicken des Transzendierens orientiert.[2]

Und W. Mauser trifft die Sache unseres Erachtens genauer als ein Grossteil der Gryphius-Interpreten, wenn er von "Interdependenz statt antithetischem Lebensgefühl"[3] spricht. Dass wir es nicht mit einem Dualismus von Himmel und Erde, Licht und Dunkel, sondern mit einer wechselseitigen Bezogenheit zu tun haben, zeigten die interpretierten Gedichte, die ebenfalls aufwiesen, dass die Antithetik zuvorderst eine wirkungsästhetische Funktion im Dienste der rhetorischen *persuasio* hat.

Doch kehren wir nach diesen notwendigerweise knappen Bemerkungen bezüglich der Vanitas-Thematik zum Geburtstags-Sonett zurück. Im Sextett reflektiert Gryphius die theologische Grundlegung seiner "Natur"-Poesie: Sein "Singen" (Z. 14) d.h. seine Dichtung über die Wunder der Natur[4] wie auch seine Hinwendung zu den "himmlischen Dingen" - wie er uns dies modellhaft im "Sternen"- Sonett vorführte - all dies ver-

---

1 Vgl. Lexikon des Mittelalters, Bd. III, Sp. 187; Schings, Tradition S. 75 f.; Mauser, Dichtung S. 121; van Ingen, Vanitas S. 61-75; Richter, Vanitas S. 127-133. Die Belege aus der Literatur des 17. Jahrhunderts wären zahllos.
2 Böckmann, Formgeschichte S. 429.
3 Mauser, Dichtung S. 152.
4 Vgl. Ps 96,3.

dankt er nicht eigenem Ingenium und Bemühen, sondern allein der Gnade Gottes.[1]

Gryphius erweist sich auch hierin als orthodoxer Lutheraner.[2] Aufgrund aller Indizien, die wir bisher gewonnen haben, lässt sich denn auch die Ansicht H.-G. Kempers, bei Gryphius handle es sich, von einem orthodoxen Standpunkt aus gesehen, um einen Häretiker[3], kaum nachvollziehen. Es ist hier nicht der Platz, sich näher mit der Gryph'schen Religiosität auseinanderzusetzen.[4] Dass man bei Gryphius von einem Verzweifeln am Schöpfergott und einer Überbetonung Christi und seiner menschlichen Natur sprechen kann[5], erweist sich am obigen Sonett als kaum haltbar. Gerade die Sternen-Thematik belegt, dass der Gryph'sche Gott durchaus nicht nur der *Deus absconditus* ist, sondern dass die Schöpfung und insbesondere der Sternenhimmel auf Gott hin transparent sind.

Noch ein letztes Geburtstags-Gedicht sei kurz gestreift, da es uns Aufschluss gibt über die für Gryphius massgebliche Kosmologie und sein Verhältnis zur Natur:

Auf seinen Geburts=Tag.

1 *DAß du den Bau gemacht / den Bau der schönen Welt*
   Und so viel tausend Heer unendlich heller Lichter
   Und Cörper die die Krafft gleich fallender Gewichter
   *   An dem gesetzten Ort / durch deinen Schluß erhält /*
5 *   Daß du die Cörper selbst mit so viel Schmuck bestellt*
   Und auf der Erden Hauß unzehlich Angesichter /
   Die ungleich dennoch gleich als vorgesetzte Richter

---

1 Zum Motiv der göttlichen Inspiriertheit der Dichtung vgl. u.a. Curtius, Literatur S. 221 ff.; Scheitler, Lied S. 141-143 (mit Hinweisen auf die barocke Poetik).
2 Krummacher, Gryphius bes. S. 499, ordnet Gryphius frömmigkeitsgeschichtlich der sogenannten lutheranischen "Reformorthodoxie" zu.
3 Kemper, Gottebenbildlichkeit S. 298 ff.
4 Vgl. dazu die eingehenden und überzeugenden Ausführungen bei Krummacher, Gryphius S. 477-500.
5 Kemper, Gottebenbildlichkeit S. 298.

Aussprechen daß nur dir nichts gleich wird hier ver-
meldt.

Diß rühm ich doch noch mehr daß du mir wollen gönnen /
10 *Daß HErr / dein Wunderwerck ich habe rühmen können:*
Daß du die Augen mir zu schauen auffgemacht.
Diß rühm ich doch noch mehr daß du mir mehr wilt zeigen
Als diese Welt begreifft und mir versprichst zu eigen
Dein Hauß /mehr dich / den nichts satt schaut und satt
betracht.[1]

Zuerst einmal widerlegt das Sonett eindrücklich die Behauptung V. Fässlers:

> 'An die Sternen' ist das einzige Gedicht des Gryphius, das die
> Natur in einem positiven Sinn zum Gegenstand hat.[2]

Es mag auch - angesichts des oft behaupteten negativen Verhältnisses von Gryphius zur Natur - einigermassen erstaunen, dass er ein Gedicht auf seinen Geburtstag als Lob auf den Kosmos gestaltet.

Das erste Quartett belegt, dass Gryphius noch an der Vorstellung vom Fixsternhimmel festhält. Die Welt ist noch nicht die sich selber regulierende Maschine, sondern verdankt ihr Ent- und Bestehen allein Gott.[3] Gryphius verwendet denn auch für das All die statische Metapher vom "Bau". Diese kosmische Ordnung spiegelt sich auch in der kunstvollen syntaktischen Struktur, die das Gedicht in zwei Teile gliedert, deren Achse das "Diss rühm ich" (Z. 9) bildet. Gryphius versteht es als seine (dichterische) Aufgabe, wie auch die aller Chri-

---

1 GA I, S. 106. Vgl. dazu Jöns, Sinnenbild S. 162.
2 Fässler, Hell-Dunkel S. 66.
3 Einigermassen befremdlich ist die Interpretation von Jöns, Sinnenbild S. 162, der die Zeilen 3/4 als Beleg nimmt für die Gryph'sche Kenntnis des Gravitationsgesetzes, wurde doch dieses von Newton (1642-1727) erst 1687 veröffentlicht. Im Gegenteil handelt es sich hier um Aristotelische Physik, wie wir sie noch bei Picinelli, Mundus S. 1 antreffen: "*terra ... paribus que librata ponderibus, in universi centro firma et stabilis appensa est.*"

166

sten, Gott in seiner Schöpfung zu loben.[1] Die Betrachtung und das Lob der Schöpfung transgrediert durch die Gnade Gottes dann notwendigerweise zur Schau der himmlischen Güter, an deren Endpunkt die ewige *visio Dei* stehen wird. Damit vollzieht dieses Gedicht die gleiche Bewegung nach, wie wir sie bereits beim "Sternen"-Sonett beobachtet haben.

Somit haben wir die Interpretation des Gryph'schen Sonetts "An die Sternen" wenigstens in Ansätzen in den Kontext seines lyrischen Gesamtwerkes eingeordnet, wobei sich zahlreiche unserer vorerst isoliert gewonnenen Ergebnisse bestätigt haben. Dass die *Contemplatio coeli stellati* bei Gryphius nicht bloss poetisch-metaphorisches Spiel war, sollen zum Schluss Zeilen aus einem Gedicht des Freundes und Förderers Hans Christoph von Schönborn auf seinen Tod belegen:

Die Sternen deine Lust / dein preißliches Bekümmern
Die trugst du mehr im Sinn als schnödes Gut und Geld;
Itzunder haben sie dich neben sich gestellt /
Da solstu ihnen gleich / der ersten Grösse / schimmern.[2]

3. Variation zu "An die Sternen" (A. A. v. Haugwitz)

Das Gryph'sche "Sternen"-Sonett scheint bereits im 17. Jahrhundert einiges Interesse auf sich gezogen zu haben, finden wir doch wenige Jahre nach dem Erscheinen der Endfassung bereits eine Nachdichtung durch August Adolph von Haugwitz. Haugwitz lehnt sich zwar sehr stark an sein Vorbild an - ca. die Hälfte seines Gedichts besteht aus mehr oder weniger wörtlichen Übernahmen - und auch die Pointe des Sonetts übernimmt

---

1 Vgl. den Verweis in den Dissertationes Funebres S. 626 auf Röm 1,20.
2 Zitiert bei Ott, Die 'Vier letzten Dinge' S. 251.

er fast unverändert. Und dennoch entsteht ein neues Gedicht, das von einer ganz anderen Haltung geprägt ist.

3.1 Zu Leben und Werk von A. A. v. Haugwitz (1647-1706)

Da Haugwitz doch zu den unbekannteren Dichtern des Barock gehört, seien kurz die wichtigsten Angaben zu seiner Person genannt.[1] 1647 in Übigau bei Bautzen in der Lausitz in ein altes Adelsgeschlecht geboren, studierte er an der Universität Wittenberg Geschichte, Geographie, Jura, Philosophie und Theologie und schloss mit einer Dissertation über die Lausitz ab. Nach der damals üblichen Bildungsreise durch Europa übernahm er die Verwaltung der väterlichen Güter. Im Rahmen einer Art kleiner Akademie pflegte er literarische Kontakte mit anderen Land-Adeligen, wie er auch bekannt war mit den Kreisen der schlesischen Mystik und den Böhme-Anhängern.

1684 erschien seine poetische Erst- und Letzt-Veröffentlichung, der "Prodromus Poeticus"[2], "eine Art Selbstanthologie"[3], in der von jedem poetischen Genre ein oder mehrere Musterbeispiele versammelt sind. In diesem "Mikrokosmos der barocken Literatur"[4], der nach einem 3x3-Schema aufgebaut ist, finden sich also unter dem Drama je ein Trauer-, ein Lust- und ein Mischspiel, unter der modernen Lyrik geistliche, weltliche und Liebes-Sonette und unter der antiken Lyrik Elegien, Oden und Epigramme. Haugwitz vertritt dabei ein klassizistisches Ideal in Fortführung der humanistischen Tradition, dies z.T. in bewusster Absetzung zur Zeitgenossenschaft. Mitbe-

---

1 Die Angaben folgen Béhar, Nachwort; vgl. auch Neumann, Studien.
2 Haugwitz übersetzt den Titel mit "Poetischer Vortrab", womit eine Art Vorauswahl aus einem Gesamtwerk gemeint ist, das dann aber nie erschien.
3 Béhar, Nachwort S. 47.
4 Ebd.

dingt durch den Aufstieg und das Ansehen seiner Familie am sächsischen kurfürstlichen Hof war Haugwitz literarisch sehr erfolgreich, musste aber im Alter den Niedergang der Haugwitz miterleben, so dass er 1706 auf seinen Gütern verbittert starb.

Die Wahl eines Gryph'schen Sonetts als Vorbild für seine Dichtung[1] bedeutet bei Haugwitz durchaus keine Besonderheit, denn auch seine Dramen beruhen durchwegs auf Vorlagen anderer Dichter. Ebenso finden sich in seiner Lyrik Entlehnungen von Fleming, Hoffmannswaldau, Opitz u.a..[2]. Dabei sind die Entlehnungen "als Huldigungen an frühere Dichter zu verstehen"[3], keineswegs als Plagiate. Ein barocker Dichter konnte seine Kunstfertigkeit gerade darin beweisen, dass er eine Vorlage kunstvoll abwandelte und neugestaltete.[4]

3.2 Vergleich von Gryphius und Haugwitz

Das Sonett von Haugwitz soll hier nicht mit der gleichen Ausführlichkeit interpretiert werden wie das Gryph'sche. Wir wollen lediglich die Gemeinsamkeiten und Differenzen herausarbeiten, um so die Eigenart beider Gedichte zu erkennen.

An die Sterne.

1 *IHr Lichter dieser Welt / ihr Silber=weissen Sternen /*
   Die ihr mit eurem Printz Latonen durch die Nacht
   Gleich als Demante spielt / und diese Welt bewacht /
   Ihr Fackeln jener Lufft / Ihr himmlischen Laternen
5 *Wann werd ich doch von hier mich zu euch nauff entfernen?*
   Ich der ich euch so offt und vielmahl hab' betracht /

---

1 Vgl. auch die Vorrede "An den geneigten Leser", wo Gryphius erwähnt wird. Zur Vorbildhaftigkeit des "Sternen"-Sonetts vgl. auch die Hinweise bei Maché/Meid, Gedichte S. 343, und Béhar, Nachwort S. 173.

2 Vgl. Béhar, Nachwort S. 157-174.

3 Ebd. S. 165.

Und eurer schönen Gluth und Feuer nach gedacht?
Wann werd ich euren Grund und Ursprung recht erlernen?
Den zwar der Sterbliche bey seinem Namen nennt /
10   *Und schaut / und mist durch Glas / dennoch nicht recht*
erkennt.
Wenn wird es sagt mir's doch / wenn wird es doch gesche-
hen?
Daß ich mit hell'ren Licht als meine Augen seyn /
Werd' euren hellen Glantz und wunderbahren Schein /
Von allen Sorgen frey / und unter mir / besehen.[1]

Ganz allgemein fällt zuerst auf, dass Haugwitz einen beträchtlichen Teil des Gryph'schen Sprachmaterials übernommen
hat, es aber zum grössten Teil neu anordnet und in neue Zusammenhänge stellt, dass er also seine Vorlage wie einen
Steinbruch benützt, um daraus nun ein neues Haus zu bauen.
Zwar übernimmt er die Schlusspointe fast unverändert, aber die
sorgfältig aufgebaute und auf den Höhepunkt am Ende hinzie-
lende Komposition bei Gryphius löst sich weitgehend auf und
wird ersetzt durch eine eher simultan-zyklische Struktur, womit
auch das Moment der Spannung entfällt.

Das erste Quartett bleibt noch überwiegend im Phäno-
menbereich. Der Gegensatz Betrachter - Sterne wird jedoch
nicht mehr thematisch und weicht einer Ausweitung der
Schmuckmetaphorik (Z. 1-2). In der zweiten Zeile umschreibt
Haugwitz den Mond mit einer sehr entlegenen mythologischen
Metapher ("Printz Latonen")[2]; eine stilistische Eigenart, die
bei Gryphius kaum anzutreffen ist. Latona, aufgrund einer

---

4 Vgl. auch Birken, Ticht-Kunst S. 176: "Ferner kan man eine Materie wählen
/ die sonst ein guter Poet gemacht / und alsdan das eigne Gemäche gegen
des andern seinem halten."

1 Haugwitz, Prodromus, Gedichte S. 21. Vgl. auch Maché/Meid, Gedichte S.
289. Als Vorlage diente Haugwitz wohl die Gryph'sche Fassung von 1663
(E), worauf besonders die Schlusszeile hinweist.

2 Die Erklärung bei Maché/Meid, Gedichte S. 346, ist zu ungenau.

falschen Etymologie die Nacht bedeutend[1], ist der Name einer Geliebten des Zeus, der mit ihr Apollo und Diana, also Sonne und Mond zeugte.[2] Der Mond ist somit "Latons = Kind"[3] oder metonymisch der "Printz Latonen". In dieser scharfsinnig-verrätselnden Umschreibung des Mondes zeigt sich die Abkehr von einer spirituellen Deutung der Gestirne hin zu einem grösseren Interesse an den Naturphänomenen als solchen, von der Allegorese hin zur Metaphorik und Sprachartistik.

Bei Gryphius entfaltet sich - parallel zum Schema des vierfachen Schriftsinnes - über verschiedene Stufen allmählich die Dialektik zwischen Diesseits und Jenseits. Von einer Entwicklung, einem Prozess ist bei Haugwitz nicht mehr viel zu erkennen. Bereits zu Beginn des Gedichts sind die Positionen zwischen "dieser Welt" und "jener Lufft" bezogen. Auch in der syntaktischen Struktur fehlt der das Gryph'sche Sonett charakterisierende Spannungsbogen, obwohl Haugwitz durch verstärkte Enjambements die Tendenz zu einem strophenübergreifenden Satzbau noch verstärkt. Mit Hilfe von Anaphern werden jedoch die beiden Quartette wieder zu relativ abgeschlossenen Einheiten, die an Stelle der Gryph'schen Paradoxa und Antithesen z.T. bloss Wiederholungen und Tautologien beinhalten.

Ist die zweite Strophe bei Gryphius noch durchgehend der Beschreibung der Sterne und ihrer Situierung im göttlichen Heilsplan gewidmet, und wird dort die zentrale Frage des Gedichts bis zur Schlusszeile aufgespart, so ist bei Haugwitz die Betrachtungsebene mit dem ersten Quartett bereits abgeschlossen und durch symmetrisch angeordnete Fragen ersetzt. Dadurch kommt die Sehnsucht zwar früher explizit zur Sprache, wird jedoch nicht mehr in der rhetorisch-syntaktischen Struktur des Gedichts nachvollzogen. Hinweg fällt auch ganz die Betonung der Bedingtheit des Kreatürlichen und insbesondere des

---

1 Vgl. Hederich, Lexikon Sp. 1443 f.
2 Vgl. dazu auch Anton Ulrich, Werke, Bd. II,1 S. 154. Vgl. auch die gemeinsame Anrufung Latonas und ihrer beiden Kinder bei Horaz, Od.I,21,3.
3 Bergmann, Aerarium S. 831. Vgl. auch Windfuhr, Bildlichkeit S. 282; Dante, Paradiso 22, 139.

Menschen durch Gott, der überhaupt nicht mehr namentlich vorkommt. Vollzieht das Gryph'sche Sonett noch den Prozess der "natürlichen Andacht" gleichsam modellhaft nach, verflüchtigt sich die *Contemplatio coeli* nun ins Abstrakt-Allgemeine (Z. 6-7). Auch Gott ist nicht mehr der konkrete biblische Baumeister der Welt, sondern erscheint nur noch indirekt in der Frage nach dem "Grund und Ursprung" der Sterne. Die Fragerichtung zielt bereits viel weniger aufs Heilsgeschichtliche hin, vielmehr kommt nun stärker ein eigentlich naturwissenschaftliches Interesse zum Tragen, wie das Schauen und Messen mit dem Fernrohr zeigt (Z. 10). Deutlich verflacht hat sich der Gegensatz zwischen der göttlichen Weisheit und den blinden Sterblichen: aus den apodiktischen Formulierungen bei Gryphius wird eine vorsichtig abwägende Einschränkung der menschlichen Erkenntnisfähigkeit, die nun statt Gott Subjekt des Benennens und Erkennens wird.

Die elfte Zeile ("Wenn wird es sagt mir's doch / wenn wird es doch geschehen?") übernimmt als eine der wenigen eine wörtliche Wendung aus dem entsprechenden Vers bei Gryphius, wobei die Haugwitz'sche Fassung durch die Wiederholung der Frage nicht an Intensität gewinnt, sondern eher pleonastisch wirkt. Das letzte Terzett ist bei Gryphius konzentrierte Zusammenfassung des Vorhergehenden und Erweiterung der Thematik durch das Motiv der Liebe als dritter und zentraler theologischer Tugend neben Glaube und Hoffnung. Haugwitz hingegen bleibt im Rahmen des Erkenntnis-Themas: das Ziel der Sehnsucht in seinem Gedicht ist allein die intellektuelle Erleuchtung. Die Sterne sind dabei nicht mehr bloss Scharnier zwischen Diesseits und Jenseits, das letztlich überstiegen wird, sondern selber Objekt der ewigen Anschauung (vgl. Z. 13). Das erklärt auch, weshalb das Haugwitz'sche Sonett der Pointe des Perspektivenwechsels (vom Zu-den-Sternen-hinaufsehen zum Auf-die-Sterne-hinabsehen) ihre concettistische Schärfe nimmt und die Standorte ineinander übergehen lässt.

Ein knapper Vergleich der beiden Sonette stellt also trotz der auf den ersten Blick frappanten Ähnlichkeit recht tiefgreifende inhaltliche und formale Differenzen fest. Wir bemerkten bei der Analyse des Haugwitz'schen Gedichts bereits da und dort Anzeichen für eine "Säkularisierung" der Sternenbetrachtung, und so interessiert abschliessend die Frage, weshalb Haugwitz sein "Sternen"-Sonett nicht bei den "Geistlichen"[1], sondern bei den "Weltlichen Sonetten" einordnete. Ein erster Erklärungsversuch geht dahin, dass er den Begriff des "Geistlichen Sonetts" sehr eng fasst und darunter zur Hauptsache Paraphrasen und Auslegungen von Bibelstellen begreift. Auch die beiden diesbezüglichen Ausnahmen im "Prodromus", ein Sonett über ein Tauler -Zitat und eines "An das Perlen-Reiche Frauen-Zimmer" weichen nicht allzustark von dieser Regel ab (das letztere nimmt zudem das Gleichnis von der kostbaren Perle, Mt 13,45 f., auf). Bei den "Weltlichen Sonetten" gibt es durchaus Gedichte mit teilweise religiöser Thematik, so solche moralisch-satirischer Art oder eines "An seine drey Gottheiten. DEUM. DEAM. DEOS." d.h. an Gott, seine Geliebte und seine Bücher. Ein anderes trägt den Titel "Dominus providebit" und kontrastiert zwar die Sorge Gottes gegen die Sorge der weltlichen Herren für ihre Untertanen, nimmt aber ebenfalls auf keinen konkreten Bibelvers Bezug. Insofern ist auch die Einordnung des Sonetts "An die Sterne" bei den "Weltlichen Sonetten" durchaus begreiflich. Weder handelt es sich dabei um eine Bibelvers-Meditation noch ist ausdrücklich und explizit von Gott oder einer Heilswahrheit die Rede. Die Sterne interessieren auch nicht mehr in ihrem Verweischarakter auf das Jenseits, sondern als Objekte der wissenschaftlichen Neugier, die den Naturphänomenen auf den Grund gehen will. Skepsis gegenüber der menschlichen Erkennntisfähigkeit ist zwar noch vorhanden, aber die eschatologische Perspektive bleibt ganz auf die Erkenntnisproblematik bezogen. Verschwunden ist der bei Gryphius noch zentrale Bereich von Sünde und Gnade, das

---

1 Allgemeines zu diesen vgl. Sullivan, Sonnet S. 271-274.

Schwanken zwischen Hoffen auf Erlösung und Angst vor Verdammnis.[1]

Das Haugwitz'sche Sonett "An die Sterne" steht so be-
reits viel näher beim Natur-Gedicht in einem nachbarocken
Sinn, das die Dinge der Natur als solche und nicht als Zeichen
für ein Transzendentes nimmt, oder in dem die Naturdinge
Projektionsflächen für Inneres werden. Soweit sind wir bei
Haugwitz freilich noch nicht, aber das Schema des vierfachen
Schriftsinns scheint in diesem Gedicht doch verloren gegangen
zu sein.[2] Damit werden die einzelnen Umschreibungen für die
Gestirne zu frei verfügbaren Metaphern, Elementen der poetischen Artistik. Dies würde auch die beträchtlichen Verschie-
bungen des Sprachmaterials im Ablauf der beiden Sonette erklären. Es fragt sich deshalb auch, ob wir hier nicht dennoch
von einer Kontrafaktur eines geistlichen in ein weltliches Gedicht sprechen dürfen. Viele Anzeichen sprechen dafür; ob es
auch so intendiert war, lässt sich nicht mit Sicherheit feststellen.

---

1 Vgl. zum Heilsoptimismus bei Haugwitz die Ode VI. mit dem Titel: "GOTT
  der kan es mit den Seinen Nimmer mehr böse meinen" (Prodromus, Gedichte S. 72-77).

2 Dagegen finden sich bei Haugwitz andere, durchaus noch in der Tradition
  der Allegorese stehende Gedichte, vgl. z.B. die "Morgen-Ode" (S. 63-66)
  und v.a. die "Geistlichen Sonette".

IV. CATHARINA REGINA VON GREIFFENBERG

Den dritten Schwerpunkt dieser Arbeit bilden zwei Sternenhimmel-Gedichte der Catharina Regina von Greiffenberg (1633-1694), Freiherrin von Seisenegg in Niederösterreich: ein Sonett und ein siebenstrophiges Lied, beide betitelt als "Wunsch-Gedanken", die anlässlich der Betrachtung des gestirnten Himmels geweckt werden. Ein weiteres Lied mit der Überschrift "Göttliches Wunder Lob", ein Schöpfungslob anhand kosmischer Phänomene, wird Gelegenheit bieten, das Bild der Greiffenbergischen *Contemplatio Coeli* zu ergänzen. Dem gleichen Zweck werden auch Hinweise auf ihr übriges Werk, insbesondere auf die "Betrachtungen", dienen. Bei der Analyse der Gedichte müssen wir einiges bei den Jesuiten und bei Gryphius schon Gesagtes nicht wiederholen; unser Augenmerk werden wir vor allem auf die neuen Aspekte unseres Themas richten.

Die "Teutsche Uranie" wird C. R. v. Greiffenberg auf dem Titelkupfer ihrer "Sonnette" genannt.[1] Mit der Muse der Himmelskunde als Identifikationsfigur ist auch schon auf ihr dichterisches Interesse an den "himmlischen Dingen"[2] - in einem doppelten Sinn - hingewiesen. Himmlisch ist auch ihr Dichten selber als "Himmel-abstammend-und Himmel-aufflammender Kunst-Klang und -Gesang", wie die Inschrift auf dem Titelkupfer lautet. Sternenhimmel-Gedichte müssen so besonders geeignet sein, um das Werk der Greiffenberg in seiner Eigenart kennenzulernen; dennoch werden einige wichtige Aspekte ihrer Poesie und ihrer Mystik nur am Rande zur Sprache kommen, so z.B. der Bereich der Braut-, Passions- und Abendmahlsmystik.

---

1 Son.)(i^a (Siehe Abbildung 5).
2 Ebd. S.)()(vj^a (Vor-Ansprache zum edlen Leser). Diese Vorrede stammt von Sigmund von Birken, der die Sonette - angeblich ohne Wissen der Autorin - auf Wunsch ihres Vormundes, Onkels und späteren Ehemannes Hans Rudolph von Greiffenberg herausgab. Vgl. Frank, Greiffenberg S. 42 f.; Kemp, Nachwort S. 506.

Abb. 5

Titelkupfer der "Sonnette"
(Quelle: SW 1)

Auch bei den Interpreten der "Sonnette" ist das Spektrum der Hypothesen zum Aufbau der Sammlung recht breit, von der Ablehnung jeder durch die Autorin selbst vorgenommenen Gliederung[1] über eher allgemein bleibende Angaben zur Struktur[2] bis zu recht detaillierten Vorschlägen zur Komposition der Sammlung[3]. Unser Sternen-Sonett findet sich als viertletztes (Nr. 247) in der "Zugabe von L. Sonneten" am Ende der insgesamt 250 Sonette. Diese Zugabe beginnt mit einem Neujahrswunsch nach der fruchtbringenden (Herbst-)Zeit. Beginn im Namen Jesu und Ergebung in Gottes Willen, Winterszeit, Wunsch nach Vollendung und Erfüllung, so liessen sich die ersten Sonette der Zugabe charakterisieren. Darauf folgt die Beschwörung der christlichen "Glaubenskrafft" und "Tugend" im "widerwärtigen Glück". Die daran anschliessenden Sonette auf die vier Jahreszeiten enden in der tageszeitlichen Vollendung in den "Abend-Gedanken" und in der nächtlichen Betrachtung des Sternenhimmels. Die damit eröffnete eschatologische Perspektive (Tod, Ewigkeit) ermöglicht das abschliessende "Verlangen" nach (Nr. 248), die "Vorgebildete Erblickung" (Nr. 249) und schliesslich die Einigung mit der "Unendlichkeit Gottes" (Nr. 250). Diese knappen Hinweise, die einer Vertiefung bedürften, zeigen bereits an, dass mit einer Komposition der "Sonnette" gerechnet werden muss[4] und diese in ihrer Abfolge einen geistlichen Weg nachvollziehen, dessen Ziel in der *Unio mystica* liegt. Bei den "Liedern" fällt es schwerer, einen durchgehenden Aufbau zu erkennen. Sie scheinen eher aus nicht zwingend aufeinander folgenden thematischen Komplexen zu bestehen. Die "Wunsch-Gedanken" ste-

---

1 Vgl. Kimmich, Methods S. 10 f.

2 Vgl. Scheitler, Lied S. 349; Kemp, Nachwort S. 507.

3 Vgl. Liwerski, Wörterwerk S. 576-582; Gorceix, Flambée S. 132 f.; Daly, Greiffenberg S. 620-622; Kemper, Lyrik, Bd. 3, S. 276 f.

4 Vgl. auch die Hinweise in Son. 7, die für eine Konzeption der "Sonnette"-Sammlung durch C. R. v. Greiffenberg selber sprechen. Das stärkste Gegen-Argument, nämlich das "Nichtwissen" der Autorin um die Publikation, wird neuerdings stark in Frage gestellt und als "Schutzbehauptung" (Kemper, Lyrik, Bd. 3, S. 276) bzw. "Demutsformel" (Gnädinger, Ister-Clio, Anm. 30, S. 530) interpretiert.

hen so bei einem "Nacht"-Lied und "Göttliches Wunder Lob" inmitten von Gedichten, die Gott in seiner Schöpfung preisen.

1. "Wunsch-Gedanken"

Die beiden Sternen-Gedichte der Greiffenberg thematisieren im Gegensatz zu Gryphius und Haugwitz bereits im Titel in expliziter Weise die Dialektik von Wunsch und Erfüllung, die mit der *Contemplatio Coeli stellati* gegeben ist. Es fällt auf, dass solche oder ähnliche Titel in den Greiffenbergischen Gedichten ansonsten nur noch fünf Mal vorkommen,[1] jedoch nicht anlässlich der Betrachtung eines Naturphänomens. Für C. R. v. Greiffenberg steht demnach bei der Sternenhimmelmeditation in besonderer Weise dessen Funktion als Projektionsfläche für Wunschbilder im Vordergrund.

1.1 "Wunsch-Gedanken / in Anschauung des Gestirnten Himmels"

Wunsch=Gedanken / in Anschauung des Gestirnten
Himmels.

1 *DU schöne Sternen Stadt! wann werd ich dich bewohnen?*
wann wird / zwar unverdient / Saturnus unter mir
und meinen Füssen stehn / mit seiner Kinder Zier?
wann werd' ich frölichst seyn / dort bey dem Chor der
Thronen /
5 *geziert mit Klarheit-Pracht und GOttes Strahlen Kronen/*
die ich schon glaubend sih / und gwiß verhoffe hier?
du andern schröckliche / mir aber süsse Thür /
du Himmels=Portner / Tod / darffst meiner nicht ver-
schonen:

---

1 Son. 5; 29; 118; 185; 201.

gar gern verzeih' ich dir dein tödten / das belebt.
10 *nur feige Herzen sich vor dir erschrocken zeigen.*
Wann Himmels=Herzheit herrscht / muß Furcht und
                              Blödheit schweigen.
Kein Fahr noch sterben acht / wer nach was hohes strebt.
Ein weiches Blätlein nur / kein fester Felse / bebt.
Tod! dein vernichten / muß zu Engels=Art erzweigen.[1]

Der Titel exponiert die Situation des Gedichts: Es ist durchaus denkbar, dass die Freiherrin von Seisenegg zu nächtlicher Stunde beim Anblick des sternenübersäten Himmels zur Feder griff und ihre andächtigen Gedanken in poetischer Form niederschrieb. Eine solche, direkt dem realen Naturerlebnis, statt dem allegorisch-literarischen Topos verpflichtete spirituelle Deutung der Dinge darf bei der Greiffenberg vorausgesetzt werden vor dem Hintergrund ihrer eigenen Äusserungen. So schreibt sie z.B.:

> Die allerunschuldigste und innigste zu gleich Geist= und Leibes=Ergetzung ist / die Lustwandlung in blühender Frülings= und Mayenzeit.[2]

Dieses Lustwandeln jedoch soll immer den Verweischarakter der Dinge im Auge behalten, Andachtsübung sein:

> Alle Lustbarkeiten sind vergönnet / die den Himmel nicht aus den augen / und den Nächsten nicht in Elend setzen / sondern GOTT zur Ehre /ohne hoffart und frevel genossen werden.[3]

Einer solchen Betrachtungsweise der Natur wird dann jedes kleinste Ding

> ein spiegel / aus welchem die Allmacht schauet; ein siegel / das uns die Göttliche Güte verpetschiret; ein Büchlein / worinn

---

1 Son 247.
2 P 668.
3 Ebd.

alle heilige Weißheit zu lesen; ein Bildlein von Göttlicher hand gemahlet.[1]

Diese Auffassung entspricht dem Konzept der "Zufälligen Andachten"[2], einer im 17. Jahrhundert verbreiteten Frömmigkeitsform[3], beeinflusst von den "Geistlichen Übungen" des Ignatius und unter anderem populär geworden durch die "Occasional Meditations" des englischen Bischofs J. Hall, der von Harsdörffer ins Deutsche übersetzt wurde. Bei C. R. v. Greiffenberg gewinnt diese Art der Erbauung insofern besondere Relevanz, als den österreichischen Protestanten jede öffentliche Religionsausübung (z.B. die Abhaltung von Gottesdiensten) untersagt war.[4] Meditative Praktiken müssen so die Stelle des öffentlichen Gottesdienstes einnehmen.

"Anschauung" ist also bei unserem Gedicht durchaus in einem konkreten, wörtlichen Sinne zu verstehen. Der sinnliche Eindruck setzt dann die geistliche Reflexion ("Gedanken") in Gang. Diese Situation fasst der Titel in einer Kurzformel zusammen, so dass sie im Sonett selber nicht mehr eigens thematisiert zu werden braucht, und dieses unmittelbar mit dem Aussprechen der "Wunsch-Gedanken" beginnt.

Eröffnet wird das Gedicht wie bei Gryphius mit einer Apostrophe an die Sterne. Durch die kollektivierende "Stadt"-Metapher[5] wird die Anschauung sogleich fokussiert auf einen konkreten Ort als Ziel der Sehnsucht. "Stadt" meint hier vorerst allgemein den Himmel als Wohnsitz Gottes, der Engel und der Seligen, die "Wunder-Burg ... / in der Gott und alle Auserwählten wohnen werden."[6] Die Greiffenberg knüpft damit an die biblisch breit bezeugte Vorstellung vom Himmlischen Jeru-

---

1 P 669.
2 Vgl. bes. das gleichnamige Werk von Scriver, Andachten.
3 Vgl. Daly, Dichtung S. 114-143; Frank, Greiffenberg S. 96 f.; Herzog, Poesis S. 56 u. 87 f.
4 Vgl. Bircher, Stubenberg S. 2-4.
5 Zum Zusammenhang Stadt-Kosmos vgl. Lurker, Wörterbuch S. 301 f.
6 L I 387 (C. R. v. Greiffenberg zitiert an der selben Stelle auch einen Hymnus von Johann Rist an diese "schönste Stadt").

salem[1] an, das bereits im Alten Testament "Ziel der grossen Pilgerschaft der Völker" und "Aufenthaltsort der Gerechten"[2] ist. Einerseits ist dieses in der Liturgie schon jetzt gegenwärtig,[3] aber anderseits auch das Zukünftige, das erst gesucht werden muss.[4] In der Apokalypse des Johannes ist diese Stadt dann die "Braut des Lammes" (Apk 21,9). Die Greiffenberg wird also als Bewohnerin des Himmlischen Jerusalem die endgültige Vermählung mit Jesus, ihrem "Seelen-Bräutigam"[5] vollziehen können, die sie in ihren Schriften so sehr ersehnt.

In dieser "Sternen Stadt" zu wohnen, dahin geht das einzige Verlangen der Betrachterin. Geäussert wird dieser Wunsch als Frage; eine Form, die es erlaubt, das Gewünschte als zukünftig-fiktives schon jetzt wirklich werden zu lassen. Das Muster der anaphorisch wiederholten "wann"-Frage strukturiert den ersten Teil des Sonetts (Z. 1-6), wobei es zu einer formalen und inhaltlichen Steigerung kommt. Formal durch wachsende Glieder der Reihe, indem die erste Frage eine, die mittlere zwei und die letzte drei Zeilen einnimmt, womit die Anordnung auch eine zahlenkompositorische Bedeutung erhält.[6] Zahlensymbolischen Deutungen eignet, sofern sie nicht durch den Autor oder die Autorin selber vorgegeben werden, meistens etwas Spekulatives, und sie sind letztlich nicht zu "beweisen". Sie erreichen jedoch einen gewissen Grad an Wahrscheinlichkeit, als ein zahlenallegorisches Interesse der Autorin belegt ist[7] und als sie sich in eine umfassendere Deu-

---

1 Vgl. auch das Lied Son. 315, Strophe 1.

2 LThK, Bd. 5, Sp. 367 f.

3 Vgl. Hebr. 12,22.

4 Vgl. Hebr. 13,14.

5 Vgl. u.a. Son. 277 u. 315. Zur Tradition der Brautmystik bei C. R. v. Greiffenberg vgl. Kemper, Lyrik, Bd. 3, S. 262-269. - Vgl. auch ein Lied von Rist, Himmlische Lieder S. 57 f. "Hertzliches Verlangen / Nach dem himlischen Jerusalem" (zur Kenntnis der "Himmlischen Lieder vgl. Scheitler, Lied S. 357 f.): "Gottes Stadt / O himmlisch Licht / ... / ich lig und seufftze mit Begier / O allerschönste Braut nach dir."

6 Zu zahlenkompositorischen Aspekten bei C. R. v. Greiffenberg vgl. Liwerski, Beitrag S. 254-257.

7 Vgl. z.B. P 624.

tung einfügen, also blosse interpretatorische Hilfsfunktion haben. Bei diesem Sonett kommt hinzu, dass es in auffallender Weise die ansonsten im Sonett durch die Quartette und Terzette gegebene Gliederung durchbricht (vgl. besonders die Übergänge vom ersten zum zweiten Quartett und vom zweiten Quartett zum ersten Terzett), dass also eine Suche nach einem anderen Kompositionsprinzip naheliegt.

Wir haben also vorerst nach der Bedeutung der Sechszahl zu fragen.[1] Diese gilt in der Tradition der Zahlenallegorese seit Augustinus als vollkommene Zahl, weil sie - wie in unserem Gedicht - die Summe ihrer eigenen Divisoren (1+2+3=6) ist. Die Deutung der Sechs geht immer zurück auf das göttliche Sechstagewerk der Schöpfung und dessen Auswirkungen auf die Gesetzesvorschriften, um sich dann auszuweiten auf die sechs Epochen der Heilsgeschichte, Altersstufen des Menschen, die Kreuzigung Christi in der sechsten Stunde am sechsten Wochentag im sechsten Weltalter u.a.m. Die Sechszahl ist also Zeichen der Schöpfung und der Zeit, im besonderen jedoch die Zahl des Menschen, der am sechsten Tag erschaffen und erlöst wurde. Dass die Sechs trotz aller *perfectio* ihre Grenze an der Sieben hat, die für die Ewigkeit steht, kommt auch im vorliegenden Sonett zum Ausdruck: die Vollendung wird erst in den "zeitlichen" Modi des Glaubens und Hoffens erlebt (vgl. Z. 6). Angesprochen ist hier also die Vollkommenheit der Schöpfung, wie sie in den Sternen erscheint, aber wohl in erster Linie die noch ausstehende Vollendung des irdischen Lebens, die sich die Betrachterin ersehnt. Eine solche Deutung gibt J. M. Meyfart von der Zahlenangabe bei Mt 17,1 f. ("und nach sechs tagen / nam Jhesus zu sich Petrum und Jacobum und Johannem seinen Bruder / und füret sie beseits auff einen hohen Berg / und ward verkleret fur jnen."):

---

[1] Vgl. Meyer, Zahlenallegorese S. 129-133; Meyer/Suntrup, Lexikon Sp. 442-479.

> also geschieht auch einer glaubigen Seele, wann diesselbe ih-
> re sechs Tage in diesem Leben zugebracht / und der grosse
> Sabbath angebrochen.[1]

Also auch hier: der "Sabbath" des siebten Tages, die Schau des unverhüllten Christus, steht noch bevor, solange die Seele noch auf Erden weilt. Die Sechszahl deutet zuallerletzt vielleicht auch auf das Sterben Christi als notwendige Bedingung, dass der Mensch das ewige Leben erreichen kann. C. R. v. Greiffenberg kommt in der neunten Passionsbetrachtung auf diese "sechste Stunde" zu sprechen. Für sie ist es die "Gleichheit-Zeit", in der Gott "Zeit und Ewigkeit / Gott und Menschen / Himmel und Erden (wolte) vergleichen."[2] Wenn wir die erste Hälfte des Sonetts nach der Sechszahl gedeutet haben, so wäre die zweite nach der Achtzahl auszulegen, die als Zahl der Auferstehung und der Ewigkeit gilt.[3] Zwar ist dieser zweite Teil des Gedichts ganz dem Tod gewidmet, mündet jedoch in Vers 8 in dessen Überwindung, die Auferstehung. Damit wollen wir jedoch die zahlenkompositorischen Spekulationen beenden und zum Sonettbeginn zurückkehren.

Wir sprachen neben der formalen von einer inhaltlichen Klimax innerhalb der "wann"-Fragen-Reihe. Diese könnte als zunehmende Apotheose beschrieben werden: vom schlichten Wohnen im Himmel über die Erhöhung über die Sterne zur Durchdringung mit dem göttlichen Licht. Das Emblem zur zehnten Passionsbetrachtung[4] hat diese "Apotheosis" zum Gegenstand: Jesus fliegt als Adler zum Himmel, auf seinen Flügeln eine Grasmücke als Bild der menschlichen Seele mit sich führend. Das ganze Sinnbild bezieht sich auf die Verheissung Jesu' an den Schächer neben ihm, er werde mit ihm noch "heute" im Paradiese sein.

---

1 Meyfart, Tuba S. 37. - Zur Zahlenexegese dieser Mt-Stelle vgl. Meyer/Suntrup, Lexikon Sp. 470 f.
2 P 622.
3 Vgl. Meyer, Zahlenallegorese S. 139-141; Meyer/Suntrup, Lexikon Sp. 565-580; Chapeaurouge, Einführung S. 75-77.
4 P 632 f. (Abbildung 6). Zum Adlersymbol vgl. Lüers, Sprache S. 126 f.

Erklärung des Sinnbilds.

WAnn / seiner Käyser-Leich / die Brandbegäng-
nis hielt
das alte Heiden-Rom: Es must / mit flügel-wügen/
vom Gipfel des Gerüsts empor ein Adler fliegen.
Und diß / für seine Seel / war das Vergöttungs-
Bild. *
Du himmlischer August/ des ganzen Erdrunds Käy-
ser /
O JEsu ! flogst auch so / von deiner Creutzes-baar/
als ed'er Adler/auf/da nun gebraten war
in Liebe deine Lei h/du Himmelswege weiser !
Was hatte da zu thun/der übers hat gethan/
der Schächer / der mit dir den Kreutzes - Tod erlit-
ten?
Er nahm bekehrt an sich der kleinen Grasmück Sit-
ten.
Schaff / (bat' er) daß mit dir ich auch auffliegen
kan.
Der Glaub hat / was er will. Du namst ihn auf
die flügel/
und trugest/ihn mit dir/zu ihr/der Seeligkeit:
Sey heute/(sprachest du) mein erste Leidensbeut/
mit mir im Paradeis : nun schieb ich weg/ den Ri-
gel.
Ja/ JEsu ! deine Leich ist meiner Leiche Trost.
Laß mich/auf deinen Tod/ auch/ also seelig sterben.
Mit dir ich leiden will/mit dir das Leben erben.
Mein Glaub/ von deinem ja/mir bringt die Freuden-
Post.

Des

* Apotheosis. vid. Pier. Hierogl.c.19.

Abb. 6

Apotheose
(Quelle: SW 10, S. 632).

Die zweite Zeile des Gedichts bestimmt den Ort der Sehnsucht noch genauer, indem sie ihn über dem Planeten Saturn im antik-mittelalterlichen Kosmos ansiedelt. Saturn ist der äusserste, und damit der erste und höchste der Planeten, an ihn schliessen sich der Fixstern- und die übrigen Himmel an. Als trockener und kalter Planet[1] erinnert er an die "erkalteten Hertzen der Menschen".[2] Die Greiffenberg dagegen wünscht, in Liebe zu entbrennen zu Jesus Christus, was erst ganz in der Ewigkeit gelingen wird.[3] Mit des Saturns "Kinder Zier" sind die übrigen Planeten gemeint, in der antiken Mythologie wird ihm die Vaterschaft über Pluto, Jupiter, Vesta, Ceres, Juno, Neptun zugeschrieben.[4]

Eine christliche Deutung des Gestirne vom Anfang des 17. Jahrhunderts, der *Coelum Stellatum Christianum* von Julius Schiller, nimmt das Vatermotiv auf und nennt als Bedeutung des Saturn: *Adam, primus Pater Orbis in orbe*.[5] Damit stünde die Erhebung über den Saturn auch für die Überwindung der sündigen Menschennatur, wie sie von Adam verkörpert wird. Vielleicht ist sogar hier mit einer zahlenallegorischen Anspielung zu rechnen: Mit unserem Sonett als 47. Gedicht der "Zugabe" ist die Überschreitung der Adamszahl 46 gegeben, einer Zahl, die ebenso für die menschliche Leiblichkeit steht, da der Leib angeblich in 46 Tagen im Uterus ausgebildet wird.[6] Zu diesen Deutungen des Saturns passt auch der Hinweis im Hederich'schen Mythologischen Lexikon: "Andere (Autoren), und zwar die meisten, nehmen ihn (i.e. Saturn) für ein Bild der Zeit

---

1 Vgl. Plinius, Naturkunde, lib. II, § 34, S. 34: *Saturni autem sidus gelidae ac rigentis esse naturae.*

2 Dilherr, Betrachtungen S. 80 (zu Dilherr und C. R. v. Greiffenberg vgl. Kemp, Nachwort S. 497); zu Saturn als kaltem Planet und Sinnbild der "Trübsal" vgl. auch C. R. v. Greiffenberg, Sieges-Seule S. 55.

3 Vgl. u.a. P 600-606; z. B. 606: "Die hitzigst Dienst entschlossenheit / ein Schwester ist der Ewigkeit / wird nur in ihr begriffen:".

4 Vgl. Zedler, Bd. 34, Sp. 226.

5 Schiller, Coelum S. 126. (Auf eine Kenntnis Schillers, der die Sternbilder mit Heiligen identifiziert, deutet die Stelle L II 421 f. hin).

6 Vgl. Meyer, Zahlenallegorese S. 162 f. Meyer/Suntrup, Lexikon Sp. 730-733; Lauretus, Silva S. 1088.

an."[1] Sicher dürfen hier insgesamt die Planeten oder Irrsterne als Symbol der Vergänglichkeit genommen werden im Gegensatz zum unvergänglichen Fixsternhimmel.

Die völlige Überwindung alles Zeitlich-Vergänglichen im ewigen Leben drückt sich am prägnantesten aus in der Geste des Siegers im Kampf, der mit den Füssen auf den Gegner tritt.[2] In der Allegorese wird dieses "Zeichen des totalen Sieges"[3] besonders auf den über Löwe und Schlange siegreichen Christus bezogen[4], aber seit dem 13. Jahrhundert werden auch Verstorbene in dieser Haltung, Christus nachfolgend, dargestellt.[5] Im Sonett Nr. 212 verknüpft die Greiffenberg sogar selber das Motiv der Siegergeste über Saturn mit demjenigen des Triumphes über die Schlange.

Eine fast identische Formulierung mit der gleichen Siegerpose wie in unserem Gedicht findet sich bereits bei Opitz in einem "Trawerliedt":

> *O die selig edle Seele /*
> *Die sich in die wahre rhue*
> *Nach dem hohen Himmel zue*
> *Auß des Leibes finstern höle*
> *Frewdig hat hienauff gemacht;*
> *...*
> *Da sie mit nicht-menschen-füssen*
> *Das gestirne tretten kan.*[6]

Dieser Sieg jedoch ist nicht Verdienst des Triumphierenden, ist "unverdient" (Z. 2), womit das lutherische Dogma von

---

1 Hederich, Lexikon Sp. 2164.
2 Vgl. dazu Chapeaurouge, Einführung S. 40-43; LCI, Bd 2, Sp. 67-69. - Zur Verwurzelung des Motivs der Sterne unter den Füssen bei Vergil siehe oben S. 61.
3 LCI, Bd. 2, Sp. 68.
4 Vgl. Ps 91,13; C. R. v. Greiffenberg, Sieges-Seule S. 50: Jesus als "Schlangentretter".
5 Schmitt, Reallexikon, Bd. 1, Sp. 1151.
6 Opitz, GW II, 1, S. 404.

der *sola gratia* betont wird. Nicht folgen können wir der Ansicht von H. G. Kemper, dieses Dogma bleibe bei C. R. v. Greiffenberg zwar vorerst gewahrt, verkehre sich dann aber ins Gegenteil, "weil sich Gott durch Liebe und Gnade so in die Macht des Menschen gibt, dass der Heilsprozess *dessen* »Werk« zu werden vermag."[1] Genau auf dieses Problem - ob mystische Liebesekstase als Leistung des Menschen Gott gleichsam "bezwingen" kann - antwortet die Greiffenberg zu Beginn einer Reihe von Liedern, die ihre unersättliche Liebesglut zu Jesus zum Ausdruck bringen. Von ihrer "Begier" sagt sie:

> Aber was verdiene ich damit / da es nicht mein / sondern dein werck ist? hast doch nur du / feuriger JEsu! dieses Fünklein in mich gelegt / und nicht ich selber! du blässest es auf / schürest ihm zu / legest an / erhältest und unterhältest es / mit deinem Geist und Wort / Leib und Blute. Ich thue nichts / als daß ich leide / und deinem Geist still halte / wann ihme in mir etwas zu wirken beliebet.[2]

Das Zitat, das Kemper für seine These der quasi "magischen" Verfügbarkeit Gottes anführt, ist nicht viel mehr als eine Paraphrase bekannter Bibelstellen (vgl. bes. Mt 7,7-11) und in keiner Weise "eine philosophisch-vernünftige Erklärung", die "eine überraschende Nähe zu philosophischen und theologisch-neologischen Positionen der Aufklärung" zeigen soll.[3]

In der letzten "wann"-Frage vollendet sich die Apotheose, indem zum Faktum und zum Ort des ewigen Lebens hinzu auch dessen Beschaffenheit beschrieben wird.[4] Drei Qualitäten werden hervorgehoben: unaussprechliche Freude ("fröhlichst"), Einstimmen in den Lobgesang der Engel sowie Teilhabe am göttlichen Licht. Der "Chor der Thronen" ist der

---

1 Kemper, Lyrik, Bd. 3, S. 261.
2 P 601.
3 Kemper, Lyrik, Bd. 3, S. 261 (das erwähnte Zitat stammt aus M 638).
4 Ausführlicher geschieht dies in L I 348-505 u. P 738 f.

dritte Engelchor in der Pseudo-Dionysischen Engelshierarchie.[1] Die Greiffenberg deutet ihn folgendermassen:

> die Thronen oder himmlischen Heerschaaren / welche anzeigen können die unverruckliche Ruhe und Freude des Höchsten / daß Er / alles regierend / doch in ewiger Beruhigung bleiben kan.[2]

Die "Thronen" als Sinnbild der ewigen Ruhe stehen somit im Gegensatz zur Bewegung der Planeten, verweisen aber auch auf die *constantia* der Betrachterin, wie sie in den Versen 10-13 angesprochen wird.

Wie bereits angedeutet, übersteigt die ewige Herrlichkeit alle Grenzen, dementsprechend hier auch die Grenzen von Zeile und Quartett. Die Licht-Metaphorik (Z. 5: "Geziert mit Klarheit=Pracht und GOttes Strahlen Kronen") knüpft an das Sternen-Motiv an und übersteigt es gleichzeitig, was angezeigt ist in der Wiederaufnahme des Wortes "Zier" (Z. 3 und 5). An die Stelle des Sternenlichts, das noch gebunden war an die dunkle Folie der Nacht, tritt das allesdurchdringende Licht Gottes, der als göttlicher Sonnenkönig[3] dargestellt ist. Der Mensch wird dann nicht mehr bloss Spiegel sein,[4] der die Strahlen der göttlichen Sonne zurückwirft, sondern selber Anteil haben am göttlichen Licht.

Nach dieser enthusiastischen Vorwegnahme des ewigen Lebens folgt jedoch die erneute Zurücknahme in die Dialektik von Wunsch und Erfüllung. Die Sternenbetrachterin kann sich den Himmel erst im Glauben und in der Hoffnung vergegenwärtigen. Glauben und Hoffen bedeuten einerseits den Abstand zur Utopie, das "noch nicht", den "Wunsch". Andererseits aber eignet ihnen auch das Moment des "schon jetzt", der gläubigen Vorwegnahme, verbürgen sie bereits die Erfüllung. Die Kraft

---

[1] Zur Kenntnis des Ps.-Dionys durch C. R. v. Greiffenberg vgl. P 746.

[2] L II 388.

[3] Vgl. dazu Son. 8 u. 197.

[4] Vgl. Son. 6: "Weil du der Gottes Güt ein wunderspiegel bist / so laß den Strahl zu ruck in deine Sonn gelangen."

188

des Glaubens, die bewirkt, dass ich auf Erden die ewige Herrlichkeit "schon glaubend sih", betont die Greiffenberg z.B. auch
in der folgenden Stelle aus den Passionsbetrachtungen:

> So gewiß sein Creutz in die höhe gerichtet / so gewiß bin ich /
> durch den Glauben / in den Himmel erhebet / und mit mir alle /
> die dieses und an den gekreutzigten Christum glauben.[1]

Oder wenn sie in einem Gedicht in zugespitzter Form for-
dert:

Glaub / lieber Glaube / glaub! so hast du / was du glaubst.[2]

Die "Gwiss"-heit der Hoffnung ist nicht blosse Illusion
und Wunschtraum, sondern hat ihr festes Fundament in Jesus
Christus:

SOlt sichs noch tausendmal unmöglicher anlassen /
ja ich und alls vergehn: noch gleichwol glaub' ich fort.
Ich bind den Hoffnungs Stamm' ans unvergänglich Wort /
daß wird mein Glaub' im Tod / ja gar im Grab umfassen.[3]

Glauben und Hoffen vermögen also die Kluft zwischen
"dort" (Z. 4) und "hier" (Z. 6) antizipierend zu überwinden.
Dennoch steht am Ende der Beschreibung des ewigen Lebens
das "hier", weiss sich die Sternenbetrachterin zurückgeworfen
auf ihre noch unerlöste irdische Existenz. Die Perspektive hat
wieder gewechselt: aus dem Hinunterschauen auf die Sternen
wurde wieder der sehnsüchtige Blick nach oben.

Damit wird nun ein neuer Reflexionsprozess in Gang gesetzt. Es stellt sich die Frage, wie der Eintritt in die "Sternen
Stadt" nicht nur in der Vorstellung, sondern real möglich wäre.

---

[1] P 579. Vgl. Luther, WA 44, 718: *Tanta vis est fidei, quae nos vivos facit ex
mortuis. Ac sane ea ipse hora, quae incipimus credere et verbum apprehen-
dere, etiam vivere incipimus vita aeterna, quia verbum Domini manet in
aeternum.*

[2] P 612; vgl. auch Son. 30.

[3] Son. 73.

Der siebte Vers gibt darauf die Antwort, nennt eine "andern schröckliche / mir aber süsse Thür", erwähnt aber auch deren Ambivalenz, deren *fascinosum et tremendum,* wobei dieser Gegensatz gleichzeitig in Parallele gesetzt wird zum Unterschied, den die Betrachterin zwischen sich und den anderen macht. Es schimmert hier das Bewusstsein einer Auserwählung und besonderen Berufung durch, wie es uns aus Briefen, Gedichten und auch aus dem Betrachtungswerk der Greiffenberg an zahlreichen Stellen entgegentritt.[1] Ganz parallel zur Anrede der Sternenstadt wird nun auch ihre Tür, ihr Pförtner in anaphorischem "du" angesprochen. Erst die achte Zeile nennt ihn beim Namen: es ist der "Tod", der personifiziert gedacht wird, was unterstrichen wird mit der Anthropomorphisierung der Metapher von der Tür zum Pförtner.[2] Dieses Motiv findet sich bereits in einem Emblembuch des Nürnberger Theologen und Stadtbibliothekars Johann Saubert, das C. R. v. Greiffenberg durch ihre engen Beziehungen zu Nürnberg durchaus gekannt haben kann (vgl. Abbildung 7). Die Stellung des Todes als unumgehbare Schwelle zur Ewigkeit bildet sich auch formal ab, indem der "Tod" genau in der Mitte des Sonetts steht.

Seltsam paradox tönt die Bitte an den Tod: "darffst meiner nicht verschonen"; dies angesichts der Unausweichlichkeit des Todes und der ansonsten dominierenden menschlichen Angst vor dem Sterben. Äussert sich hier zynischer Lebensüberdruss und morbide Thanatophilie? Wohl kaum. Zu erklären ist die Bitte nur aus der dem Tod vorausgehenden Apostrophe als "Himmels-Portner", die den Tod nicht neutral als Übergang in ein ungewisses anderes Leben (Himmel oder Hölle) sieht, sondern von inniger Glaubenszuversicht (Z. 6) erfüllt, in ihm nur eine Station auf dem Weg zur Vollkommenheit erkennen kann.

---

1 Vgl. dazu Frank, Greiffenberg S. 20; Liwerski, Wörterbuch S. 575; Kemper, Lyrik, Bd. 3, S. 274.

2 Zum Tod als Türe vgl. Lauretus , Silva S. 531; zur Verbindung von Türsymbolik und Eschatologie im NT vgl. Lk 13,23 u. Mt 25,1-12. - Zu antiken Darstellungen des Todes als Pforte zum Jenseits vgl. Lang/McDannell, Himmel S. 36.

MORS IANUA VITÆ EST.   VII.   Des Todes Mörder,
Halt für deß Lebens Pforten.

Exhalato animam fidenter; JANUA VITÆ est
MORTA pÿs. Corpus mors necat; haut animam.

Das ist:

Nun es ja an dem ist
Daß deine Seel soll scheiden:
So gib / du frommer Christ/
Dieselbe her mit frewden.
Der Todt vermag mehr nicht/
Als deinen Leib zu tödten.
Die Seele kompt ans Liecht/
Auch mitten in Todtsnöhten.

Johan. 5 / v. 24. spricht Christus :

Waarlich waarlich/ich sage euch/wer mein Wort höret/vnd glaubet dem/der mich gesandt hat/der hat das Ewige Leben/vnd kommet nicht ins Gericht/sondern (ist vom Todt zum Leben hindurch getrungen.)

Matth. 10 / v. 28.

Fürchtet euch nicht für denen/ die den Leib tödten/die (Seel aber nicht tödten) mögen.

Phil. 1 / vers. 21.

Christus ist mein Leben/vnd (Sterben ist mein Gewin.)

Sap. 4 / v. 14.

Die Seel gefället GOtt/ darumb (eylt Er mit jhr) auß diesem bösen Leben.

Abb. 7

Der Tod als Türe zum Leben
(Quelle: Saubert, DYODEKAS Emblematum sacrorum S. 47).

Dennoch wird die angstmachende und negative Seite des Todes nicht verdrängt. Ein "verzeihen" (Z. 8) setzt ja ein schuldhaftes Tun voraus. Dieses kann umso leichter verziehen werden (vgl. die Alliteration "gar gern"), als es durch die negative Tat das radikal Gute hervorbringt. Das Oxymoron "tödten / das belebt" setzt einerseits Differenz, die Doppeldeutigkeit des Begriffs Leben voraus, zeigt in einer paradoxen Kurzformel aber auch an, dass in einer christlichen Eschatologie eine *coincidentia oppositorum* möglich ist.

Was hier aufs knappste verdichtet aufscheint, weitet sich in den Passionsbetrachtungen zu poetischen Sterbemeditatiationenen:

> Sterben heist die Sterblichkeit / in dem Tod den Tod / verlassen. Sterben / heist des Lebens kraft in des Todes Schwachheit fassen. Sterben ist allein die Pforte / in das Leben einzugehn.[1]

Oder in einem weiteren Lied:

WAs soll / der Tod / ein GOtt=ergebnes schrecken?
Er ist ihm nur die Lebens-Pfort.[2]

Trotz diesem Heilsoptimismus, der auf einem biblischen Fundament ruht,[3] verlangt die Konfrontation mit dem Tod Mut und Tapferkeit, wie die Verse 10-13 zeigen. Die sentenzartigen Aussagen sollen zuerst Mut zusprechen, sind aber auch Zeugnis der religiösen Selbstbewussheit der Greiffenberg. Man fühlt sich durch die Formulierungen fast an ritterliche Männlichkeitsproben erinnert, nur dass hier eine Frau von ihrem geistlichen inneren Abenteuer spricht. Das Metonym "Herz" (Z. 10) deutet dies an und verweist darauf, dass dieses Abenteuer alle Lebenskräfte des Menschen in Anspruch nimmt, gilt doch das

---

[1] P 740.
[2] P 741; vgl. auch die Gedichte P 742 f.
[3] Vgl. u.a. Röm 6,3 f.; 2 Kor 4,10-12; Phil 3,10 f.

Herz als Sitz des Mutes, des Glaubens, des Gemüts und Bewusstseins, als personale Mitte des Menschen.[1]

Die *sententia*[2] beansprucht durch ihre infinite Form besonderen Autoritätsgehalt und hat eine hervorragende Be-
weiskraft. Damit eignet, verbunden mit ihrer amplifizierenden
Häufung, diesen Sentenzen eine besondere persuasive Funktion: die Ängstlichen und Zweifelnden sollen überzeugt werden,
dass der Tod nicht Vernichtung, sondern Leben bringt. Der
Gefahr des *taedium*, die durch die Aneinanderreihung von
Sentenzen gegeben wäre, begegnet das Gedicht durch Variation des vorgegebenen Musters. Die erste Sentenz ("nur feige
Herzen sich vor dir erschrocken zeigen") redet direkt den Tod
an und vermeidet noch die durch den zweischenkligen Alexan-
drinervers vorgegebene zweiteilige Form. Diese beherrscht
dann die nächsten drei Sentenzen. Vers 11 ("Wann Him-
mels=herzheit herrscht / muß Furcht und blödheit schweigen.")
und 12 ("Kein Fahr noch sterben acht / wer nach was hohes
strebt.") sind chiastisch aufeinander bezogen durch Umkehrung
der syntaktischen Struktur und alliterierende Anklänge. Sind
diese beiden Sentenzen durch eine wenn-dann-Struktur geprägt, haben wir in der letzten ("Ein weiches Blätlein nur / kein
fester Felse / bebt.") eine zeugmatisch gebaute Antithese vor
uns.

Dass die Tapferkeit[3] nicht allein eigenes Verdienst sein
kann, soll vielleicht der Neologismus "Himmels-Herzheit"
ausdrücken. Die Beziehung zwischen den beiden Elementen
des Kompositums liesse sich sowohl final als auch kausativ
denken. Wir haben hier zudem ein Beispiel für die bei der
Greiffenberg besonders häufigen Komposita aus Abstraktum
und konkretem Glied, für die P. M. Daly den Begriff des "Wort-
Emblems" geprägt hat.[4]

---

1   Vgl. Grimm, Wörterbuch, Bd. 4,2, Sp. 1211-1220.
2   Vgl. Lausberg, Handbuch S. 431-434.
3   Zur Verwurzelung der Tapferkeit im stoischen Tugenkanon vgl. Schings,
    Tradition S. 240.
4   Daly, Dichtung S. 41.

Die verallgemeinernde Form der Sentenzen zeigt sich eindrücklich in der zwölften Zeile: das Ziel des Strebens wird nicht mehr konkret genannt wie im ersten Teil des Gedichts, sondern erscheint bloss noch als "was hohes". Die Verbindung zum Konkreten hat der Leser selber herzustellen, wodurch er sich gleichzeitig den intendierten Beweisgang zu eigen macht. Der Wunsch, das Streben wird dabei selber zur Vorbedingung einer Haltung, die weder Gefahren noch das Sterben fürchtet. Die "Wunsch-Gedanken" werden zum Mittel, das erstrebte Ziel zu erreichen.

Die letzte Sentenz hat wieder konkreteren, fast emblematischen Charakter. In der Emblematik treffen wir den Felsen als Zeichen der Beständigkeit und der Unerschrockenheit an, als Felsenklippe im Meer, die, von Wellen und Stürmen bedrängt, diesen unbewegt widersteht.[1] Dass C. R. v. Greiffenberg diese Embleme bekannt waren, geht wieder aus den Passionsbetrachtungen hervor. Sie schreibt in der zwölften Betrachtung im Zusammenhang mit dem Felsengrab Jesu[2]:

> Es ist auch / zu der Neuheit / noch vonnöten / daß es in einen Felsen gehauen sey / wie dieses. In der Beständigkeit des Herzens / beruhet die Ruhe JESU. Wer nicht ein Fels der bekenntnus ist / der kan keine Ruhstett JESU abgeben. Ein Fels muss er seyn / der allen Verfolgungs=wellen trotz bieten / und alle Stürmer=Winde verlachen kan ... . Eine Felsunempfindlichkeit wird erfordert / die alle Weltanfechtung für zeitlich und ring schätzet / und allein zu dem / was Christi Ehre und Lehre betrifft / empfindlich und weichmütig ist.[3]

---

1 Vgl. z.B. Picinelli, Mundus, Lib. II, Cap. 36, Embl. 637 u. 640 mit den Motti: *Inconcussa manet / Undique firmus / Semper idem durabo / Nil me fatalia terrent;* Henkel/Schöne, Emblemata Sp. 67 f. (Vgl. Abbildung 8). Zum Ursprung des Fels-Emblems als Bild der *constantia* im Stoizismus vgl. Stalder, Stoizismus S. 14.

2 Vgl. Mt 27,60.

3 P 891.

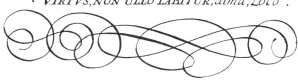

Ipsa suis opibus contrà omnes fulta ruinas,
VIRTVS, NON ULLO LABITUR, alma, Loco.

Abb. 8

Fels der Beständigkeit
(Quelle: Rollenhagen, Sinn-Bilder S. 333).

Zum Gegenstand eines eigenen Sonetts macht die Greiffenberg das Felsen-Emblem im Sonett Nr. 37:

Ich stehe Felsen=fest in meinem hohen hoffen.
Die wellen prellen ab / an meinem steinern Haubt.

Glaube und Hoffnung sind also nicht nur, wie nach dem ersten Teil des Gedichts (Z. 6) Medium der Vorwegnahme des ewigen Lebens, sondern ebenso notwendige Vorbedingung für die Konfrontation mit dem Tod, wozu es in der letzten Sonettzeile kommt und wo zugleich dessen Überwindung gelingt: "Tod! dein vernichten / muß zu Engels=Art erzweigen."

Abrupt und ohne Umschweife wird der "Tod" angesprochen. Die Unterbrechung des iambischen Versmasses durch einen Trochäus (bzw. Spondeus) zu Beginn der Zeile signalisiert den Höhe- und Wendepunkt des Gedichts. Wie das Leben vor und nach dem Tod in seiner Kontinuität durch die Zäsur des Todes gebrochen ist, wird auch hier der Fluss der Rede unterbrochen. Die Spannung ist auf ein Höchstmass angestiegen, ein retardierender Einschub ("dein vernichten") scheint dem Tod das letzte Wort zu verleihen. Umso stärker hebt sich dann die zweite Vershälfte von dieser negativen Seite des Todes ab. Statt zur Vernichtung kommt es zu einer Art Metamorphose, indem aus dem Untergang neues, ewiges Leben wächst.[1] Es klingt hier in der Pflanzen- und Wachstumsmetaphorik das johanneische Gleichnis vom Weizenkorn, das erst durch sein Sterben Frucht bringt, an (Joh 12,24).

Die letzte Zeile nimmt damit das Oxymoron vom "tödten / das belebt" im neunten Vers auf, ein Bezug, der auch durch die Reimstruktur gegeben ist. In der Reimanordnung des Sextetts (cdd ccd) umrahmen zwei Einzelverse die beiden sentenzartigen Verspaare, so die Struktur der Quartette aufnehmend und diese übersteigend durch Parallelisierung nichtreimender

---

1 "Erzweigen" ist bei Grimm nicht belegt, jedoch "zweigen" in der Bedeutung: wachsen, sich ausbreiten, Zweige treiben. (Grimm, Wörterbuch, Bd. 16, Sp. 1049).

Verse. Dadurch bildet sich auch formal das Paradox vom belebenden Tod ab, das sich selber "erzweigt" vom knappen Oxymoron in Z. 9 zu einem vollen Vers am Sonettende.

"Engels-Art", welche "allein in Göttlichem Lobe bestehet"[1], bezeichnet das zentrale Thema der Greiffenbergischen Mystik, welche B. Gorceix eine "Mystique de la louange"[2] nennt. Ihr Dichten versteht die Greiffenberg in erster Linie als Lob, das die Tat der Engel wiederholt und vorwegnimmt,[3] und das sich im Lobpreis Gottes eins mit der ganzen Schöpfung weiss. Das Lob ist also zugleich Ziel und Weg der Vereinigung mit Gott.[4] Das verweist zurück auf den Sonettsbeginn, wo die Sterne als Chiffren der Ewigkeit gepriesen werden. Es ist damit auch gesagt, dass im mystischen Lob der Tod bereits überwunden ist und das jenseitige "Engel-werk" (Son. 6) bereits vorweggenommen wird in der *vita angelica* auf Erden.[5] Die Engel sind bei der Greiffenberg in erster Linie die Träger des himmlischen Lobs; ihre Funktion als Boten und Wächter tritt dagegen stark zurück. Dennoch umfasst das englische Leben neben dem zentralen Aspekt des Lobens noch weitere:

O unaussprechliche Freude / die die Cron aller Freude ist! nach dieser wird es auch eine Englische Ergötzlichkeit seyn / mit den Engeln umgehen und discurriren können: Da werden wir mit Englischen Zungen Ertz=Englische Geheimnüße erfahren / Serafinisch Wunder=Lust erforschen / der Cherubin Liebes=Glut empfinden / und / mit einem Wort / aller Engel Künst und Weisheit verstehen / und ihnen in die Wette GOtt loben und preisen; welches das Ziel aller unser Verlangen und

---

1 P 946 f.
2 Gorceix, Flambée S. 149-155. Vgl. auch Liwerski, Wörterwerk S. 275 f.; Slocum, Lob S. 1-18, bes. S. 15.
3 Vgl. L II 442: "GOtt preisen wird insgemein unser Englisches Amt und Verlangen seyn".
4 Vgl. u.a. Son. 2; 3; 5; 6.
5 Vgl. dazu Bircher, Unergründlichkeit S. 205; Wiedemann, Engel S. 99.

Thaten wird seyn / gleichwie es das jenige unserer Schöpfung ist.[1]

Wenn wir das Sonett nochmals in seiner Ganzheit betrachten, fällt auf, dass mit dem Verlauf des Gedichts eine allmähliche Auslöschung des "Ich" einhergeht. Damit ist wohl ein Zweifaches gegeben: Erstens wird der persönliche Wunsch nach dem Leben in der "Sternen Stadt", der aus der individuellen Andacht entstand, verallgemeinert zu einer jeden Leser betreffenden Situation. Eine wichtige Funktion nehmen bei dieser Entindividualisierung die Sentenzen Z. 10-13 ein. Zweitens bildet die sprachliche Ebene den notwendigen Tod des egoistischen, der Welt verhafteten Ichs ab. Dessen Sterben ist Vorbedingung für die Angelisierung des Menschen.

Vergleichen wir dieses Greiffenbergische mit dem Gryph'schen Sonett, so nehmen wir wahr, dass die "Nacht"-Seite des Sternenhimmels und damit die Vergänglichkeit und Sündhaftigkeit des Menschen bei der Greiffenberg nicht thematisch wird. Stattdessen dominiert eine ungebrochene Heilsgewissheit, die nicht den Kontrast zwischen irdischer Nacht und himmlischem Licht in den Vordergrund stellt, sondern in der Dichtung die Ewigkeit bereits vorwegnehmen und so die Dialektik von Wunsch und Erfüllung nicht bloss reflektieren, sondern antizipierend übersteigen will. Dies kommt im Sonett Nr. 248, das auf die "Wunsch-Gedanken" folgt, zum Ausdruck:

Verlangen / nach der herrlichen Ewigkeit.

1 *SChwing dich / meine Seel / in Himmel / aus der Eitlen Zeitlichkeit!*
   schwing dich hin / woher du kommst / wo du auch wirst wider bleiben.
   Wollst mit süsser Denke=Lust deine weil dieweil vertreiben:
   biß du wirst ergetzt / versetzet in die Zeit=befreyte Zeit.
5 *Ach ich meyn die Ewig=Ewig=Ewig=Ewig=Ewigkeit /*
   in die der belebend Tod wird entleibend einverleiben.
   Unterdessen soll mein' Hand was von ihrer Hoheit schreiben /

---

1 L II 399.

von der nie gefühlten Fülle / ihrer Erz=Herz=süssen Freud.
   Krafft und Safft der Ewigkeit / die aus und mit dir entsprungen /
10 *der du Unursprünglich lebest und dahero Ewig bist!*
leg die künfftig Wunder=wonn' in den Mund und auf die Zungen
   daß ich klärlich herrlich schreibe / wie dein will ohn Ziel dort ist /
   uns mit dir / dem höchsten Gut / zu vereinen unverdrungen.
Komme wider / komm hernider / zum Gericht gerüster Christ!

Der Hiat zwischen "Zeitlichkeit" und "Zeit=befreyte(r)
Zeit" wird durchaus wahrgenommen, imaginativ ist dessen
Überbrückung hingegen bereits möglich: durch die "Denke=
Lust" (Z. 3), die sich nicht zuletzt in den zahlreichen Paradoxa
und Oxymora äussert, und im "Schreiben" (Z. 7 u. 12), das also
Medium präsentischer Eschatologie und so auch mystischer
Unio ist, nicht jedoch als magische Leistung, sondern durch die
Gnade göttlicher Inspiration[1] (vgl. Z. 11).[2]

1.2 "Bey Ansehung der Sternen / Wunsch-Gedanken"

Bey Ansehung der Sternen /
Wunsch=Gedanken.

1.

1 *O Ihr Sterne / O ihr Strahlen /*
   die ihr an dem Himmel leucht /
   wann die Sonne von uns weicht!
   wie beliebt ihr mir vor allen!
5 *es ist meiner Augen Liecht*
   schnurstracks gegen euch gericht.

---

1 Vgl. v.a. Son. 191 "Uber das unaussprechliche Heilige Geistes=Eingeben".
2 Im Gedanken des poetischen Lobs als Medium der Unio bereits wie Kemper, Lyrik, Bd. 3, S. 276 u.ö. die "Häresie" der Selbstvergottung zu sehen,
  scheint uns ziemlich abwegig; die Inspiriertheit allen Gebetes ist gut biblisch (vgl. Röm 8,26) wie auch eine präsentische Eschatologie als Gemeinschaft mit dem erhöhten Christus (Joh, Kol, Eph).

2.

Euer Blitzen / euer Glitzen /
eure Hochheit liebt mir wol:
daß mein Geist verlangens voll
10 *wünschet neben euch zu sitzen.*
Daß ich nicht mehr Irdisch wär /
nicht aus Hoffart / ichs begehr.

3.

Ihr vollzieht des Höchsten heissen /
in gehorsams höchstem Grad:
15 *bleibt in seiner Ordnung Pfad*
mit dem Einfluß / Lauff / und gleissen
eures Thun und Lassens Ziel
ist / vollbringen was GOtt will.

4.

Könt solch heiliges Beginnen
20 *auch in mir ereigen sich!*
daß ich würkte stätiglich /
wie ihr auf den Himmels Zinnen /
was mein GOtt erheischt von mir:
wolt ich mich noch dulden hier.

5.

25 *Nur die Ketten / nur die Bande /*
nur der Sünden=Strick beschwer
machen wünschen / daß ich wär
Engel=rein in GOttes Hande /
ganz befreyt der Eitelkeit:
30 *nicht das Elend dieser Zeit.*

6.

Zagen / ist bey feigen Herzen;
nur die Kleinmuht wünscht den Tod:
Dapfferkeit kan alle Noht

tragen / sonder Klag und Schmerzen.
35 *Nur / der Sünden Todt zu sehn /*
wünsch' ich in den Tod zu gehn.

7.

O ihr Sterne / O ihr Strahlen!
daß ich nicht / wie ihr / auch leucht!
daß der Tugend=Zwang nicht weicht
40 *dieser Leib / und ich in allen*
durch der Tugend schönstes Liecht
werd' erhellt und auffgericht![1]

Beim ersten Blick auf den Titel scheinen wir es bei diesem Gedicht mit einer blossen Neufassung des vorigen Sonetts als Lied (bzw. umgekehrt)[2] zu tun zu haben. Wieder handelt es sich um "Wunsch-Gedanken", diesmal liegt das Schwergewicht jedoch nicht auf dem "Himmel", sondern auf den "Sternen", die denn auch viel expliziter thematisch werden. Damit einher geht eine Verlagerung der spirituellen Deutung vom eschatologisch-anagogischen auf den moralisch-tropologischen Sinn.

Beträchtlich sind ebenfalls die formalen Differenzen. Auf die strenge Form des Sonetts, das in linearer Steigerung auf den Schlussvers hin ausgerichtet ist, folgt eine freiere Liedform[3], die aber dennoch einem präzisen, diesmal eher zyklischen Kompositionsschema folgt, wie aus der Wiederaufnahme sämtlicher Reimwörter der ersten in der letzten Strophe ersichtlich ist. Die vorliegende Strophenform ist im 17. Jahrhundert ziemlich weit verbreitet und wird seit Opitz besonders in Schäfer- und Liebesliedern verwendet, später auch in geistlicher Schäferei als Kontrafaktur.[4]

---

1 Son. 383-385.
2 Eine Datierung der Gedichte innerhalb der Sammlung von 1662 ist nicht möglich.
3 Zu den Liedformen bei C. R. v. Greiffenberg vgl. Scheitler, Lied S. 359 f.
4 Vgl. Frank, Handbuch S. 463 f.

Man könnte auch unser Gedicht als Liebeslied an die Sterne lesen ("wie beliebt ihr mir vor allen", Z. 4; vgl. besonders auch das Motiv der wechselseitigen Augenstrahlen!), mit dem Ziel der Vereinigung mit den Liebsten. Kontrafakturen weltlicher Schäferlieder in geistliche Lieder begegnen uns auch sonst im Werk von C. R. v. Greiffenberg.[1] Ob der Reimstruktur (abbacc) eine tiefergreifende Bedeutung innewohnt, wie dies R. Liwerski für die Greiffenbergischen Sonette zu zeigen versuchte,[2] lässt sich in einer solch allgemeinen Form und auch an diesem speziellen Lied nicht stringent darlegen. Festzuhalten ist sicher, dass der Reim für die Greiffenberg nicht bloss äusserlich verbindende Funktion hat, sondern unter anderem im Lautlichen die Einigung mit dem Seelen-Bräutigam Jesus abbildet.[3]

Auch dieses Gedicht folgt im Eingang dem Topos der Sternen-Apostrophe, so die Aufmerksamkeit der Leser gewinnend und die Szenerie fixierend. Wie schon der Titel die Reihenfolge von "Wunsch-Gedanken" und "Ansehung" (bzw. "Anschauung") der Sterne umkehrt, so nimmt auch im Text die Anschauung diesmal viel breiteren Raum ein; auf die Apostrophe folgt nicht sogleich die sehnsüchtige Frage.

In der **ersten Strophe** dominiert die Licht-Thematik bei der Beschreibung der Sterne. Sie sind die Garanten des Lichts, wenn die Sonne untergeht und es dunkel wird. Damit ist wohl allegorisch die Situation gemeint, wie sie in der fünften und sechsten Strophe beschrieben wird. Der irdische Mensch fühlt sich gefangen in der Nacht der Sünden[4], die die Gottheitssonne verdunkeln. Wird in der allegorischen Tradition und auch bei C. R. v. Greiffenberg normalerweise die Sonne auf Gott und be-

---

1 Vgl. Son. 265-267.
2 Liwerski, Beitrag S. 246-264.
3 Vgl. z.B. das Lied L II 658 f.: "Fallt / mit meinem Reim und Kuss / Meinem JEsu hin zu Fuss".
4 Vgl. dazu Lurker, Wörterbuch S. 217. Vgl. auch das Gedicht auf die Sündennacht bei Zesen, Werke, Bd. 9 (Deutscher Helicon 1641) S. 273 f.

sonders auf Jesus hin gedeutet,[1] so kommt bei der österreichischen Dichterin Jesus auch als "meines Schiffleins Sternen Kerze"[2] vor. Entscheidend ist also die Konstanz des göttlichen Lichts, das sich auch in der Nacht in den Sternen zeigt. Das Schwergewicht der Deutung an dieser Stelle liegt jedoch eher auf der tropologischen Ebene. Die Sterne mahnen den Sünder an seine himmlische Bestimmung, werden ihm zum Vorbild durch ihr Leuchten in der Nacht. Daneben klingt wohl auch der *sensus anagogicus* an, wenn die Nacht als Nacht des Todes gedeutet wird und die Sterne als die Heiligen und Seligen im Himmel, die diesen Status durch ihr gottgefälliges Leben (vgl. Str. 3 und 4) erreicht haben.[3]

Aus all diesen Gründen erregen die Sterne der Betrachterin höchstes Wohlgefallen, was sich in einer Art Spiegelung ausdrückt. Wie die Sterne als Himmelsaugen von oben herunterblicken, so schaut die Betrachterin nach oben - wir begegneten einer intensiven Ausgestaltung dieses Motivs bereits im STELLA-Gedicht von B. Bauhusius. Mitzudenken ist hier ein ganzer Strang von biblisch-antiken Traditionen. Bereits in der Antike und dann durchs ganze Mittelalter herrschte die Vorstellung von der Lichthaftigkeit der menschlichen Augen.[4] Diese haben deshalb auch eine besondere Affinität zum himmlischen Licht, zu Gott.[5] Als dessen Augen gelten die Gestirne, wie umgekehrt die menschliche Sehorgane als Sterne ange-

---

1 Vgl. u.a. Son. 6, 8, 61, 197 (Gott); zu Jesus vgl. neben zahlreichen Sonetten bes. L II 365-367.
2 Son. 203; vgl. zur Deutung von Sternen für Jesus LCI, Bd. 4, Sp. 214-216; Forstner, Welt S. 104.
3 Vgl. auch das Lied L II 658 f., Strophe 1 u. 2.
4 Zur Beziehung von Auge und Licht vgl. Schleusener, Auge S. 129-187. Mittels des Analogons Feuer bezeichnet Plinius die Sterne als Augen: *Nec de elementis video dubitari quattuor esse ea: ignium summum, inde tot stellarum illos conlucentium oculos.* (Naturkunde, lib. II, cap. IV, § 10, S. 20). Zum Fortleben der Vorstellung in der Frühen Neuzeit vgl. Kemper, Lyrik, Bd. 3, S. 87 f.
5 Vgl. Schleusener, Auge S. 137.

sprochen werden, entsprechend dem Weltmodell von Makro-
und Mikrokosmos.[1]

Im Medium des Lichts vereinigen sich demnach die Sterne
und die Augen der Betrachterin und nehmen so teil am göttlichen Licht.[2] Im Ausdruck "meiner Augen Liecht" ist dieses
letztere wohl mitgemeint.[3] Damit erweist sich die Erkenntnis
qua Sehen des inneren Auges als stets geborgte, als letztei-
gentlich von Gott kommende. Bevor die Betrachterin den
Lichtstrahl ihrer inneren und äusseren Augen nach oben sen-
det, hat sie dieses Licht bereits von oben herab empfangen.[4]
Anlehnend an das biblische Verständnis der Augen, stehen
diese immer auch *pars pro toto* für den Leib d.h. den Menschen
im ganzen,[5] meint Schauen immer schon eine ganzheitliche
Ausrichtung auf Gott.

Die erste Strophe charakterisiert also die Sterne in ihrem
Wesen ("Strahlen"), nennt ihren Ort ("Himmel") und ihre Zeit
(Nacht) und fundiert das Verhältnis von Betrachterin und Objekt der Betrachtung in ihrer beiden Lichthaftigkeit. Entsprechend der Reimstruktur der Strophen (abbacc) tendieren die
beiden paargereimten Schlussverse jeweils zur epigrammatischen Zusammenfassung und Zuspitzung des vorher Gesag-
ten.

Die **zweite Strophe** führt die erste variierend weiter. Die
dort durch Alliteration verbundene, doppelte Apostrophe ("O
Ihr Sterne / O ihr Strahlen") wird hier abgewandelt in eine

---

1 Vgl. ebd. S. 855-861. Vgl. auch die barocken Belege für die menschlichen
Augen als Sterne bei Windfuhr, Bildlichkeit S. 251. Zum Motiv der Sterne
als Augen Gottes vgl. Son. 318; Scriver, Andachten S. 353.

2 Vgl. L II 596: "Sehen ist (wie bekannt) in heiliger Sprache und Schrifft so
viel / als wissen / erkennen / geniessen und empfinden / ja einer Sache
gantz theilhafftig / mächtig / und davon eingenommen werden."

3 Vgl. dazu die allegorische Deutung von Ps 38, 11: "das liecht meiner Augen" = Gott (Schleusener, Auge S. 139).

4 Vgl. M 502: "Ach! daß dieser H. Geistes-Stern noch mehrern im Herzen
erscheinen / ihnen leuchten / und sie erleuchten wolte! ... O GOtt H.
Geister! du Göttlicher Stern! ... Erscheine / leuchte / blitze / glitz und glänze
in unsere Geistes-Augen!"

5 Vgl. Schipperges, Welt S. 112-117.

durch Binnenreim verbundene Anrede ("Euer blitzen / euer Glitzen"), die nun mehr das dynamische Element der Lichtkörper betont. Die sowohl in Zeile 1 als auch in Zeile 7 verwendeten rhetorisch-poetischen Mittel (Alliteration, Anapher, Binnenreim, Synonyme) dienen der Intensivierung der Aussage (*movere*) als auch der Erzeugung von Wohlklang und damit Wohlgefallen.[1] Somit bildet sich in der lautlichen Struktur ab, was die Betrachterin inhaltlich in ihrer "Liebeserklärung" (vgl. Z. 8: "eure Hochheit liebt mir wol") an die Sterne ausspricht. Die Ortsangabe "an dem Himmel" (Z. 2) wird - durch Alliteration verbunden - weitergeführt im Attribut der "Hochheit". Diese umfasst hier wohl das ganze Bedeutungsspektrum vom wörtlichen Sinn (kosmologischer Ort) über den allegorischen (Engel) und moralischen (Tugend, Gehorsam) bis zum eschatologischen (Sitz Gottes und der Seligen).

Notwendige Folgerung aus dem Wohlgefallen an der "Hochheit" der Sterne ist der Wunsch, "neben euch zu sitzen". Das Weltbild der Greiffenberg weicht also leicht ab von demjenigen, auf welchem die Pointe des Gryph'schen "Sternen"-Sonetts beruht. Es muss angenommen werden, dass Gryphius von mehreren Himmeln über dem Fixsternhimmel ausgeht, wogegen C. R. v. Greiffenberg auf diesen gleich den Sitz Gottes folgen lässt, und die Fixsterne gleichsetzt mit der Schar der himmlischen Wesen. Sie knüpft damit an antike Vorstellungen[2] wie an die allegorische Auslegung von Dan 12,3 an:

> Die Lerer aber werden leuchten / wie des Himels glantz / und die / so viel zur Gerechtigkeit weisen / wie die Sternen jmer und ewiglich.

---

1 Vgl. Lausberg, Handbuch S. 279; Breuer, Metrik S. 20.
2 Am bekanntesten die Stelle bei Cicero, Somnium Scipionis § 16: *corpore laxati illum incolunt locum quem vides - erat autem is splendissimo candore inter flammas circus elucens -, quem vos ... orbem lacteum nuncupatis.* (Cicero, Gedanken S. 8; vgl. auch die Anm. 20, S. 160 zur Stelle, wo weitere Hinweise gegeben werden).

Ausgehend von diesem Bibelvers werden die Fixsterne als die Heiligen und Gerechten, die Vorsteher und Lehrer der Kirche gedeutet.[1] Das Motiv des Wunsches, neben den Sternen zu sitzen, findet sich in der Barockliteratur auch bei anderen Autoren,[2] wie es auch bei C. R. v. Greiffenberg noch an weiteren Stellen vorkommt.[3]

An eine alttestamentliche Stelle knüpft vermutlich auch das Schlussverspaar an. Es fasst das Bestreben nochmals zusammen ("Daß ich nicht mehr Irdisch wär"), macht aber gleichzeitig die Einschränkung, dass dieses nicht Weltverachtung und religiöser *superbia* entspringt. Bei Jes 14,13 f. entsteht dieser Wunsch aus einer solchen frevlerischen Haltung: Der Sturz des Königs von Babel wird zurückgeführt auf sein Verlangen:

> Ich wil in den Himel steigen und meinen Stuel über die Sterne Gottes erhöhen. (...) Ich wil uber die hohen wolcken faren und gleich sein dem Allerhöhesten.

Wie in der antiken Sage von den Titanen, die den Göttern den Rang streitig machen wollten,[4] folgt auch bei Jesaia der umso tiefere Sturz auf die Selbst-Erhöhung.

Gegen solche hoffärtige Vermessenheit setzt sich die **dritte Strophe** ab. Das Vorbildhafte an den Sternen ist gerade ihr völliger Gehorsam gegenüber der göttlichen Ordnung der Welt. Dies setzt voraus, dass der Kosmos noch nicht zur automatischen Maschine entgöttlicht ist, sondern der Ablauf der Welt direkt durch Gott gesteuert wird, der nicht bloss als uranfänglicher Initiator von physikalischen Gesetzen, sondern als jetzt wirkmächtiger Regierer der Welt erscheint. Die Natur und insbesondere die Gestirne als Vorbilder für die Unterord-

---

1 Vgl. Dilherr, Betrachtungen S. 132 f.; Harsdörffer, Gespräch-Spiele III S. 23; Lauretus, Silva S. 952; Lemke, Sonne S. 75; Forstner, Welt S. 105.
2 Vgl. z.B. Rist, Dichtungen S. 179; Kuhlmann, Libesküsse S. 27 (siehe oben S. 152); Franck, Lieder S. 9.
3 Son. 214; 304; M 506.
4 Vgl. Ovid, Met. I,151-155: *adfectasse ferunt regnum caeleste Gigantas / altaque congestos struxisse ad sidera montes* (V. 152 f.).

nung unter den Willen Gottes, dies hat bereits biblische Wurzeln[1] und nimmt auch im vierten Buch von Arndt's "Wahrem Christenthum" breiten Raum ein.[2] An Arndt erinnert auch die Nennung der drei Aspekte "Einfluss / Lauff / und gleissen". Er schreibt:

> Es ist aber an den Sternen ihre Grösse, ihr Lauf und ihre Wirkung zu bewundern. [3]

Zur Wirkkraft der Gestirne, ihrem Einfluss betont Dilherr:

> Darum geben vernünfftige Sternseher dem Gestirn nicht mehr Gewalt / denn Gott / der Schöpfer / demselbigen lassen wil: Sonders sie reden also von der Wirckung des Gestirns ... dass / ... dem Schöpfer seine freye Macht bleibet / und an seiner Ehre nichts benommen wird. Denn wenn Gott ein Herr aller Creaturen ist: So ists auch billich / dass / wie andere Creaturen / also auch das Gestirn / Ihme gehorsam sey.[4]

Die Sterne sind also in all ihren Erscheinungsweisen Vorbilder für höchsten Gehorsam, so dass der Einklang mit dem göttlichen Willen Ziel allen "Thun und Lassens" (Z. 17) wird. Tun und Lassen, "was GOtt will", hat sich die Greiffenberg als Devise ihres Lebens ausgewählt, wie das Sonett Nr. 49 zeigt:

---

1 Vgl. bes. Bar 3,34 f.: "Die Sterne leuchten in jrer Ordenung mit freuden / und wenn er sie erfür rüffet / antworten sie / Hie sind wir." - Vgl. auch Wildiers, Weltbild zur Vorstellung in der Antike (S. 38 f.) und im Mittelalter (S. 138-140).

2 Arndt, Christenthum bes. S. 469-472. (Zu C. R. v. Greiffenberg und Arndt vgl. Kemp, Nachwort S. 497; Scheitler, Lied S. 394).

3 Ebd. S. 468. (Eine identische Trias wie bei C. R. v. Greiffenberg findet sich beim Jesuitenprediger Rauscher, Marck S. 13: "die drey vornemste Aigenschafft und Würckungen der Himmel ...; als da ist der Glantz; die schnelle Bewegung; und Einfluß deß Gestirns".

4 Dilherr, Betrachtungen S. 40 f.

Uber mein Symb. oder gedenkspruch.
W. G. W.

1   *ES gehe / wie GOtt will / in meinem ganzen leben;*
Es gehe / wie GOtt will / auff dieser weiten Welt!
denn Alles / was GOtt will / mir trefflich wol gefällt;
will auch / in was GOtt will / mich williglich ergeben.
5   *Es wolle / was GOtt will / sich / wann Gott will / anhe-*
ben.
Ich geh / wohin GOtt will / deß Weg' ich mir erwehlt.
Ich komm / wohin GOtt will / es sey ihm heimgestellt.
Will auch / so lang GOtt will / in furcht und Hoffnung
schweben.
Ich dien / wozu GOtt will / dem ich mich ganz geschenkt:
10 *auff daß man mein dabey / wie lang GOtt will / gedenkt.*
Ich liebe / wer GOtt will / wie ich / vor alles lieben.
Ich bau / worauff GOtt will / auff seinen lieben Sohn.
Woher GOtt will / mag mir herkommen Freud' und wonn'.
In wie / was / wann GOtt will / will ich mich allzeit üben.

Damit ist die Überleitung vollzogen zur **vierten Strophe**, in der die Betrachterin das anhand der Sterne entworfene Leitbild für sich selbst verbindlich macht. Weder geht es dabei um eine blosse Gleichwerdung noch um eine selbstbewirkte *Imitatio*. Solches "heiliges Beginnen" "ereignet" sich, d.h. verdankt sich wie das Tun der Sterne nicht sich selbst, sondern Gott. Die geistige Translokation zu den Sternen bedeutet an dieser Stelle jedoch nicht Versetzung in den Himmel (vgl. Son 247), sondern dass sternengleiches Tun sich auf Erden ereignen soll. Zum erstenmal wird im Vergleich zu den bisher behandelten Gedichten ein anderer Aspekt der Sterne als der Verweischarakter ihrer Lichthaftigkeit auf das Jenseits aktualisiert, und damit tritt auch der *sensus tropologicus* stärker in den Vordergrund. Wie beim vorhergehenden Sonett die Erfüllung der "Wunsch-Gedanken" in Glaube und Hoffnung sowie im dichterischen Lob bereits auf Erden möglich war, wäre auch die Einigung mit dem Willen Gottes im Hier möglich: als Geschehen, das sich "in mir" (Z. 20) abspielt. Dennoch kann sich die Betrachterin ein solches Ereignis nur im Potentialis vorstellen. Nur wenn ein Leben als "Christen-Stern"[1] auf Erden ganz gelänge, nur dann könnte sich die Betrachterin mit der irdischen Existenz abfinden (vgl. Z. 24: "wolt ich mich noch dulden hier.").

Was steht dem entgegen? Die nächste, **fünfte Strophe** gibt mit dem Hinweis auf die "Bande" der Sünde die Antwort. Sie beginnt wie die erste und zweite Strophe mit einer anaphorisch verknüpften Reihe von Synonyma, muss also im Vergleich besonders zum Eingang der zweiten Strophe gelesen werden: der positiven Motivierung der "Wunsch-Gedanken" wird nun eine negative gegenübergestellt. Damit verbunden ist die Antithese zwischen der völligen Gebundenheit an Gottes Willen und der Fesselung durch die "Ketten" der Sünde.[2] Diese - das belegt die insistierende Wiederholung - sind so schwer zu lösen, dass nur die Erhebung zu den Sternen Befreiung schenken kann.

Auch die beiden mittleren Zeilen der fünften Strophe ("machen wünschen / daß ich wär Engel=rein in GOttes Hande") sind parallel gebaut zu den entsprechenden der zweiten Strophe ("daß mein Geist verlangens voll wünschet neben euch zu sitzen."), wobei die blosse Bildebene nun verlassen und gedeutet wird: Neben den Sternen zu sitzen heisst, den Engeln gleichzuwerden und sich in Gottes Hand zu bergen.[3] Wurde vorher bereits das Motiv der "Hoffart" für diesen Wunsch in Abrede gestellt, so nun auch das der Weltflucht, insofern die Welt Leid und Unglück bereitet. "Diese Zeit" (Z. 30) ist hier wohl ganz konkret als die Lebenszeit der Autorin zu verstehen, die ihr manches Leid brachte: Zu nennen wären etwa die konfessionelle Bedrängnis[4], der frühe Tod der Eltern

---

[1] Ebd. S. 132.
[2] Vgl. Son. 138, wo der gefangene Jesus stellvertretend sich "von Sünden-Fässeln" binden lässt.
[3] Vgl. Ps 31,6.
[4] Vgl. Bircher, Stubenberg S. 1-5.

und der Schwester, die Liebesavancen ihres Erziehers und Onkels[1], ihre soziale Isolation[2]. Von dieser Bedrängnis legen
denn auch zahlreiche Gedichte Zeugnis ab.[3] Jedoch durchwegs
steht das "Unglück" nicht für die "Eitelkeit" der Welt, sondern
Unglück ist immer Chance der Bewährung in der *Imitatio Chri-*
sti: im Tragen des Kreuzes, in der Ergebung in Gottes Willen,
in der Erfahrung der Grösse Gottes, in der beständigen Tugend,
Unglück wird so zum "erquickete(n) Unglück"[4]; in Anlehnung
an das Emblem der beschwerten Palme[5] führt es näher zum
"Liecht im Liecht"[6].

Die **sechste Strophe** führt dieses Programm für das Ver-
halten im Leid weiter aus. Hier herrscht jedoch eine gänzlich
andere Situation als im vorhergehenden Sonett. Objekt der
Angst bzw. der Tapferkeit ist nicht der Tod, sondern Not und
Unglück. Aus dieser Perspektive wäre der Wunsch nach dem
Tode gerade nicht Ausdruck von unerschrockener "Himmels=
Herzheit", sondern von ängstlichem "Kleinmuht", also eine
Fluchtbewegung. Die apodiktische Aussage: "nur die Kleinmuht wünscht den Tod" (Z. 32), die dem Bekenntnis der Greiffenberg im Sonett 247 zu widersprechen scheint, ist demnach
aus dem veränderten Kontext, besonders jedoch aus ihrer argumentativen Funktion zu erklären. Die Betrachterin belegt
durch diesen scheinbaren Selbstwiderspruch, dass es ihr völlig
ernst ist mit der Aussage, nicht "Hoffart" oder Weltüberdruss
seien Motive ihres Wunsches, neben den Sternen zu sitzen,
sondern:

---

1 Vgl. Frank, Greiffenberg S. 13; Cerny, Greiffenberg S. 43.
2 Vgl. Bircher, Stubenberg S. 12; Herzog, Literatur S. 535-538.
3 Vgl. Son. 22; 43-45; 51; 58 f.; 62 f.; 71; 89-93; 211; 215; 221.
4 Son. 22.
5 Siehe Abbildung 9.
6 Son. 43.

VIRTVS PRESSA VALENTIOR.

P Ondere preſſa graviſit palma valentior: atque
  Impoſitum duplici robore pulſat onus.
Et generoſa malis non cedunt pectora: ſed quas
  Objiciant viris hoſtibus intus habent.

Abb. 9

Beschwerte Palme - bedrückte Tugend
(Quelle: Boissard, Emblematum Liber S. 37).

211

Dapfferkeit kan alle Noht tragen / sonder Klag und Schmer-
zen. (Z. 33 f.)

Auch hier wird der formelhaften Sentenz eine ausgezeichnete persuasive Funktion zugebilligt.

Die beiden Schlusszeilen fassen das Argument zusammen. Das "Nur" insistiert nochmals auf der Lauterkeit der Motive. Der Todeswunsch legitimiert sich nur durch die moralische
Absicht. Diese notwendige Entsprechung scheint im formalen
Bau des Verspaares auf: der erweiterte Reim, der jeweils mehr
als die Hälfte des Verses umfasst ("Sünden Todt zu sehn" - "in
den Tod zu gehn"), verdeutlicht den untrennbaren Zusammenhang zwischen soteriologischem Ziel und Todeswunsch. Der
Vers widerspricht im übrigen auch der Ansicht vom "nur
schwach ausgeprägten Buss- und Sündenbewusstsein der
Greiffenberg"[1]. Ein solches lässt sich auch im Betrachtungswerk durchaus nachweisen,[2] richtig jedoch ist, dass C. R. v.
Greiffenberg "eine schier unerschütterliche Erwählungsge-
wissheit"[3] erfüllt.

Die tropologische Deutung des Sternenhimmels scheint
damit zu ihrem Höhepunkt und Abschluss gekommen zu sein
im Wunsch zu sterben, da nur so die Befreiung von den Banden
der Sünde möglich scheint. Doch die Vermutung täuscht, wie
die **siebte Strophe** zeigt. Die *adaequatio* zwischen Sternen
und Betrachterin ist - auf der tropologischen Ebene - auch anders als im Tod möglich. Die Geichwerdung wird formal angedeutet durch die Entsprechungen zwischen erster und letzter
Strophe. Die Anrede an die Sterne wird unverändert wiederholt; folgte darauf in der ersten Strophe die "Ansehung der

---

1 Kemper, Lyrik, Bd. 3, S. 260.
2 Vgl. z. B. P 599 f.: "wie komme ich aller unwürdigste zu diesen allerwär-
   thesten Demant=worten / deine des Herrschers aller Himmel / (O Himmel!
   was unerhörtes!) Liebste / und zwar Liebste von der Erden / von dir ge-
   nennet zu werden? [...] Wie komme ich unwürdige / zu solcher Würdigkeit /
   die ich allein des Zorns und der Ungnade würdig bin / und an nichts vollkommen bin / als an Mängeln und Gebrechen?" Vgl. auch Son. 278.
3 Kemper, Lyrik, Bd. 3, S. 260.

Sternen", so sind nun die anschliessenden Verse ganz zu "Wunsch-Gedanken" geworden. Der Titel und auch seine Anordnung haben damit ihren vollen Sinn entfaltet.

Nicht zu übersehen ist auch die Bedeutsamkeit der Zahl Sieben an dieser Stelle, deren Relevanz für die Greiffenberg nach R. Liwerski "gar nicht hoch genug eingeschätzt werden kann".[1] Auch bei Dilherr findet sich bei Gelegenheit der sieben Planeten ein Exkkurs über die "Siebende Zahl", indem er ihre weltlichen und geistlichen Bedeutungen aufzählt.[2] Hier kann nicht auf all die Aspekte der Siebenzahl bei C. R. v. Greiffenberg eingegangen werden. Als wichtigste, besonders unser Gedicht betreffende, seien nur genannt ihr Stehen für die "himmlische Wirksamkeit in der Welt"[3], für Vollkommenheit[4] sowie für die Verschlingung von Heil und Unheil im Kreuz[5]. Bezogen auf ihre eigene Biographie deutet die Greiffenberg die Sieben in einem Brief an Birken als Zahl ihres Unglücks.[6] Damit bestätigt die zahlenallegorische Deutung unsere bisherigen Ergebnisse der Interpretation. War die erste Strophe noch durch den Gegensatz von Objekt und Betrachterin, Oben und Unten geprägt, und durchzogen die folgenden Strophen die Antithesen von Sünde und Erlösung, von Unglück und Tapferkeit, fällt in der siebten Strophe nun alles zusammen, ereignet sich die Durchdringung der Immanenz durch die von Gott gewirkte Tugend auf der Basis des Kreuzestodes Christi.

Doch der Modus dieser "Lösung" muss noch genauer analysiert werden. Die Auslassung der performativen Verben ("beklagen" bzw. "wünschen") erzeugt eine eigentümliche Unbestimmtheit. Auf die Apostrophe folgt vorerst die Klage über die nach wie vor bestehende Diskrepanz zwischen dem Wunsch zu leuchten und dessen Erfüllung, die begründet ist in

---

1 Liwerski, Beitrag S. 256.
2 Dilherr, Betrachtungen S. 108-113.
3 Liwerski, Beitrag S. 254.
4 Vgl. M 942.
5 Liwerski, Beitrag S. 255.
6 Ebd. S. 256.

der räumlichen Distanz: syntaktisch entspricht das "wie ihr" dem Ausdruck "an dem Himmel" in der ersten Strophe. Die Lösung ergibt sich überraschenderweise durch eine Veränderung der kosmischen Situation: Wenn schon in der Nacht ein Gleichwerden mit den Sternen nicht möglich ist ausser im Tod, so wünscht die Betrachterin wenigstens, "daß der Tugend=Zwang", die Entsprechung zur "Sonne" in Zeile 3, "nicht weicht"; dass also Licht von aussen den Mangel an autogenem Leuchten ersetzt. *Tertium comparationis* zwischen den Sternen und der Betrachterin ist also nicht mehr der Standort, sondern die Lichthaftigkeit. Dem Weichen der natürlichen Sonne steht die Beharrlichkeit der Tugendsonne[1] gegenüber, die ihr Licht der Sündennacht entgegenstellt. In Absetzung zu den Ketten der Sünde wird auch die Tugend als "Zwang" angeredet, aber als ersehnter wie die Ergebenheit in Gottes Willen (vgl. Strophe 3 und 4).

Die seltsame Trennung zwischen "ich" und dem dazugehörigen Leib (Z. 40) begegnete bereits im vorigen Sonett (Z. 2-3). Sie soll hier wohl kaum einen Leib-Seele-Dualismus, sondern gerade das Gegenteil, die christlich gelehrte leib-seelische, ganzheitliche Erlösung ausdrücken. "Ich in allen" ist wohl zu lesen als: Ich in all meinen seelisch-geistigen Vermögen[2], in allem[3], was mich ausmacht. Erleuchtung und damit Erlösung geschieht "durch der Tugend schönstes Licht". Damit ist auch die Verbindung wiederhergestellt zu den Augen (vgl. die entsprechende Zeile in Str. 1: "es ist meiner Augen Liecht") als bevorzugten Organen der Erleuchtung und Erkenntnis.

Tugend ist in diesem Gedicht nicht als eine moralische Eigenschaft unter anderen verstanden, sondern als Inbegriff der Übereinstimmung mit dem göttlichen Willen. Die Tugend-Lehre, die sich aus dem poetischen Werk der C. R. v. Greiffen-

---

1 Siehe dazu die dritte Strophe des unten interpretierten Liedes "Göttliches Wunder Lob", bes. S. 226.

2 Vgl. die Aufzählung in Son. 204: "Gedächtniss", "Willen", "Verstand".

3 Vgl. Grimm, Wörterbuch, Bd. 1, Sp. 206, der die Schreibweise "in allen" für "in allem" tadelt.

berg ablesen lässt,[1] trägt auch einiges zur Erhellung des vorliegenden Liedes bei. In den zahlreichen Gedichten, welche die Tugend zum Thema machen,[2] sind Unglück und Tugend immer eng verbunden wie die Seiten einer Medaille; so spricht "Die Dienst=anbietende Tugend" zur Dichterin:

ICh will wol / wann du es verlangest / zu dir kommen:
doch zieht ein ganzes Heer der Trübsal mit mir ein.
Ich und das Unglück / schier unzertrennlich seyn.[3]

Unglück wird dadurch zur Chance, ist doch die Tugend der Inbegriff einer christlichen Haltung, die sich ganz in den Willen Gottes ergibt und die der Not nicht unterliegt, sondern sich in dieser erst eigentlich bewährt. Tugend wird durch "Letterwechsel" zum "gut-end";[4] ja sie wird recht eigentlich zum Königsweg in den Himmel.[5] Im Reden von der "unverletzliche(n) Tugend"[6] greift die Greiffenberg auch auf die Stern-Bildlichkeit zurück. In einem Gedicht mit dem Titel "Auf die verfolgte doch ununterdruckliche Tugend" lautet die letzte Zeile:

So wird ein Ehren=Stern aus Unglück und gefahr.[7]

Damit ist die These belegt, dass in unserem Gedicht nicht durch Sterben, sondern durch ein tugendhaftes Leben die Angleichung an die Sterne gelingt. Nun erklärt sich auch erst in vollem Masse die entschiedene Ablehnung einer Flucht vor dem "Elend dieser Zeit". Das Unglück schafft erst die Voraussetzung für die Bewährung der Tugend . Oder um es mit der lateinischen Kurzformel auszudrücken: *Per aspera ad astra.* Das

---

1 Vgl. dazu bes. Stalder, Stoizismus S. 112-148.
2 Vgl. bes. Son. 50; 83-86; 211-219; 306; 311.
3 Son. 213.
4 Son. 50.
5 Vgl. Son. 213.
6 Son. 212.
7 Son. 84.

Wortspiel, das in dieser Form keiner antiken Quelle zuzuordnen ist,[1] findet sich inhaltlich auch in einem Greiffenbergischen Sonett über die Tugend:

Man muß durch die Dörner Weg' in die Sternen Kreiß auffsteigen.[2]

Ein genau entsprechendes Emblem dazu liess sich nicht finden, der Gedanke an sich ist jedoch weit verbreitet.[3]

Bisher sind wir bei der Deutung des Gedichts, besonders der letzten Strophe und des Begriffs der Tugend ganz dem *sensus moralis* gefolgt. Gerade die elliptische und damit ambigue Syntax der letzten Strophe lässt vermuten, dass eine solche "einseitige" Deutung zu kurz greift. Auch hier müssen wir mit einer stufenweisen *imitatio stellarum* rechnen. Zu ihrer Vollendung gelangt diese immer und in jedem Fall erst in der Ewigkeit. Die letzte Strophe lässt sich demnach auch eschatologisch lesen. Die "Erhellung und Aufrichtung" durch das Tugendlicht beschreibt dann den Zustand im Himmel. Eine solche Deutung wird insbesondere nahegelegt durch das Greiffenbergische Betrachtungswerk, wenn es dort im Rahmen der Beschreibung des Jenseits heisst:

> Weil aber die Krafft nichts anders / als die unsterbliche Tugend / und die Tugend eine unendliche Krafft ist / also werden wir gantz Tugend=durchleuchtig und Engel=unendlich seyn / in kräfftigsten Tugend=Thaten / und voll tugendlicher Kräfften.[4]

Weil die Tugend letztendlich nicht menschlichem Verdienst entspringt oder bloss eine psychische Kraft ist, sondern sich Gott verdankt, erklärt sich das distanzierende Sprechen von der Tugend. Fehl geht deshalb unserer Ansicht nach die

---

1 Vgl. Büchmann, Worte S. 548 f.
2 Son. 214.
3 Zu den Quellen vgl. Büchmann, ebd.; vgl. auch Scriver, Andachten S. 495 f.; Henkel/Schöne, Emblemata Sp. 1550 f.
4 L II 448.

Deutung solcher u.ä. Stellen durch X. Stalder, die Tugend sei "eine Kraft ..., die man je nach Bedürfnis mobilisieren kann" und "ein äusseres Objekt des Willens".[1]

Mit der Feststellung dieser Gleichzeitigkeit - wenn auch nur im Modus des Wunsches - von irdischer und jenseitiger Angleichung an die Sterne ist erneut das bezeichnende Merkmal der Greiffenbergischen Sternengedichte genannt. Statt eines scharf akzentuierten Bewusstseins der Kluft zwischen Hier und Dort glaubt sie an eine bereits im Hier und Jetzt mögliche Vorwegnahme der *vita angelica*[2] in einem modellhaften christlichen Leben. Garant und Grund einer solchen Antizipation der Ewigkeit ist die Erlösungstat Christi. Durch die totale Ausrichtung auf ihn allein, die in der mystischen Vereinigung im Abendmahl ihren Höhepunkt findet, wird die Zeitlichkeit zur Ewigkeit. Ein Sonett in den Leben Jesu-Betrachtungen fasst diese Erfahrung in eine poetische Form:

1 *Die Ewigkeit pflegt schon in mir hier anzufangen /*
   Die Ewigkeit des Heyls und süsser Sicherheit
   Weil ich in JEsu bin der Seelen Seeligkeit /
   So sicher und gewiß / als wär ich schon eingangen
5 *In Himmel / durch den Tod / beginn zu Siege=prangen /*
   Als wann mit eigner Hand erleget in dem Streit
   Ich hätte selbst die Schlang / bin so gewiß befreyt
   Der Höll' und ihrer Quall / als wann sie gantz vergangen /
   Ich weiß nichts als von GOtt / von JEsu / und vom Geist/
10 *Von Engeln / Jubeln / Lust / von Süß= und Lieblichkeiten /*
   Von Innigkeit und Lieb / Verzückung / Ubergang /
   Der über Himmels=Güt / und Preises=Blumen spreyten /
   Von ausgestrahltem Lob / von Ruhm und Danckes Klang/
   Diß alls die Ewigkeit auf Erden ja beweist.[3]

---

1 Stalder, Stoizismus S. 138 f.
2 Vgl. zum Begriff Tavard, Engel S. 38 und bes. Frank, BIOS S. 18-122.
3 L II 1021 f.

Ein zentrales Moment eines "englischen Lebens" ist wie gesagt das Lob Gottes.[1] Dies leitet über zum letzten Gedicht der Greiffenberg, das wir ausführlich betrachten wollen, und in dem das Sternen-Thema eingebettet ist in das Lob der Schöpfung und des Schöpfers.

2.   "Göttliches Wunder Lob"

Göttliches Wunder Lob.

1.

1 *ACh wie herrlich kanstu zieren /*
    Herrscher / alle Welt!
    man pflegt überall zu spühren /
    daß dir wol gefällt /
5 *Gnad' und Güte zu erweisen.*
    Alle Ding' dein Lob zu preißen /
    uns sind vorgestellt.

2.

    Dein Mund aller Sachen Regung /
    treibet / durch dein Wort /
10 *schnelliglich die Erst=bewegung*
    aller Himmel fort.
    Sie die stäten und Ir=Sterne
    Sonn' und Monde folgen gerne
    deiner Stimm / mein Hort!

3.

15 *In die mitt' hastu gesetzet /*
    an dem Himmel=Kreiß /
    deine Sonne / so ergetzet

---

[1] Vgl. Leclercq, Wissenschaft S. 70: "Wenn man von der *vita angelica* spricht, meint man weniger das Wesen der Engel als ihren Dienst des Gotteslobes."

und behält den Preiß.
GOtt du wilt dadurch uns lehren /
20 *zu der Tugend uns zu kehren /*
auf so weiße Weiß.

4.

Deine grosse Himmels=Kerzen /
leuchten uns nicht nur:
sie auch zeigen unsern Herzen /
25 *eitler Zeiten Schnur;*
keinen Blick sie stillestehen /
eilend zum vergehen gehen /
wie des Windes Spur.

5.

Wann des Mondes Kugel kommen
30 *zwischen Erd' und Sonn /*
alsdann wird der Erd benommen
jener Glanzes=Wonn':
also wird / von eitlen Sorgen /
GOttes Herrligkeit verborgen /
35 *samt dem höchsten Thron.*

6.

Frölich pfleg ich anzuschauen /
was dein Wort erbaut /
Himmel / Flüsse / Feld und Auen.
Wer dir fäst vertraut /
40 *ist ein HErr der ganzen Erden:*
alles muß ihm dienstbar werden /
was er nur anschaut.[1]

Mit dem Titel "Göttliches Wunder Lob" sind drei The-
menkreise angesprochen, die im Rahmen der Interpretation
dieses Gedichts zur Sprache kommen werden: Das "Lob" als

---

1 Son. 341 f.

zentrales Konstituens der Greiffenbergischen Gottesbeziehung, die "Wunder" als Kurzformel für das Staunen über die göttliche Vorsehung in der Schöpfung und schliesslich das syntaktisch ambigue Adjektiv "Göttliches", das sich sowohl auf Wunder als auch auf Lob beziehen kann. Die letztere Zuordnung führt dann ins Zentrum des Dichtungsverständnisses von C. R. v. Greiffenberg.

2.1 Naturandacht und Lob

Dieses dritte Sternengedicht unterscheidet sich in zentralen Punkten von den vorhergehenden. Nicht mehr der "Wunsch", sondern das "Lob" steht im Mittelpunkt. Daraus ergibt sich, dass das Lob-Gedicht nicht so sehr auf einen Höhepunkt, ein eschatologisches Ziel hin ausgerichtet ist, sondern eher assoziativ verschiedene Aspekte der Schöpfung, hier speziell des Universums, aneinanderreiht und sie spirituell deutet. Die Betrachterin blättert gleichsam im Buch der Schöpfung. Trotz dieser verschiedenen Ausgangssituation erreignet sich auch in diesem Gedicht eine Bewegung, liegt ihm ein poetischer Einfall zugrunde, wie die Analyse zeigen wird. Mit dem Wegfall des eschatologischen Zielorts ("Sternen Stadt"), auf den die Wunsch-Gedanken gerichtet sind, ändert auch die Dialogsituation. Adressat des Redens ist nun Gott selber, das Gedicht wird zum Gebet.

Unser Lied ist ein eindrückliches Beispiel für die Greiffenbergische Art der Naturbetrachtung. Theoretische Äusserungen dazu zitierten wir bereits aus dem Betrachtungswerk. Ihre Methode orientiert sich ganz an der Tradition der Allegorese und Emblematik, wobei es im Sinne der Begriffsklarheit nützlicher ist, von einem allegorischen statt einem "emblematische(n) Gestaltungsprinzip"[1] zu reden. In der Ausführung dieses Gestaltungsprinzips lassen sich nach Daly verschiedene

---

[1] Daly, Dichtung S. 50.

Stufen feststellen: von der blossen Metapher und den "emblematischen Komposita" bis zu eigentlichen emblematischen Gedichten.[1] Das vorliegende Lied als ein solches zu deuten, wie es I. Scheitler tut,[2] scheint uns jedoch nicht gerechtfertigt. Weder entspricht der Titel einer *inscriptio* - sondern bezeichnet schlicht die "Textsorte" des Gedichts -, noch handelt es sich bei den Strophen 1-5 um eine *pictura* bzw. eine Bildreihe, so dass auch nicht die letzte Strophe einer *subscriptio* entspricht. Auch innerhalb der einzelnen Bildkomplexe sind *pictura* und Deutung nie scharf voneinander getrennt, sondern gehen vielmehr ineinander über. Zum Teil sind die Bildteile abstrakter Art (Strophe 2), zum Teil vermischen sich verschiedene Motive (Strophe 4). Das Modell der allegorischen Lektüre im Buch der Natur[3], durch dessen Buchstaben Gott uns belehren will (vgl. Z. 19), hat in diesem Gedicht, wenn nicht meistens bei der Greiffenberg - den grösseren Erklärungswert. Denn es handelt sich in unserem Gedicht ja nicht um von der Autorin erfundene Bilder für abstrakte Sachverhalte, ebensowenig um ausgeklügelte Deutungen natürlicher Phänomene, sondern beide, die *res* und die *significationes*, sind von Gott vorgegeben.

Das Lied beginnt mit einem noch nicht spezifizierten Lob der Schöpfung: "ACh wie herrlich kanstu zieren / Herrscher / alle Welt!". Die eingeschobene Apostrophe "Herrscher" nennt den Grund des Lobs wie des gelobten Gegenstandes. Durch die Figur der Annominatio, die "herrlich" mit "Herrscher " in Beziehung setzt, wird angezeigt, von welcher Beschaffenheit die Herrschaft Gottes ist. Diese äussert sich für die Betrachterin vor allem in der Schönheit und Ordnung der Schöpfung, die Gottes "Gnad' und Güte" (Z. 5) offenbart. Die dritte Zeile ("man pflegt überall zu spühren") drückt prägnant die Greiffenbergische Form der Naturandacht aus. Jedes kleinste und grösste Ding bietet der andächtigen Betrachterin Gelegenheit, Gott·

---

[1] Vgl. ebd. S. 51-63.
[2] Scheitler, Lied S. 372.
[3] Der Gedanke ist bei C. R. v. Greiffenberg reich belegt. Vgl. z.B. Son. 338; 351; 365; M 24; L II 425. Vgl. auch Scheitler, Lied S. 394 f.

zu erkennen[1] und zu loben. Auch diesen Gedanken expliziert C. R. v. Greiffenberg im Betrachtungswerk, wenn sie sich - in fast ignatianischen Worten - über das Noch-Ausstehen der himmlischen Gottesschau hinwegtröstet:

> Inzwischen laß mir alles / was unter augen und hände kommet / zu deinem lob gedeyen. Laß mich dein lob treiben innerlich / wann ich äuserlich mit irdischen sachen umgehe: daß mich das irdische nicht allein nicht irre / sondern selbst anführe / zu himmlischen lobe und betrachtungen / in einem jedlichen dinge der geschöpfe.[2]

Die anthropozentrische Ausrichtung der Schöpfung bildet sich ab in der Anastrophe[3] in Vers 7 ("uns sind vorgestellt"), d.h. in der hervorgehobenen, mit dem Versakzent zusammenfallenden Stellung von "uns". Die Greiffenberg macht damit deutlich, dass sie das Lobesamt durchaus nicht nur als ihre persönliche Sendung betrachtet. Trotz der unzweifelhaft starken autobiographischen Färbung ihrer Dichtung, darf ihre didaktische Absicht nicht ausser acht gelassen werden. Diese äussert sich in besonders manifester Weise in ihren Erbauungsschriften und in ihrem "Bekehrungs-Vorhaben"[4]. Gewiss

---

1 Zur Bedeutung "vollkommen erkennen, wahrnehmen" von "spüren" vgl. Grimm, Wörterbuch, Bd. 10,II/1, Sp. 245 f.

2 P 119. Bezüglich der Nähe zu Ignatius vgl. folgenden Bericht aus Ribadeneyra, Historia S. 410 f.: "Wir haben gar offt gesehen und wahrgenommen / daß er etwan von einer gar geringen Sach / Ursach und Gelegenheit genommen / daß er sein Gemüth zu Gott (der auch in den allerkleinsten Dingen gross und wunderbarlich ist) erhebt / als wann er etwan nur ein Pfläntzlein / ein Kräutlein oder Gräßlein / ein Zweiglein / Blümblein oder Früchtlein angesehen / also daß er ... die allerinnerlichste / unsichtbarlichste / und alle eusserliche Sinn ubertrefflichste Ding also durchtrungen / dass er auß allen und jeden dergleichen geringen Sachen gantz nutzliche / und zu Aufferbawung und Beförderung geistlicher Vollkommenheit / sehr dienstliche Lehr und Unterweisung zunemen und zubringen pfleget."

3 Vgl. Lausberg, Handbuch S. 355: "Die Anastrophe ist die Umkehrung der normalen Abfolge zweier unmittelbar aufeinanderfolgender Wörter".

4 Vgl. dazu Frank, Greiffenberg S. 73-87; Cerny, Greiffenberg S. 47, 49-51: C. R. v. Greiffenberg versuchte auf verschiedene Weise, Kaiser Leopold I. zum Protestantismus zu bekehren.

sind ihre Gedichte "Zeugnisse privater Andachtsübung"[1], aber als solche auch zur Erbauung und Andacht anderer bestimmt. Gottes "Lob zu preißen" (Z. 6) soll das Ziel sein, also nicht so sehr Belehrung (*docere*), sondern Begeisterung (*movere*). In der neunten Passionsbetrachtung spricht sie von ihrer Absicht:

> Ist mir / als einem Weibs=bilde / nicht erlaubt zu lehren / so ist mir doch erlaubt / ja gebotten / Christlich zu lieben / und dahero zu wünschen / daß die gantze Welt seelig würde! Ach! daß man doch der ewigen Warheit gehör gäbe / auf deren Grund die meinige beruhen. Ich wollte gern / wie jene Samaritin / den Lebens=brunn meinen Nachbaren und Neben-Christen auch mittheilen. Es schmecken mir die Früchte dieses Lebens-baums so süsse / daß ich / nach eigenschafft des guten / solche auch andern gern gemein machen wollte.[2]

Die Formulierung "dein Lob zu preißen" ist einigermassen ungewöhnlich.[3] Sie kann als Verstärkung gelesen werden (vgl. "sein Lob singen"), deutet aber auch auf einen selbstreflexiven Prozess bei der Lobenden hin: "dein" kann subjektiv wie objektiv verstanden werden (d.h. Gott als Subjekt bzw. Objekt des Lobes), also ist das Lob der Dichterin und der Menschen letztlich Gottes eigene Tat. Dichtung als göttlich inspirierte ist Engelsdienst, ist Gotteslob:

> *Mein süssestes verrichten /*
> *Ist JEsu Lob zu dichten /*
> *Mein himmlisches Gewerbe*
> *Ist / daß ich preisend sterbe.*[4]

Im Lob geschieht die Vereinigung mit der lobenden und zu lobenden Schöpfung und so die Vorwegnahme der himmlischen Existenz:

---

[1] Scheitler, Lied S. 348.
[2] P 579.
[3] Bei Grimm ist die Formulierung nicht belegt.
[4] L II 719 f.

Ich erlaube mir keine ander Zeit=vertreibung / als mit deme /
womit ich auch die Ewigkeit zubringen werde / nämlich mit
deinem Lobe.[1]

Das Lob steht so im Zentrum der Beziehung zwischen
Gott und den Menschen, in ihm verbinden sich Diesseits und
Jenseits, Irdisches und Himmlisches.[2] Vielleicht am prägnantesten kommt dieses Ineinander von Göttlichem und Menschlichem im Greiffenbergischen Begriff der "Deoglori" zum Ausdruck;[3] einem Begriff, in welchem schon auf der sprachlichen
Ebene Subjekt (*Dei gloria*) und Objekt (*Deo gloria*) zusam-
menfallen.[4]

2.2 Kosmische Wunder - Zeichen für den Menschen

Nach dem Entwurf der Betrachtungsmethode geht die
zweite Strophe über zur Beschreibung des Objekts der Meditation. Innerhalb der Bildebene folgen auf das generelle Lob der
kosmischen Ordnung (Str. 2) in den Strophen 3-5 planetarische
Einzelphänomene (Stellung der Sonne, Bewegung der Planeten, Sonnenfinsternis), um schliesslich in einer Ausweitung des
Blicks auf die gesamte Schöpfung (Str. 6) zu enden. Dem korrespondieren auf der Bedeutungsebene: Gehorsam gegenüber
dem Wort Gottes (Str. 2), Hinwendung zur Tugend (Str. 3),
Vergänglichkeit der Welt (Str. 4), Vanitas irdischer Sorgen
(Str. 5) und Vertrauen auf Gott (Str. 6). Schon diese summari-
sche Aufzählung zeigt, dass die Reihung der Bilder und Strophen nicht beliebig ist, sondern einer Gesetzmässigkeit folgt.
Die zweite Strophe nimmt einen Vers aus Psalm 33 auf:

---

1 P 789.
2 Vgl. Gorceix, Flambée S. 152 f.
3 Vgl. dazu Daly, Dichtung S. 29-32; Kemp, Nachwort S. 518 f.; Scheitler,
   Lied S. 381.
4 Vgl. Wehrli, Greiffenberg S. 581.

Der Himmel ist durchs Wort des HERRN gemacht /
Und all sein Heer durch den Geist seines Munds.[1]

Ähnlich wie der Psalmvers den einen Gedanken in der Doppelung variiert, geschieht dies auch in chiastischer Verschränkung in den Versen 8 und 9 ("Dein Mund aller Sachen Regung/ treibet / durch dein Wort"). Gott ist "aller Sachen Regung" (Apposition zu "Dein Mund"), d.h. der unbewegte Beweger, und wirkt vorzüglich durch sein Wort. Das Wort, welches in der Genesis die Welt hervorbringt und das bei Johannes in Jesus Fleisch wird, das

> wesende Wort / das euer Wesen / und alle Worte / auch zugleich das Gehör erschaffen / und auch selbst angenommen hat.[2]

Die Verse 10 und 11 ("schnelliglich die Erst=bewegung aller Himmel fort") sind nur im Rahmen der antik-mittelalterlichen Kosmologie zu verstehen. Das Universum wird, wie oben dargelegt, als eine Reihe von aufeinanderfolgenden Sphären (Himmeln) gedacht. Die inneren d.h. die Planetensphären sind in ständiger Bewegung, haben diese jedoch nicht aus sich selbst, sondern aus dem "primo mobili", der Fixsternsphäre.[3] Diese gibt dann durch Reibung die erste, von Gott verursachte Bewegung[4] an die unteren "Himmel" weiter.[5] Der Schluss der Strophe zählt die verschiedenen Elemente des Universums auf: die Himmel oder Sphären, die Fixsterne ("die stäten"), die Planeten ("Ir=Sterne") und schliesslich noch zwei besondere Planeten, die Sonne und den Mond. Alle dienen sie den Menschen als Vorbild, insofern sie der "Stimm" Gottes folgen. "Hort" ist

---

1 Vgl. auch Sir 43,11. Siehe auch oben S. 128.
2 L II 471. Vgl. auch das Sonett auf das göttliche Wort P 2 f.
3 Dilherr, Betrachtungen S. 77. Mit dem *primum mobile* kann auch der Kristallhimmel gemeint sein, auf jeden Fall die oberste Sphäre, die unmittelbar von Gott in Bewegung gesetzt wird. Vgl. Greiffenberg, Sieges-Seule S. 60f.
4 Vgl. Son. 127: "der die erste Haupt=Bewegung in den Himmels=Kreißen schafft".
5 Vgl. Kuhn, Revolution S. 79; Lemke, Sonne S. 140.

bei Luther häufig der Name für Gott als Felsen[1], würde also hier den Gegensatz zur Bewegung der Himmel markieren, als das, worauf man sich verlassen und stützen kann.

Die dritte Strophe gründet in keiner Weise, wie es für einen nachkopernikanischen Leser den Anschein haben könnte, auf einem heliozentrischen Weltbild. Auch in der alten Ordnung der Planeten "ist die Sonn in der Ordnung der Mittelste / und hat den mittelsten Gang innen."[2]

Dass sie dies jedoch nicht wegen einer absoluten Zentrumsposition ist, erhellt auch daraus, dass sie "In die mitt ... *an*" und nicht *in* "dem Himmel-Kreis" (Z. 15) gesetzt ist.[3] Mitte meint also hier - auch im Vorblick auf die Deutung der Sonne als Tugend[4] - ein Zweifaches: Relativ zu den übrigen Planeten nimmt sie tatsächlich eine Art Zentrums- und somit eine herausragende Stellung ein. Wichtiger scheint jedoch ihre Mittler-Position auf dem Weg zwischen Erde und Himmel. Der Relativsatz[5] "so ergetzet und behält den Preiß" (Z. 17) verdeutlicht wieder das spezielle Verhältnis von C. R. v. Greiffenberg zur Natur, die erfreut und zum Lob auffordert. "Preiß" meint hier wohl in erster Linie soviel wie "Lob, Ehre, Ruhm"[6], die Bedeutung "Lohn, Siegespreis"[7] kann jedoch auch mitgedacht werden, womit die eschatologische Perspektive auch in dieser Strophe eröffnet wäre. Das Lob der Schöpfung - und in besonderem Mass das der Sonne - birgt die grosse Gefahr, die Geschöpfe, d. h. hier die Sonne, selber als Gott zu verehren.

1 Vgl. Grimm, Wörterbuch, Bd. 4,II, Sp. 1835.
2 Dilherr, Betrachtungen S. 30. Vgl. Cicero, Gedanken S. 10 (Somnium Scipionis § 17): *deinde subter mediam fere regionem Sol obtinet, dux et princeps et moderator luminum reliquorum, mens mundi et temperatio, tanta magnitudine ut cuncta sua luce lustret et compleat*; Plinius, Naturkunde, lib. II, cap. IV, § 12, S. 20.
3 Vgl. auch Son. 3 und 44.
4 Vgl. dazu Henkel/Schöne, Emblemata Sp. 17 (Abbildung 10).
5 Zu "so" als Einleitung eines Relativsatzes vgl. Grimm, Wörterbuch, Bd. 10, I, Sp. 1381 f.
6 Ebd., Bd. 7, Sp. 2086.
7 Ebd. Sp. 2088.

SOL ANIMI, VIRTUS.

Ad D. Philippum Edouardum Fuggerum, Com. Kirch-
bergae, et Weissehornae.

Sol, oculus coeli, radijs illuminat orbem:
   Et Phoebe noctem disjicit alba nigram.
Sol animi virtus sensus illuminat aegros:
   Et tenebras mentis discutit alma fides.
Si menti virtus, virtuti praeuia lucet
   Pura fides: nihil hoc clarius esse potest.
Aurea virtutis species, fideique, Philippe,
   Praeradians coelo, sic tibi monstrat iter.
Scilicet hic vitae Sol est, et Lucifer vnus:
   Haec Phoebe, noctem quae fugat igne suo.
Quae dum mente vides arrecta lumina: mundi
   Impauidus tenebras despicis, atque metus.
Sol magno Phoebeque micent, et Lucifer orbi:
   Dum tibi sic virtus luceat, atque fides.

Abb. 10

Tugend - Sonne
(Quelle: Henkel/Schöne, Emblemata Sp. 17).

Vor dieser heidnischen "Thorheit"[1] warnen sowohl Arndt als auch Dilherr[2]. Um solchem Irrtum vorzubeugen, geht der Ausdeutung der Sonne die Anrede an "GOtt" voran.

Zur "Tugend" haben wir bereits in der Interpretation des vorigen Gedichts eingehendere Ausführungen gemacht. An dieser Stelle werden ihr folgende Eigenschaften zugeschrieben: sie nimmt eine Mittel- und Mittlerstellung ein, ist himmlischen Ursprungs, bringt Vergnügen und vereinigt auf sich ewiges Lob. Mit dieser Kurzcharakterisierung ist angedeutet, dass die Tugend nur in einem vorläufigen Sinn eine christliche Lebenshaltung bezeichnet, dass sie jedoch im eigentlichen Sinn aus Gott selber kommt und in ihm besteht. Eine Bestätigung hiefür liefern uns Stellen aus dem Greiffenbergischen Werk, wo Gott bzw. Jesus als Sonne[3] wie auch als der Tugend "Erz-Ursprung"[4] angeredet wird.

Diese Zweideutigkeit des Redens, die immer Himmlisches und Menschliches in einem meint, begegnet auch in der letzten Zeile der dritten Strophe. "Auf so weiße Weiß" kann sowohl auf "Gott" als auch auf "uns" bezüglich sein. Die Annominatio "weiße Weiß" weckt die besondere Aufmerksamkeit des Lesers, dem es aufgegeben ist, die (Pseudo-)Etymologien zwischen den Wörtern herzustellen.[5] Gottes Art und Weise der Einrichtung der Schöpfung begreift in sich notwendigerweise seine Weisheit, die auch in der Helle und Weisse der Sonne zum Ausdruck kommt.

Im Zentrum der vierten Strophe steht die Vergänglichkeit des Irdisch-Zeitlichen. Ein Thema, das bei C. R. v. Greiffenberg zwar in den Hintergrund tritt, jedoch keineswegs, wie in der Sekundärliteratur behauptet, völlig fehlt.[6] Gerade auch die innige Sehnsucht, bei den Sternen zu wohnen, ist nur vor einer

---

1 Arndt, Christenthum S. 478.
2 Dilherr, Betrachtungen S. 32.
3 Vgl. Strophe 5 des vorliegenden Gedichts; Son. 6; 8; 61; 197. Jeus als Sonne: u.a. Son. 107; 110; 114; 120; 126; 140; 162; L II 365-367.
4 Son. 86.
5 Vgl. Lausberg, Handbuch S. 322.
6 Vgl. Scheitler, Lied S. 391; Daly, Greiffenberg S. 619.

letztlichen Relativierung alles Irdischen denkbar, wobei zuzugeben ist, dass bei der österreichischen Dichterin das Positive, das zu Erreichende gegenüber dem Negativen, dem zu Meidenden als Beweggrund dominiert. Das eindrücklichste Beispiel für das Vanitas-Thema bei C. R. v. Greiffenberg ist wohl ein neunstrophiges Lied in den Passionsbetrachtungen unter dem Titel "Hinweg! Eitelkeit",[1] in welchem in höchster mystischer Verzückung wirklich alles weggewünscht wird, "was nicht ist / JEsus Christ": Geld und Welt, Sinne, Gedächtnis, Verstand, Freundschaft, Bücher, Wissenschaft, Leben, Kräfte, ja selbst "was fähig wegzugeben".

Diesem Gesetz der Vergänglichkeit entgeht also wirklich nichts Menschliches und Irdisches. Daran mahnen die "Himmels-Kerzen" (Z. 22), womit die Planeten, im speziellen jedoch Sonne und Mond gemeint sind. Die Kerzen-Metapher steht hier nicht zufällig oder in bloss ornativer Funktion, sondern ist in der Emblematik ein beliebtes Bild für die Vergänglichkeit und Nichtigkeit des menschlichen Lebens,[2] wie auch für Selbstverzehrung und -aufopferung um des Lichtes willen.[3] Diese zweite Bedeutung klingt hier nur am Rande mit (vgl. Z. 23: "leuchten uns nicht nur"). Im Mittelpunkt steht die Zeitlichkeit der Gestirne. Das Bild von der "Schnur" der "Zeiten" umfasst ein reiches Spektrum von Bedeutungen[4]: vom schlichten Ablauf der Zeit über deren Gerichtetheit bis zum Lebensfaden und der Schnur, woran das Gewicht einer Uhr hängt. Alle diese Assoziationen herzustellen, bleibt jedoch dem Leser überlassen. Der Ausdruck dient so in seiner Unbestimmtheit in höchstem Masse dem Ziel von geistlicher Literatur, in den "Herzen" (Z. 24) der Leser selber einen Prozess in Gang zu bringen, welcher möglichst vieldimensional beschaffen ist.

---

1 P 411-413.
2 Vgl. Chapeaurouge S. 128; Henkel/Schöne, Emblemata Sp. 998 u. 1378; Rollenhagen, Sinn-Bilder S. 52 f. und 174 f. (Abbildung 11).
3 Vgl. Son. 62; Rollenhagen, Sinn-Bilder S. 274 f. (Abbildung 12).
4 Vgl. Grimm, Wörterbuch, Bd. 15, Sp. 1397 f.

Vana velut nil sunt, VIGILATÆ insomnia NOCTIS,
Sic spatium est, quod in hoc viuimus orbe, NIHIL.

Abb. 11

Kerze - Vergänglichkeit
(Quelle: Rollenhagen, Sinn-Bilder S. 175).

CONSUMOR · ALIIS · INSERVIENDO

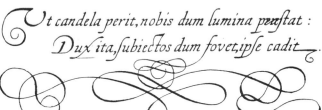

Ut candela perit, nobis dum lumina præstat :
Dux ita, subiectos dum fovet, ipse cadit.

Abb. 12

Kerze - Selbstaufopferung
(Quelle: Rollenhagen, Sinn-Bilder S. 275).

Die letzten drei Zeilen der Strophe ("keinen Blick sie stillestehen / eilend zum vergehen gehen / wie des Windes Spur") heben ganz das Moment der Vergänglichkeit hervor. Deren Unerbittlichkeit und Irreversibilität verdeutlicht sich in einer Häufung von Klang- und Wortspielereien. Zum alliterierend verbundenen "stillestehen" kontrastiert die Annominatio "vergehen gehen". Das wiederholte "gehen" wirkt laut ausgesprochen wie der Nachhall des kosmischen Gesetzes der Vergänglickeit und vollzieht dieses gleich selber. Abgerundet wird diese Vanitas-Strophe von einem biblischen Motiv:

> Gedenck / das mein Leben ein Wind ist. (Hjob 7,7)
> Denn er gedacht / das sie Fleisch sind /
> Ein wind der da hin feret / und nicht wider kompt. (Ps 78,39)[1]

Die eigentliche Folgerung aus dieser Vanitas-Mahnung zu ziehen, nämlich den "Blick" zum unbewegten ewigen Gott zu wenden, überlässt die Autorin wieder dem Leser.

Stattdessen wird in der fünften Strophe ein neues Himmelsphänomen allegorisch gedeutet: eine Sonnenfinsternis. Bereits Johann Arndt beschäftigte sich recht ausführlich mit dieser Erscheinung. Er beschrieb sie als "eine Verhinderung ihrer [i.e. der Sonne, B.R.] natürlichen Wirkung und Kräffte"[2], als Leiden von Sonne und Mond. Entsprechend dieser negativen Bestimmung ergibt sich ihre Deutung:

> Alle Sonnenfinsternisse bedeuten eine inwendige Finsternis des Unglaubens in den Herzen der Menschen.[3]

Bei Arndt sind die Sonnenfinsternisse dann - entsprechend seinem Makro-/Mikrokosmosdenken - direkte Folge der menschlichen Verfehlungen, sind also "Spiegel des Zornes Gottes" und "Busspredigten".[4] Dieser Aspekt fehlt bei der

---

1 Zum Wind als Vanitas-Metapher vgl. Jöns, Sinnenbild S. 241.
2 Arndt, Christenthum S. 480.
3 Ebd. S. 480 f. Vgl. bereits Berthold von Regensburg, Predigten, Bd. 1, S. 401, bei dem drei Dinge die Sonne verdecken: gîtikeit, hôhvart, ungeloube.
4 Ebd. S. 479.

Greiffenbergischen Allegorese, die keinen Kausalkonnex herstellt, sondern nur einen Vergleich zieht und dabei im Rahmen traditioneller Deutungen bleibt:[1] die Sonne steht für Gott und der Mond für die Eitelkeit und Vergänglichkeit. Zu beachten ist, dass bei dieser Sonnenfinsternis sich die Defizienz nicht auf die Sonne, sondern auf die Erde bezieht, der etwas "benommen" wird. Gottes Glanz wird also nicht angetastet, nur das Glück der irdischen Betrachterin ist eingeschränkt.[2] Die "eitlen Sorgen" meinen die Verhaftetheit an alles Irdische in einem umfasenden Sinn, wie uns der Ausdruck schon im Gryph'schen Sonett "An die Sternen" begegnete. Fallen diese "Sorgen" weg, ist die Schau der Sonne qua himmlische Herrlichkeit bereits auf Erden antizipierend möglich, wenn wir der Logik des Bildes folgen.

2.3 Wort und Anschauung

Die letzte Strophe weitet wieder den Blick auf die gesamte Schöpfung, das Sechstagewerk Gottes, und reflektiert nochmals die Bedingungen der Möglichkeit der geistlichen Betrachtung der Welt. Der Gedanke der Erschaffung durch das "Wort" aus der zweiten Strophe wird wiederaufgenommen. "Himmel / Flüsse / Feld und Auen" nennen die drei Lebensbereiche der Welt: Luft, Wasser, Erde. Durch das Vertrauen auf Gott (Z. 39) hat auch der andächtige Weltbetrachter Anteil an der Herrlichkeit und "HErr"-schaft Gottes. Mit der im Gedicht vollzogenen Absage an alles Irdische, verwandelt sich die Alleinherrschaft Gottes der ersten Strophe in die Mitherrschaft des Menschen in der letzten Strophe; eine *Mit*-Herrschaft, denn der Betrachter wird nur "*ein* HErr" (Z. 40). "Dienstbar" (Z. 41) wird ihm alles, insofern er es zum Objekt seiner An-

---

1 Vgl. Lauretus, Silva S. 642.
2 Einen besonderen Stellenwert hat die Sonnenfinsternis beim Tode Jesu (Lk 23,45), wo sich die Sonne selber verfinstert in Analogie zu Tod und Grabesruhe Jesu; vgl. P 745-747; Son. 162.

schauung und Andacht macht, und es ihm Anlass zum Lobe
Gottes wird. Das "nur" der letzten Zeile ("was er nur anschaut") kann neben seiner verallgemeinernden Bedeutung
(svw. "immer") auch in einem einschränkenden Sinn auf die
Anschauung bezogen werden.

Dass die Anschauung am Anfang und Schluss der letzten
Strophe steht, zeigt ihre zentrale Stellung für ein christliches
Leben. Das biblische Gebot: "Machet euch die Erde untertan"
(Gen 1,28) versteht die Greiffenberg nicht als Aufforderung zur
technischen Beherrschung und Unterwerfung der Welt. Ihr Verhältnis zur Natur definiert sie als das der Theoria, der reinen,
betrachtenden Anschauung,[1] die keinen anderen Zweck, keine
anderen "Sorgen" damit verfolgt als die Einigung mit Gott. Anschauung ist demnach mehr als nur sinnliche Wahrnehmung, ist
contemplatio[2], Schau der göttlichen Ordnung im Kreatürlichen.
"Dienstbar" (Z. 41) wird dieses, indem es seinen verborgenen
Sinn offenbart und so die Einigung mit Gott befördert.

"Frölich pfleg ich anzuschauen" (Z. 36) - in dieser Zeile
verbinden sich *vita angelica* und *vita contemplativa*, wodurch
C. R. v. Greiffenberg ihr Tun mit der Lebensform der Mönche
und Nonnen identifiziert. Auf die Parallelen zwischen dem Lebensentwurf der Greiffenberg und der monastischen Daseinsweise hat besonders R. Liwerski hingewiesen.[3] In der Tat sind
die Gemeinsamkeiten erstaunlich und eine Stelle aus den Passionsbetrachtungen zeigt eine verblüffende Vertrautheit mit der
konkreten Gestalt monastischen Lebens[4]. Dennoch soll hier

---

[1] Vgl. Hoffmeister, Wörterbuch S. 609; zu den Wurzeln der "Theorie des
Kosmos" in der antiken Philosophie vgl. Ritter, Landschaft S. 144.

[2] Vgl. Hoffmeister, Wörterbuch S. 49; Grimm, Wörterbuch, Bd. 1, Sp. 435.

[3] Liwerski, Wörterwerk bes. S. 585-597.

[4] Der Klostereintritt und das Leben in einem Kloster sind jedoch bei C. R. v.
Greiffenberg spiritualisiert und dienen nur noch als Metapher für ihre mystische Passionsfrömmigkeit. So schreibt sie von der Seitenwunde Jesu:
"Sie ist mein Kloster / darein ich mich verlobend / willige Armut / völligen
Gehorsam und ewige Keuschheit schwöre. Ich lasse mich einkleiden in dieses Purpur / und weihen mit diesem allergesegnesten Weyhwasser; ich
lasse abschneiden die Haare aller eitlen Lust=begier / ich werfe hinweg
den Kranz aller Schnödheit / und spreche: Welt! hab dir diß Kränzlein / der

nicht behauptet werden, die Freiherrin von Seisenegg habe bewusst ein protestantisches "Mönchtum" konzipiert. Eher handelt es sich um strukturell-typologische Parallelen, die ihren doppelten Grund darin haben, dass monastisches Leben zuerst und vor allem christliches Leben in der Nachfolge Jesu sein will - wenn auch mit besonderer Ausschliesslichkeit; R. Liwerski spricht bei C. R. v. Greiffenberg sogar von "Fanatismus"[1] - ; und dass zweitens das Mönchtum seit den Anfängen im 3./4. Jahrhundert seine Existenzform als "engelgleiches Leben" verstand[2]. Gemeint war damit nicht ein ontologischer Tatbestand, sondern eine radikal eschatologische Ausrichtung, die so weit wie möglich das "Jenseitige" bereits im Diesseitigen realisieren will. Dass sich dies nun genau deckt mit dem Lebens- und Frömmigkeitskonzept der Greiffenberg, sollte am Ende dieses Kapitels hinreichend klar geworden sein.

Ein detaillierter Vergleich zwischen der monastischen Daseinsweise und der "Durchführung der realen mystischen Existenz CRVGs"[3] soll hier nicht ausgeführt werden, ein paar Hinweise mögen genügen. Sich ganz dem Gottes-Dienst zu

---

Eitelkeit Lohn! Mir gibet mein JEsus die ewige Kron. Nachdem ich nun eingekleidet / und die Prob=Jahre in deiner Liebe und vielem Leiden ausgestanden / und mir dieser Herz=orden beliebet / und ich mein Gelübde / dich ewig zu lieben / gethan habe: will ich eine Chor=Schwester werden / bei dem Altar deiner Brust immer singen und klingen / dienen und danken. Zu Mitternacht will ich auffstehen dich zu loben / und das Bet=glöcklein meiner Seufzer und Gedanken leuten. Die Vesper=Metten= und Morgen=stunde / soll von deinem Lob erklingen. Der Psalter soll mir fast nie aus der Hand / viel weniger aus dem Herzen kommen. Ich will aber nicht nur eine Chor= sondern auch eine Ley=Schwester abgeben. Ich will kochen das heilige GOttes= oder Osterlam / abwaschen meine Missethaten mit dem heiligen Seiten=wasser / und mit dem rohten Lammes=Blut meine Sünde schneeweiß waschen. Ich will das Holz der Liebe / und das Wasser meiner Thränen zu tragen. Ich will auskehren alle Eitelkeiten aus meinen Sinnen / und absegen alle Welt=anhängigkeit. Ich will die Pforte fleissig bewahren / und mit freuden aufthun / denen / so sich / auch hier zu wohnen / herein begeben werden." (P 845 f.)

1 Liwerski, Wörterwerk S. 584.
2 Eindrücklich zeigt dies die Arbeit von Frank, BIOS, bes. S. 18-122.
3 Liwerski, Wörterwerk S. 584.

widmen, setzt Apotaxis von den Störungen der "Welt" voraus; vor allem in den Briefen an Birken begegnet immer wieder die Klage über das Unverständnis der Umwelt und die Behinderungen, die sich aus den Anforderungen des Alltags ergeben.[1] Wenn sich Mönchsleben ganz besonders in der Befolgung der drei evangelischen Räte ausprägt, so findet sich deren transformierte Gestaltung auch bei der protestantischen Mystikerin: die eng mit dem Gedanken der Christusbrautschaft[2] verknüpfte und ganz besonders der Existenz der Engel nahestehende Keuschheit (vgl. den "Abscheu"[3] gegen die Heirat mit dem Onkel und die Interpretation dieser Ehe als "Josefsehe"[4]), der Gehorsam als die völlige Einswerdung mit dem Willen Gottes (vgl. das oben S. 208 abgedruckte Sonett Nr. 49) und die Armut[5]. Dass in diesem so sehr kontemplativen Lebensentwurf auch der Gedanke der *militia Christi* mit seinen von Bernhard v. Clairvaux her bekannten politisch-militärischen Implikationen (Kreuzzüge) nicht fehlt, das belegt die "Sieges-Seule der Busse und Glaubens / wider den Erbfeind Christliches Namens", ein Heldenepos in 7000 Alexandrinern aus Anlass des Türkenkrieges 1663/64. Und schliesslich sei noch darauf hingewiesen, dass mit der Suche nach Abgeschiedenheit bei C. R. v. Greiffenberg zugleich die Pflege der religiösen Gemeinschaft und des geistlichen Erfahrungsaustausches - wieder literarisch überformt! - in der Gesellschaft der "Ister-Nymphen" verbunden war.[6]

---

1 Vgl. ebd. S. 589-591; Gnädinger, Ister-Clio S. 257-259.

2 Vgl. z.B. die Zueignung der Passionsbetrachtungen "An Meinen allerinnigst-geliebtesten Seelen-Bräutigam JESUM CHRISTUM".

3 Vgl. das Briefzitat von Birken bei Liwerski, Wörterwerk S. 585; Cerny, Greiffenberg S. 43.

4 Vgl. M 681 f.: "GOtt liebt zwar unwider= und unaussprechlich die Keuschheit / aber diese kan auch auf zweyerlei Weise im heiligen Ehestand seyn: ... man kan auch wol / durch GOttes sonderbare Gnade / wie dessen viel Beispiele zu finden / eine rechte keusche Ehe besitzen". Vgl. auch Gnädinger, Ister-Clio S. 253 f.

5 Vgl. Liwerski, Wörterwerk S. 587 f.

6 Vgl. dazu Bircher, Stubenberg S. 76-79.

Doch Ziel der Engel wie der Mönche soll die lobpreisende Schau Gottes sein, Weg und Mittel dazu sind Schriftlesung (vgl. das Betrachtungswerk) und das Gebet oder eben bei der Greiffenberg des Schreiben. Im poetischen Lobewerk und in der Praxis der "Zufälligen Andachten" trachtet sie das neutestamentliche Gebot des unaufhörlichen Betens, das Zentralanliegen monastischer Existenz, zu verwirklichen. Das Gebet wird also bei C. R. v. Greiffenberg wesentlich zur Dichtung. In ihrer Poesie vollzieht sie ihre Naturandacht und ihr englisches Lobewerk. "Was dein Wort erbaut" (Z. 37), das ist zuerst die natürliche Schöpfung, sind aber auch die Wort-Schöpfungen, die Dichtungen der Greiffenberg. Beides hat seinen ermöglichenden Grund im göttlichen Logos. Bei unseren Interpretationen konnten wir immer wieder feststellen, dass bei der österreichischen Dichterin im Sprachakt nicht bloss der mystische Weg beschrieben, sondern in Sprache umgesetzt und in ihr vollzogen wird. R. Liwerski und S. Rusterholz verwenden dafür den Begriff der medialen Mystik.[1] Im "Buch der Natur" hat sich das göttliche Wort selbst dargestellt; die poetische *lectio divina* in diesem Buch ermöglicht in der Anschauung der Dinge antizipierend bereits die Anschauung Gottes und damit die Vorwegnahme der ewigen Vollendung. Dennoch - der Titel "Wunsch-Gedanken" zeigte es - die Dialektik von Wunsch und Erfüllung wird nicht ganz aufgehoben. Für C. R. v. Greiffenberg ist es klar, dass die Sternenkunde, die Astronomie erst im Himmel zur Vollendung gelangt.[2]

---

1 Liwerski, Wörterwerk S. 138; Rusterholz, Dichtung S. 193.
2 In L II S. 420-422 beschreibt C. R. v. Greiffenberg die Vollkommenheit der astronomischen Kenntnisse im Jenseits.

V. SCHLUSS:
GEDANKEN BEI DEM GESTIRNE

Ein letztes Sternengedicht soll uns Gelegenheit bieten, die verschiedenen Aspekte der *Contemplatio coeli stellati* nochmals im Überblick festzuhalten. Das sechsstrophige Lied erschien 1688 in der "Vollständigen Deutschen Poesie", einer Poetik des lutherischen Predigers und Schulmeisters Albrecht Christian Rotth[1]. Dieser wurde 1651 in Thüringen geboren, studierte Theologie in Jena, war anschliessend Lehrer, Conrector und Rector am Gymnasium in Halle, bis er 1692 als Prediger an die Thomas-Kirche nach Leipzig berufen wurde, wo er 1701 starb. Neben seiner Poetik verfasste er mehrere geistliche und theologische Schriften.

Die "Vollständige Deutsche Poesie" gliedert sich in drei Teile, von denen der erste der Prosodie, der zweite der Inventio, Dispositio und Elocutio der Gedichte und der dritte den verschiedenen poetischen Gattungen gewidmet ist. Laut dem Titelblatt ist das Werk "mit so viel Exempeln erläutert / daß diß Werck der Jugend an statt eines andern feinen Poeten mit dienen kan". Die Gedichte in diesem Werk sind also exemplarische Lehrstücke, mit deren Hilfe die Kunst der Poesie erlernt werden kann. Das Sternengedicht findet sich als Beispiel unter den "geistlichen Liedern". Diese dienen nach Rotth "entweder zur Lehre oder Wiederlegung / oder zur An- und Abmahnung / oder auch zum Troste"[2] und sind in drei Arten unterteilbar. Die Lieder der dritten Art, zu denen das unsrige gehört, "führen eine gewisse proposition oder Satz aus und erweisen denselben zu weilen".[3]

---

1 Zu Rotth existiert u.W. keine monographische Arbeit. Für Angaben zur Person vgl. Jöcher, Gelehrten-Lexikon, 3. Teil, Sp. 2255 f.; Heiduk, Bio-bibliographischer Abriss S. 458 f.; Zedler, Bd. 32, Sp. 1248 f. Zur Poetik vgl. Brates, Hauptprobleme passim.
2 Rotth, Poesie S. 532.
3 Ebd. S. 533.

Gedancken bey dem Gestirne.

1   *Der Sternen Feuer / das anitzt*
     Um das Gewölcke brennet /
     Führt mich zu dem / der droben sitzt /
     Und sie mit Nahmen nennet;
5   *Der sie in solche Höhe setzt*
     Und Kugel=flüchtig drehet /
     Dadurch Er diese Welt ergetzt /
     Die ihm zu Fusse stehet.

     Ihr Augen laufft am Himmel hin /
10   *Durchstreicht die grosse Weite;*
     Schaut an den Lauff / erhebt den Sinn
     Auff die und jene Seite.
     Die Reihen die dort oben stehn /
     Sind nicht vor sich entstanden.
15   *Ein Wesen / so nicht kan vergehn /*
     Hält Lunens Licht in Banden.

     Wenn Phöbus sich zu Bette legt
     Und seine Pferde trincken /
     Wird dennoch Hespers Schein erregt /
20   *Orions Sterne blincken.*
     Der Bauer zeigt den Jacobs Stab
     Und rühmt des Pols Gemälde.
     Es ziehn die Wachen auf und ab /
     Als wie in offnem Felde.

25   *Sie stehn und sehn von oben her*
     Auff unsre Wege nieder;
     Und ihre Krafft dringt nach Begehr
     In unsre matten Glieder.
     Drüm der / so Tag und Nacht gemacht /
30   *So Sonn und Mond gebauet /*
     Der ist es / den bey dieser Nacht /
     Mein Aug am Himmel schauet.

> *O Gott / ich dancke deiner Gunst*
> *Daß du nebst solchen Lichtern*
> 35 *Ein Licht uns giebst ohn alle Dunst /*
> *Den Leit=Stern in Gesichtern.*
> *Daß du dein Wort uns auffgehenckt /*
> *Wodurch man dich kan lernen;*
> *Denn dieses Licht vermehrt / was schenckt*
> 40 *Das dunckle Licht der Sternen.*

> *Drüm wenn ich üm das Sternen=Heer*
> *Mit den Gedancken irre /*
> *Wenn ich mein Auge mehr und mehr*
> *In ihrer Lufft verwirre /*
> 45 *So leite du mich / Gott / nach dir /*
> *Daß ich aus ihrem Wesen*
> *Dich aller Himmel Glantz und Zier /*
> *Dich Sternen=Stern / kan lesen!*[1]

Das Gedicht besteht aus sechs doppelten Kreuzreimstrophen (ababcdcd). Deren zweiteilige Form "legt ihre antithetische Nutzung oder doch einen Bedeutungswechsel von der einen zur anderen Strophenhälfte nahe"[2]. Im Barock wird die Strophenform mit wenigen Ausnahmen durchwegs für geistliche Lieder verwendet.[3] Der Titel fasst in einer Kurzformel die "proposition" des Gedichts zusammen, die in der ersten Strophe ausgeführt wird: die Sterne, und besonders deren Lichthaftigkeit, verweisen den Betrachter auf den Schöpfer im Himmel. Damit sind bereits wesentliche Momente des Sternen-Themas, wie wir ihm begegneten, genannt.

Dass der Verweischarakter der Sterne eigens thematisiert werden muss und nicht selbstverständliche Voraussetzung ist, dies deutet an, dass sich das Modell der Naturallegorese gegen Ende des 17. Jahrhunderts wandelte; von der An-

---

1 Ebd. S. 566-568. Auch abgedruckt bei Haufe, Rauch, Bd. 2, S. 322-324.
2 Frank, Handbuch S. 597.
3 Ebd.

dachtsübung der Lektüre im Buch der Natur hin zu einer parabolischen und instrumentellen Verwendung der Naturphänomene im Dienst der Glaubensunterweisung. Dennoch erinnern zahlreiche Metaphern, Motive und Gedanken bei Rotth an die bisherigen Sternengedichte der Jesuiten, des A. Gryphius und der C. R. v. Greiffenberg.

Auch das Lied von Rotth ist nicht ohne Kunstfertigkeit und Geschick gemacht. Dennoch merkt man ihm seine "Gemachtheit", seine Funktion als Beispiel in einem Lehrbuch für die Jugend viel stärker an. Die Bezüge zwischen Bild- und Deutungsebene sind recht mechanisch ausgeführt, die mythologischen Metaphern haben - ähnlich wie bei Haugwitz - rein ornativen Charakter. Es gelingt Rotth nicht, im Gegensatz zu den Jesuiten, Gryphius und C. R. v. Greiffenberg, seine Aussagen zu verdichten, die Komplexität der Heilswahrheiten in paradoxen Kurzformeln zu fassen, so dass auch dem Leser die Deutungsarbeit, die Herstellung der Bezüge überwiegend abgenommen wird und kaum Ambiguitäten und Paradoxien seinen Intellekt herausfordern.

Das Lied beginnt - wie gesagt - mit der Vorstellung der These des Poems in der ersten Strophe. In deren erster Hälfte wird die "proposition" aus irdischer ("Der Sternen Feuer ... Führt mich zu dem / der droben sitzt"), in der zweiten aus göttlich-himmlischer Perspektive ("Dadurch Er diese Welt ergetzt") formuliert. Die Strophen 2-4 erläutern und beweisen die These und münden in das Schlussgebet in den Strophen 5 und 6, das zugleich die Betrachtung der Sterne relativiert und transzendiert. Der mittlere Teil des Gedichts wird umrahmt vom Motiv der Augen (vgl. Z. 9 u. 32), die zum Himmel blickend sich treffen mit den himmlischen Augen. Die bei Gryphius und der Greiffenberg dominierende Sprechsituation zwischen dem "Ich" des Betrachters bzw. der Betrachterin und den Sternen, die sich in der direkten Anrede an die Gestirne äussert, diese Situation ist bei Rotth schon zu Beginn verallgemeinert zu einer "Anmahnung" an die Leser. Nicht eine persönliche Naturandacht - die dann zum Vorbild für andere wird -, sondern der

Beweis einer allgemeinverbindlichen These strukturiert dieses Gedicht. Nach der Aufforderung, den Blick nach oben zu richten und die Kreatürlichkeit der Gestirne zu reflektieren (Str. 2), belegt Rotth in der dritten Strophe seine Kunstfertigkeit und Gelehrsamkeit durch gesuchte Metaphern[1] und differenzierte Angaben zu den stellaren Phänomenen. Jedoch vermag er die manieristischen Umschreibungen nicht fruchtbar zu machen für die Aussage des Gedichts, es bleibt bei deren rein ornativer Funktion. Die Periphrase für den Sonnenuntergang gleitet sogar leicht ins Lächerliche ab, wenn der Sonnengott Phöbus sich gutbürgerlich "zu Bette legt". Die verschiedenen hier genannten Sterne bzw. Sternbilder sind zwar alle in der Allegorese vorkommende Gestirne,[2] dennoch scheint es uns fraglich, ob ihnen hier eine weitergehende Bedeutung innewohnt als die ihrer besonderen Helligkeit.

Die Ordnung der Gestirne und als Negativ-Bild ihre Vergänglichkeit[3] in der zweiten Strophe, ihre Lichthaftigkeit, Schönheit und Wachsamkeit in der dritten, und in der vierten schliesslich das Sehen der Sterne von oben und ihr Einfluss auf den Menschen - all das belegt deren Verweischarakter auf Gott, womit die Aufgabe erüllt ist, Argumente für die Eingangsthese zu finden. Auch bei Rotth geschieht eine Angleichung des Betrachters an die Sterne, so wenn das Dahinwandern der betrachtenden Augen den Lauf der Sterne imitiert (vgl. die Annominatio "lauft" - "Lauf" in Str. 2) oder wenn dem Hinaufschauen des *Contemplators* das Herunterschauen der Sterne entspricht. Die Kluft jedoch zwischen beiden bleibt bestehen, es geschieht weder ein Wechsel der gegenseitigen Standorte

---

1 Vgl. dazu Windfuhr, Bildlichkeit S. 281 f. u. 332.
2 "Hesper" meint die Venus als Abendstern. Zum Sternbild des Orion vgl. Zedler, Bd. 25, Sp. 1910; Schiller, Coelum S. 15; Greiffenberg, Sieges-Seule S. 45; Lauretus, Silva S. 753. "Jakobs-Stab" heissen drei besondere Sterne im Orion, kann aber auch für diesen selber stehen (vgl. Zedler, Bd. 3, Sp. 77; Grimm, Wörterbuch, Bd. 2, Sp. 2203). "Des Pols Gemälde" bezeichnet die Sterne um den Polarstern (zu "Gemälde" für "Sternzeichen" vgl. Grimm, Bd. 4/I,2, Sp. 3160); vgl. auch Rotth, Poesie S. 544.
3 Zum Mond als Sinnbild der Vergänglichkeit vgl. Picinelli, Mundus, lib. 1, cap. 8, pag. 33 u. 41.

noch eine Metamorphose des Betrachters in einen Stern, wie wir es in einem Lied von Ch. Hofmann von Hofmannswaldau (1617-1679) finden:

> *Auf / o Seele! zu den Sternen /*
> *Zu der Sonnen wahrer Ruh:*
> *Schau gesaubert dort von fernen*
> *Dieser Welt Gebrechen zu / ...*[1]

Die *Conclusio* (Str. 5 und 6), als Gebet formuliert, betont den vorläufigen und uneigentlichen Charakter des Sternenlichts (vgl. das Oxymoron "dunkle Licht" in Z. 40) im Gegensatz zum wahren "Licht". Damit ist wohl in erster Linie das "Wort" der Bibel gemeint in Opposition zum Buch der Natur, dann aber auch Jesus Christus als der göttliche Logos.[2] Das Buch der Natur behält hier zwar sein Recht, wird aber eindeutig dem Buch der Heiligen Schrift untergeordnet, das oberste Autorität bleibt für die Deutung der "Gesichter", d.h. hier wohl der Anschauungen, der Anblicke von natürlichen Dingen.[3] Die Bibel ist der Leitfaden, der "Leit-Stern", mit deren Hilfe erst die verwirrten Wahrnehmungen gedeutet werden können, also eine Art Dechiffrierschlüssel für die Sternenschrift. War schon bei Gryphius wenigstens implizit eine Relativierung der Schau durch das "Wort" angedeutet, so hat hier bei Rotth die allegorische Naturbetrachtung ihren Stellenwert als eigenständige Erkenntnisquelle verloren, sie kann höchstens noch der nachträglichen Illustration dienstbar gemacht werden (vgl. bes. Str. 6).[4]

Mit dieser Akzentverlagerung zulasten des Buches der Natur begann hier gegen Ende des Barock das Auseinanderdriften von spirituell-religiöser und natürlich-profaner Weltbe-

---

1 Hofmannswaldau, Uebersetzungen, Geistliche Oden S. 30.
2 Zum "Leitstern" = Polarstern, der für Jesus steht, vgl. Angelus Silesius, Werke S. 27; Grimm, Wörterbuch, Bd. 6, Sp. 740.
3 "in Gesichtern" kann auch bedeuten "vor Augen" (Grimm, Wörterbuch, Bd. 4/I,2, Sp. 4091).
4 Vgl. Krolzik, Säkularisierung S. 22 zu Luther: "Wer Gott in der Natur erkennen will, ist dabei auf die Offenbarung angewiesen!"

trachtung; ein Prozess, der in der Wissenschaft schon früher begonnen und sich im populären Bewusstsein noch verzögert hatte. Die zunehmende Autonomie beider Bereiche führte schliesslich zu einer völligen Entspiritualisierung der Natur wie auch zu einem Weltverlust in der Frömmigkeit. Das Rotth'sche Gedicht thematisiert zwar nochmals ausdrücklich den Verweischarakter der Sterne, beginnt aber bereits viel stärker zu trennen zwischen den Zeichen und dem damit Gemeinten. Es fehlt in diesem letzten Sternenpoem die kennzeichnende Zweideutigkeit, die die Gestirne sowohl dem Dies- als auch dem Jenseits angehörig macht. Immer wieder wird ihre reine Kreatürlichkeit betont, die zwar auf den Schöpfer verweist, jedoch nicht schon Teil der Ewigkeit ist.

Verschwunden ist bei Rotth aber besonders die eschatologische Perspektive, die Sehnsucht, die der Anblick der Sterne erweckt und die ganz zentral die Gedichte seiner Vorgänger prägt.[1] Darin liegt auch die entscheidende Differenz zwischen

---

1 Dagegen steht die eschatologische Dimension im Zentrum eines Rotth'schen Gedichts über eine Sternschnuppe (Poesie, S. 451). Es sei hier vollständig abgedruckt, da es gut die Machart der Rotth'schen Poesie illustriert (die Marginalien sind original):

Stellacadens!
Mein Auge wandte sich aus seinem Bett' empor /   narratio
  Als sich der müde Leib zur Ruh einst hatte bracht.
  Die Stille war mein Pfiel / mein Vorhang war die Nacht /
Der Augen Gegenwurff der Sternen helles Chor.
Ich schaute Cynthien durch dunckle Lüffte spielen /
Die Blicke / so von ihr zu meinem Lager fielen /
Enthielten allen Schlaff / ergetzten mich im kühlen.

Indem ich nun das Feld des Himmels überlieff
  Und meiner Augen Paar nicht wolte müßig stehn /
  So seh ich ungefähr ein Schimmern nieder gehn /
So mich durch seinen Strahl ihm noch zusehen rieff.
Ein Feuer in der Lufft und doch kein Stern entbrandte
Und ob man solches gleich von Sternen sternicht nandte /
So pfeilt es schneller doch als ich die Augen wandte.

Bedünckt mich recht / O GOtt / so spielet deine Hand   morale
  Uns Menschen in der Lufft als Fürsten=Kindern für.
  Du brennst dein Feuer=Werck auch vor gemeiner Thür

den Jesuitenpoeten und Rotth bezüglich der Relativierung der *Contemplatio coeli stellati.* Deren (Erkenntnis-)Wert wurde bei den Jüngern des Ignatius aus irdischer Perspektive in keiner Weise in Frage gestellt, sondern allein aus jenseitigem Blickwinkel relativiert. Gekoppelt war dies mit einer deutlichen "Existenzialisierung" der Sternenhimmelbetrachtung[1], die erst im Vergleich mit der distanzierten Exempel-Theologie und den Lehrbuch-"Gedanken" des lutherischen Schulmeisters und Predigers Rotth richtig bewusst wird.

Die Sternenbetrachter der Vorgänger Rotths sind gekennzeichnet durch ihr Verlangen nach dem Ganzen, nach der Erfüllung, die im gestirnten Himmel im Vorschein sichtbar wird. Damit eignete der Sternenbetrachtung ganz wesentlich ein utopisches Moment, eine Haltung, die nicht ihr Genügen am Bestehenden findet, die durch den imaginierten Perspektivenwechsel Distanz gewinnt zu den irdischen Verhältnissen. Im Selbstbewusstsein des ausserirdischen Betrachters spiegelt sich die Emanzipation von der herrschenden Realität. Damit ist jedoch noch nicht die Autonomie des Menschen statuiert, ganz im Gegenteil. Seine Erfüllung findet der oder die Sternenbetrachterin gerade nicht in sich selbst, sondern in einem "Jenseits". Deshalb ist mit der Sternenbetrachtung immer auch die Reflexion auf die Bedingtheit alles Kreatürlichen und besonders des Menschen verbunden. Das Verhältnis zur Realität, zur Schöpfung ist immer ein doppeltes, wie sich am Beispiel der Sterne zeigt: als Kreaturen haben sie Anteil an der Unerlöstheit der Welt und müssen - im wörtlichen Sinn - überstiegen werden; zugleich aber wird die Antinomie zwischen Schöpfung und Erlösung überwunden, indem die Schöpfung in

---

Und zeigest uns hierdurch das rechte Vaterland.
Ach daß wir Fürsten gleich / nicht wie die Knechte / weren /
Und liessen unsern sinn diß Feuer auffwerths kehren /
wo dich im Feuer stets die Cherubinen ehren.

1 Die Aussage bezieht sich allein auf den Inhalt der Gedichte, nicht auf deren Autoren!

246

den Dienst der Erlösung tritt; sei es durch ihre Zeichenhaftigkeit, sei es durch ihren Anteil am Lobe Gottes. Bedingung der Möglichkeit für beides ist die Durchformung des Kreatürlichen durch den Logos, in schöpfungstheologischer wie auch soteriologischer (vgl. vor allem Sarbiewski) Hinsicht, und damit die Anwesenheit der Transzendenz in der Immanenz, wie sie am deutlichsten wurde in der präsentisch-mystischen Eschatologie der Greiffenberg.

Im dialektischen Spiel zwischen Wunsch und Erfüllung, zwischen Hier und Dort, in der paradoxen und "zweideutigen" Sprache drückt sich der barocke Ordo aus und stellt sich selber in Frage, werden die Gedichte zu mehr als blossen Abbildern und Legitimationen der sozialen und politischen Ordnungen des 17. Jahrhunderts[1]. Jedoch noch absolut verbindlich bleibt für den barocken geistlichen Dichter (und die Dichterin) die christliche Heilsordnung, die eng gebunden ist an die räumliche Struktur des barocken Kosmos, die geprägt ist durch die Vertikale, den Gegensatz von oben und unten.[2] Unsere Sternengedichte gewannen aus der Verwurzelung in diesem Universum ihre spezifische Eigenart, in deren Zentrum das Spiel zwischen realem und fiktivem, gegenwärtigem und zukünftigem Betrachterstandort, die Gleichzeitigkeit von Identifikation mit und Differenz zu den himmlischen Lichtern stand.

Nicht nur ihre eigene Heils-Existenz, sondern auch deren dichterische Gestaltung siedelten die barocken Autoren in diesem Spannungsfeld an zwischen der Verheissung der ewigen Vollkommenheit und der Eingebundenheit in die irdisch-vergängliche Zeit, ihre poetischen Worte sollten daher selber Sterne in der Nacht sein. So jedenfalls lässt sich das Titelkupfer zu den Gryph'schen "Son- und Feyrtags-Sonneten" (1639) deuten.[3] Es zeigt eine nächtliche Landschaft mit einer Frauen-

---

1 So lautet verkürzt die These von Mauser, Dichtung bes. S. 175, für die Gryph'schen Sonette.

2 Zur bleibenden und unverzichtbaren theologischen Bedeutung dieser vertikalen Spannung - auch nach dem Verlust des kosmologischen *fundamentum in re* - vgl. Balthasar, Gebet S. 243-259.

3 Abgedruckt in GA I S. IX. Vgl. dazu auch Mauser, Dichtung S. 14 f.

figur im Vordergrund, die auf einen Leuchtturm[1] sowie auf die helleuchtenden Sterne am Himmel hinweist. Das Schiff auf dem Meer deutet auf die Unbeständigkeit des menschlichen Lebens hin, das bei seiner Seefahrt angewiesen ist auf verlässliche Orientierungsmittel, wie sie Leuchtturm und Sterne gewähren.[2] Der Bildlogik entsprechend bietet nicht der "*philosophus et poeta*" Gryphius diese Orientierung, sondern er versteht sich nur als Hinweisender[3] und nimmt so selber teil an der Heilserwartung, die sich im Schriftband "*donec oriatur*" am Himmel ausdrückt. Die Stelle aus 2 Petr 1,19 lautet vollständig:

> Wir haben ein festes Prophetisch wort / Und jr thut wol / das jr drauff achtet / als auff ein Liecht / das da scheinet in einem tunckeln ort / bis der Tag anbreche / und der Morgenstern auffgehe in ewren hertzen.

---

1 Mauser, ebd. S. 14 deutet zu wenig genau das an einem langen Stecken aus dem Turm ragende Leuchtfeuer als "brennende(s) Gebäude" und den unteren Teil des Leuchtturms als "kirchenähnliche(n) Bau". Vgl. das Emblem bei Henkel/Schöne, Emblemata Sp. 1482.

2 Vgl. dazu das Emblem, die Gedichte und Betrachtungen unter dem Titel "Pharos" beim Jesuiten Johann Oppelt, Pax, Pars II, S. 189-193; die "See=Fackel:Lichtthurn" (S. 190) wird hier zum Orientierungsersatz für den "scheitrenden Kahn" (S. 193), wenn die Sterne verdeckt sind.

3 Dies gegen Mauser, Dichtung S. 14, der die bloss sekundäre Vermittlerrolle der Dichtung übersieht, primäre Vermittler sind die beiden Bücher der Schrift und der Natur.

LITERATURVERZEICHNIS

1. Quellen

ABSCHATZ, Hans Assmann von, Poetische Übersetzungen und Gedichte, Faksimiledruck nach der Gesamtausgabe von 1704 mit der Vorrede von Christian Gryphius, hrsg. v. Erika A. Metzger, Bern 1970 (Nachdrucke deutscher Literatur des 17. Jahrhunderts. 3).

ANGELUS SILESIUS, Sämtliche poetische Werke und eine Auswahl aus seinen Streitschriften, Mit einem Lebensbilde hrsg. v. Georg Ellinger, Bd. 2, Berlin (1923).

ANTHOLOGIA GRAECA, Griechisch-Deutsch, ed. Hermann Beckby, 4 Bd., München 1957-1958.

[ANTHOLOGIA GRAECA]: Epigrammata ex Libris Graecae Anthologiae A Septimio Florente Christiano selecta, & Latinè versa, Paris 1608.

[ANTHOLOGIA GRAECA]: Epigrammata Graeca, selecta ex Anthologia, Interpretata ad verbum, & carmine, ab Henrico Stephano: quaedam & ab aliis, o.O. 1570.

[ANTHOLOGIA GRAECA]: Epigrammatum Graecorum Annotationibus Ioannis Brodaei Turonensis, nec non Vincentii Obsopoei, & Graecis in pleraque epigrammata scholiis illustratorum Libri VII, Frankfurt 1600.

ANTON ULRICH, Herzog zu Braunschweig und Lüneburg, Werke, Hist.-krit. Ausgabe hrsg. v. Rolf Tarot, Bd. II,1: Bühnendichtungen, hrsg. u. eingel. v. Blake Lee Spahr, Stuttgart 1984 (Bibliothek des Literarischen Vereins in Stuttgart. 309).

ARISTOTELES, Vom Himmel. Von der Seele. Von der Dichtkunst, München [2]1987 (dtv: Literatur - Philosophie - Wissenschaft. 2161).

ARNDT, Johann, Vier Bücher vom wahren Christenthum nebst dem Paradies-Gärtlein, Düsseldorf 1863.

AUGUSTINUS, Aurelius, Confessiones - Bekenntnisse, Lateinisch u. Deutsch, Eingel., übers. u. erl. v. Joseph Bernhart, Darmstadt 1984.

- Über den Wortlaut der Genesis. De genesi ad litteram libri duodecim, Zum erstenmal in dt. Sprache v. Carl J. Perl, Bd. 1, Paderborn 1961.

BALDE, Jakob, Dichtungen, Lateinisch u. deutsch in Auswahl hrsg. u. übers. v. Max Wehrli, Köln/Olten 1963.

- Sylvarum libri VII., München 1643.

BAUHUSIUS, Bernhard, Epigrammatum libri V., Ingolstadt 1616.

BERGMANN, Michael, Deutsches Aerarium Poeticum oder Poetische Schatzkammer, Hildesheim/New York 1973.

BERTHOLD VON REGENSBURG, Vollständige Ausgabe seiner Predigten mit Anm. v. Franz Pfeiffer, mit einem Vorw. v. Kurt Ruh, Bd. 1, Berlin 1965 (Deutsche Neudrucke. Reihe: Texte des Mittelalters).

BIDERMANN, Jacob, De B. Ignatio Loiola, Societatis eiusdem Conditore, Libri Tres: Editione Quinta, Recogniti & aucti, ex Petri Ribadeneiræ Hispanico, Dillingen 1621.

- Epigrammatum Libri Tres, Dillingen 1620.

- Epigrammatum Libri Tres, Editione secunda, Sedulo recogniti & aucti, Dillingen 1623.

BIRKEN, Siegmund von, Teutsche Rede-bind- und Dicht-Kunst, Nachdr. d. Ausg. Nürnberg 1679, Hildesheim/New York 1973.

BOETHIUS, Trost der Philosophie, Lateinisch u. Deutsch, Übertr. v. Eberhard Gothein, Zürich 1949.

BOISSARD, Jean Jacques, Emblematum liber, Hildesheim/New York 1977 (Emblematisches Cabinet. 12).

BOVIUS, Carlo, Ignatius Insignium, Epigrammatum et Elogiorum centuriis expressus a Carolo Bovio, Rom 1655.

BUCHNER, August, Anleitung zur deutschen Poeterey. - Poet, hrsg. v. Marian Szyrocki, Tübingen 1966 (Deutsche Neudrucke. Reihe: Barock. 5).

CICERO, Gedanken über Tod und Unsterblichkeit. Somnium Scipionis. Tusculanae disputationes I. Cato Maior, Lateinisch-deutsch, Übers., Einl. u. Anm. v. Klaus Reich, Hans Günter Zekl, Klaus Bringmann, Hamburg 1969 (Philosophische Bibliothek. 273).

CYSARZ, Herbert (Hrsg.), Barocklyrik, 2., verbesserte Aufl., Bd. 2: Hoch- und Spätbarock, Hildesheim 1964.

DACH, Simon, Gedichte, hrsg. v. Walther Ziesemer, Bd. 3 u. 4: Geistliche Lieder - Trostgedichte, Halle 1937-1938.

DANTE ALIGHIERI, Die göttliche Komödie, Italienisch u. Deutsch, übers. v. Hermann Gmelin, Teil 3: Das Paradies, Stuttgart ²1975.

DERHAM, William, Astrotheologie, Oder Himmlisches Vergnügen in Gott, Bey aufmercksamen Aufschauen des Himmels, und genauerer Betrachtung der Himmlischen Cörper, Zum augenscheinlichen Beweiß, Daß ein Gott, und derselbige ein Allergütigstes, Allweises, Allmächtiges Wesen sey, Aus der fünfften, vollständigeren Engl. Ausgabe in die Deutsche Sprache übersetzet, und in dieser andern Auflage mit einer Nachricht von mehreren Scribenten, die durch Betrachtung der Natur die Menschen zu Gott zu führen bemüht sind, vermehrt Von Jo. Alberto Fabricio, Hamburg 1732.

DILHERR, Johann Michael, Christliche Betrachtungen deß gläntzenden Himmels / flüchtigen Zeit- und nichtigen Weltlauffs, Nürnberg 1670.

FRANCISCI, Erasmus, Das eröffnete Lust-Haus der Ober- und Nieder-Welt, Nürnberg 1676.

FRANCK, Salomo, Geistliche Lieder in einer zeitgemässen Auswahl treu nach dem Urtexte wiedergegeben, und mit Anm., wie mit einer Lebensbeschreibung und Charakteristik des Dichters begleitet v. J. K. Schaner, Halle 1855 (Geistliche Sänger der christlichen Kirche deutscher Nation. 6).

GERHARDT, Paul, Geistliche Andachten (1667). Samt den übrigen Liedern und den lateinischen Gedichten hrsg. v. Friedhelm Kemp, Bern/München 1975 (Deutsche Barock-Literatur).

GÖTZ, Johann Nikolas, Vermischte Gedichte, Hrsg. v. Karl Wilhelm Ramler, 3 Theile, Mannheim 1785.

GREIFFENBERG, Catharina Regina von, Sämtliche Werke, hrsg. v. Martin Bircher u. Friedhelm Kemp, Millwood 1983.

Bd.   1: Geistliche Sonnette, Lieder und Gedichte, Anhang: Nachwort, Materialien, Register.

Bd.   2: Sieges-Seule der Busse und Glaubens ... mit des Herrn von Bartas geteuschtem Glaubens-Triumf.

Bd. 3/4: Der Allerheiligsten Menschwerdung / Geburt und Jugend JEsu Christi Zwölf Andächtige Betrachtungen.

Bd. 5/6: Des Allerheiligsten Lebens JESU Christi Sechs Andächtige Betrachtungen.

Bd. 7/8: Des Allerheiligsten Lebens JESU Christi Ubrige Sechs Betrachtungen.

Bd. 9/10: Des Allerheiligst- und Allerheilsamsten Leidens und Sterbens Jesu Christi Zwölf andächtige Betrachtungen.

GRYPHIUS, Andreas, Dissertationes Funebres, Oder Leich-Abdankungen, Leipzig 1683.

- Gedichte, Eine Auswahl, Text nach der Ausgabe letzter Hand von 1663, hrsg. v. Adalbert Elschenbroich, Stuttgart 1982 (RUB 8799).

- Gesamtausgabe der deutschsprachigen Werke, hrsg. v. Marian Szyrocki u. Hugh Powell.

Bd. 1: Sonette, hrsg. v. Marian Szyrocki, Tübingen 1963 (Neudrucke deutscher Literaturwerke. NF 9).

Bd. 2: Oden und Epigramme, hrsg. v. Marian Szyrocki, Tübingen 1964 (Neudrucke deutscher Literaturwerke. NF 10).

Bd. 3: Vermischte Gedichte, hrsg. v. Marian Szyrocki, Tübingen 1964 (Neudrucke deutscher Literaturwerke. NF 11).

- Lateinische und deutsche Jugenddichtungen, hrsg. v. Friedrich-Wilhelm Wentzlaff-Eggebert, Darmstadt 1961.

- Lyrische Gedichte, hrsg. v. Hermann Palm, Tübingen 1884 (Bibliothek des Litterarischen Vereins in Stuttgart. 171).

HARSDÖRFFER, Georg Philipp, Frauenzimmer Gesprächspiele, hrsg. v. Irmgard Böttcher, 3. Teil, Tübingen 1968 (Deutsche Neudrucke. Reihe: Barock. 15).

HAUFE, Eberhard (Hrsg.), Wir vergehn wie Rauch von starken Winden. Deutsche Gedichte des 17. Jahrhunderts, Bd. 2, München 1985.

HAUGWITZ, August Adolph von, Prodromus Poeticus, Oder: Poetischer Vortrab 1684, hrsg. v. Pierre Béhar, Tübingen 1984 (Deutsche Neudrucke. Reihe: Barock. 32).

HEVENESI, Gabriel, Scintillae Ignatianae sive Sancti Ignatii de Loyola, Societatis Jesu Fundatoris Apophthegmata Sacra, Per singulos Anni Dies distributa, Et ulteriori Consideratione proposita, Köln 1715.

HOFMANNSWALDAU, Christian Hofmann von, Deutsche Übersetzungen und Gedichte, Breslau 1704.

HORAZ, Oden und Epoden, Lateinisch/Deutsch, Übers. u. hrsg. v. Bernhard Kytzler, Stuttgart [3]1984 (RUB 9905).

IGNATIUS VON LOYOLA, Der Bericht des Pilgers, Übers. u. erl. v. Burkhart Schneider, Mit einem Vorwort v. Karl Rahner, Freiburg/Basel/Wien [5]1986.

- Das geistliche Tagebuch, Hrsg. v. Adolf Haas u. Peter Knauer, Freiburg/Basel/Wien 1961.

- Geistliche Übungen, Übertr. u. Erkl. v. Adolf Haas, Mit einem Vorwort v. Karl Rahner, Freiburg/Basel/Wien [7]1985.

KANT, Immanuel, Allgemeine Naturgeschichte und Theorie des Himmels 1755, in: Werke, hrsg. v. Ernst Cassirer, Bd. 1, hrsg v. Artur Buchenau, Berlin 1922.

- Was ist Aufklärung? Aufsätze zur Geschichte und Philosophie, hrsg. u. eingel. v. Jürgen Zehbe, Göttingen 1967 (Kleine Vandenhoeck-Reihe. 258-260).

KUHLMANN, Quirinus, Himmlische Libesküsse 1671, hrsg. v. Birgit Biehl-Werner, Tübingen 1971 (Deutsche Neudrucke. Reihe: Barock. 23).

LAURETUS, Hieronymus, Silva Allegoriarum Totius Sacrae Scripturae. Barcelona 1570, Fotomechanischer Nachdruck der 10. Ausg. Köln 1681, Einl. v. Friedrich Ohly, München 1971.

LOHENSTEIN, Daniel Caspar von, Blumen. Rosen. Himmel-Schlüssel oder Geistliche Getichte. Hyacinthen, Breslau 1689.

LUTHER, Martin, Biblia: Das ist: Die gantze Heilige Schrifft, Deudsch, Auffs new zugericht. D. Mart. Luth., Wittemberg 1545.

- Werke, Kritische Gesamtausgabe (Weimarer Ausgabe), Bd. 1-, Weimar 1883- (Unveränderter Nachdruck Graz 1964).

LYRAEUS, Hadrian, S. Ignatii de Loiola Societatis Iesu Fundatoris Apophthegmata Sacra, Sive Caelestis prudentiae Aphorismi Quibus pie, sobrie, ac iuste Cum Deo Nobiscum ac Proximis Iuxta Apostolum In hoc Saeculo vivamus Tribus Commentariis ad efformandos Mores illustrati a P. Hadriano Lyraeo, Antwerpen 1662.

MACHÉ, Ulrich / MEID, Volker (Hrsg.), Gedichte des Barock, Stuttgart 1986 (RUB 9975).

MASEN, Jacob, Ars nova argutiarum Eruditae & honestae recreationis, In duas partes divisa, Prima est epigrammatum: altera inscriptionum argutarum, Ed. Secunda locupletior, Köln 1660.

MEYFART, Johann Matthäus, Tuba Novissima, Das ist Von den vier letzten Dingen des Menschen 1626, hrsg. v. Erich Trunz, Tübingen 1980 (Deutsche Neudrucke. Reihe: Barock. 26).

OPITZ, Martin, Gesammelte Werke, Kritische Ausgabe, hrsg. v. George Schulz-Behrend.

    Bd. 1: Die Werke von 1614 bis 1621, Stuttgart 1968 (Bibliothek des Literarischen Vereins in Stuttgart. 295).

    Bd. 2: Die Werke von 1621 bis 1626, Teil 1/2, Stuttgart 1978 u. 1979 (Bibliothek des Literarischen Vereins in Stuttgart. 300/301).

- Weltliche und geistliche Dichtung, hrsg. v. Hermann Oesterley, Berlin/Stuttgart o.J. (Deutsche National-Litteratur. 27).

OPPELT, Johann, Pax Monarchiae Internae, Partita In Tres Tractatus, Tractatus secundus, Prag 1730.

OVID, Metamorphosen, In deutsche Hexameter übertr. u. mit dem Text hrsg. v. Erich Rösch, München 1952 (Tusculum-Bücherei).

PETRUS DAMIANI, Opera omnia, Tom. IV, Paris 1853 (PL 145).

PICINELLI, Filippo, Mundus Symbolicus, Mit einer Einl. u. einem bibliographischen Beitrag v. Dietrich Donat, Hildesheim/New York 1979 (Emblematisches Cabinet. 8).

PLINIUS SECUNDUS D. Ä., Naturkunde, Lateinisch-deutsch, Buch II: Kosmologie, Hrsg. u. übers.v.Roderich König in Zusammenarbeit mit Gerhard Winkler, Darmstadt o.J.

PONTANUS, Jacobus, Symbalorum (!) Libri XVII. quibus P. Virgilii Maronis Bucolica, Georgica, Aeneis, ex probatissimis auctoribus declarantur, comparantur, illustrantur, Augsburg 1599.

RAUSCHER, Wolfgang, Marck der Cederbäum, Dillingen 1689.

RIBADENEYRA, Pedro de, Historia von dem Leben und Wandel Ignatij Loiole / Anfengers und Stiffters der Religion / die Societet Iesu genannt: Erstlich von Petro Ribadenera in Spanischer Sprach beschriben / Nachmals durch Johannem Jolitum inn die Welsche / und ferrner in unser hochteutsche Sprach versetzet, Ingolstadt 1590.

- Vita Ignatii Loyolae, Textus Latinus et Hispanus cum censuris ed. Candidus de Dalmases, Rom 1965 (Fontes Narrativi de S. Ignatio de Loyola et de Societatis Iesu Initiis. IV) (Monumenta Ignatiana. Series quarta: Scripta de S. Ignatio. Altera editio) (Monumenta historica S.I. 93).

RIST, Johann, Dichtungen, hrsg. v. Karl Goedeke u. Edmund Goetze, Leipzig 1885 (Deutsche Dichter des siebzehnten Jahrhunderts. 15).

- Himmlischer Lieder Das dritte Zehn, Lüneburg 1648.

- Poetischer Schauplatz, auff welchem allerhand Waaren ... zu finden, Hamburg 1646.

ROLLENHAGEN, Gabriel, Sinn-Bilder. Ein Tugendspiegel, Bearb., mit einem Nachw. versehen u. hrsg. v. Carsten-Peter Warncke, Dortmund 1983 (Die bibliophilen Taschenbücher. 378).

ROTTH, Albrecht Christian, Vollständige Deutsche Poesie / in drey Theilen, Leipzig 1688.

SARBIEWSKI, Mathias Casimir, Horatius Sarmaticus, R. P. Mathiae Casimiri Sarbievii Lithuani Soc. Jesu Theologi & Poetarum omnium facile Principis Lyricorum Libri IV, Epodon Lib. unus alterque Epigrammatum, Nec non Epicitharisma sive Eruditorum virorum ad Authorem Poemata, Köln 1721.

- Lyricorum libri tres, Editio tertia auctior, Epigrammatum liber unus, Antwerpen 1630.

- Lyrische Gedichte, Metrisch aus dem Lateinischen übers. v. A. I. Rathsmann, Mit beigedruckten lateinischen (!) Original, Bd. 1, Breslau 1800.

- Poemata omnia, Ad editiones optimas curavit Frid. Traug. Friedemann, Leipzig 1840 (Bibliotheca scriptorum ac poetarum latinorum recentioris selecta. B. Poetarum. 2).

SAUBERT, Johann d. Ä., DYODEKAS Emblematum sacrorum, mit einem Nachw. v. Dietrich Donat, Hildesheim/New York 1977 (Emblematisches Cabinet. 6).

SCALIGER, Julius Caesar, Poetices libri septem, Faksimile-Neudruck der Ausg. von Lyon 1561 mit einer Einl. v. August Buck, Stuttgart/Bad Cannstadt 1964.

SCHILLER, Julius, Coelum Stellatum Christianum, Augsburg 1627.

SCHIRMER, David, Poetische Rosen-Gepüsche, Dresden 1657.

SCHWARZ, Ignatius, Peripateticus nostri temporis, Seu Philosophus discursivus, In biennali Cursu, per Discursus Symbolico-Physicos, ad discursum, juxta Sanctorum Philosophorum Exempla pie curiosum instructus, Pars II. Seu Megacosmus, Freiburg i. Br. 1724.

SCRIVER, Christian, Gottholds Zufälliger Andachten Vier Hundert, Leipzig 1696.

SPEE, Friedrich, Trutz-Nachtigal, Kritische Ausgabe nach der Trierer Handschrift, Hrsg. v. Theo G. M. van Oorschot, Stuttgart 1985 (RUB 2596).

STATIUS, With an english translation by J. H. Mozley, Vol. I.:Silvae, Thebais I-IV, Cambridge/London 1961 (The Loeb Classical Library. 206).

TEICHMANN, Paul, Liber sapientiae divinae Jesus Christus crucifixus, Das Buch Göttlicher Weisheit JEsus Christus der Gecreuzigte, Augsburg/Dillingen 1705.

THOMAS VON AQUIN, Die letzten Dinge, Kommentiert von Adolf Hoffmann, [Summa theologica, Supplementum 87-99], Heidelberg/Graz-Wien-Köln 1961 (Die deutsche Thomas-Ausgabe. 36).

VERGIL, Opera, Recognovit brevique adnotatione critica instruxit R. A. B. Mynors, Oxford 1976 (Scriptorum Classicorum Bibliotheca Oxoniensis).

ZESEN, Philipp von, Sämtliche Werke, hrsg. v. Ferdinand van Ingen.

Bd. IX: Deutscher Helicon 1641, bearb. v. Ulrich Maché, Berlin/New York 1971 (Ausgaben deutscher Literatur des 15. bis 18. Jahrhunderts).

Bd. X,1: Hoch-deutscher Helikon 1656, bearb. v. Ulrich Maché, Berlin/New York 1977 (Ausgaben deutscher Literatur des 15. bis 18. Jahrhunderts).

2. Sekundärliteratur

ALEWYN, Richard, Das grosse Welttheater. Die Epoche der höfischen Feste, 2., erw. Aufl., München 1985.

BALTHASAR, Hans Urs von, Das betrachtende Gebet, Einsiedeln [4]1976 (Adoratio. 1).

BARNER, Wilfried, Barockrhetorik. Untersuchungen zu ihren geschichtlichen Grundlagen, Tübingen 1970.

BAUER, Barbara, Jesuitische >ars rhetorica< im Zeitalter der Glaubenskämpfe, Frankfurt/Bern/New York 1986 (Mikrokosmos. 18).

BAUER, Georg-Karl, Sternkunde und Sterndeutung der Deutschen im 9.-14. Jahrhundert unter Ausschluss der reinen Fachwissenschaft, Berlin 1937 (Germanische Studien. 186).

BÉHAR, Pierre, Nachwort des Herausgebers, in: Haugwitz, August Adolph von, Prodromus Poeticus, Tübingen 1984, S. 1*-211*.

BIESE, Alfred, Die Poesie des Sternenhimmels und der Sternenhimmel der Poesie, in: Ders., Pädagogik und Poesie, Vermischte Aufsätze, Berlin 1900, S. 241-258.

BIRCHER, Martin, Johann Wilhelm von Stubenberg (1619-1663) und sein Freundeskreis. Studien zur österreichischen Barockliteratur protestantischer Edelleute, Berlin 1968 (Quellen und Forschungen zur Sprach- und Kulturgeschichte der germanischen Völker. NF 25).

- Unergründlichkeit. Catharina Regina von Greiffenbergs Gedicht über den Tod der Barbara Susanna Eleonora von Regal, in: Deutsche Barocklyrik, Gedichtinterpretationen von Spee bis Haller, hrsg. v. Martin Bircher u. Alois M. Haas, Bern/München 1973, S. 185-223.

BLUMENBERG, Hans, "Contemplator Coeli", in: Orbis Scriptus, Dmitrij Tschižewskij zum 70. Geburtstag, Hrsg. v. Dietrich Gerhardt, Wiktor Weintraub, Hans-Jürgen zum Winkel, München 1966, S. 113-124.

- Die Genesis der kopernikanischen Welt, Bd. 1, Frankfurt a.M. 1981 (stw 352).

- Die Lesbarkeit der Welt, Frankfurt a.M. 1986 (stw 592).

BÖCKMANN, Paul, Formgeschichte der deutschen Dichtung, Bd. 1: Von der Sinnbildsprache zur Ausdruckssprache, Hamburg 1949.

BRATES, Georg, Hauptprobleme der deutschen Barockdramaturgie in ihrer geschichtlichen Entwicklung, Diss. Greifswald 1935.

BREUER, Dieter, Deutsche Metrik und Versgeschichte, München 1981 (UTB 745).

BRINKMANN, Hennig, Mittelalterliche Hermeneutik, Darmstadt 1980.

BROWNING, Robert M., Deutsche Lyrik des Barock 1618-1723, Autorisierte deutsche Ausgabe besorgt v. Gerhart Teuscher, Stuttgart 1980 (Kröners Taschenausgabe. 476).

- Towards a determination of the cyclic structure of the secular sonnets of A. Gryphius, in: Daphnis 14 (1985), S. 303-324.

BUDIK, Peter A., Leben und Wirken der vorzüglichsten lateinischen Dichter des XV. bis XVIII. Jahrhunderts sammt metrischer Übersetzung ihrer besten Gedichte, beigefügtem Originaltexte und den nöthigen Erläuterungen, 3 Bde., Wien 1827-28.

CERNY, Heimo, Catharina Regina von Greiffenberg, geb. Freiherrin von Seisenegg, 1633-1694. Herkunft, Leben und Werk der grössten deutschen Barockdichterin, Amstetten 1983 (Amstettner Beiträge. 1983).

CHAPEAUROUGE, Donat de, Einführung in die Geschichte der christlichen Symbole, Darmstadt 1984.

CHESTERTON, Gilbert K., Verteidigung des Unsinns, der Demut, des Schundromans und anderer missachteter Dinge, Frankfurt a.M. 1986 (FT 5713).

CLARK, Robert T., Gryphius and the Night of Time, in: Wächter und Hüter, Festschrift Hermann J. Weigand, New Haven 1957, S. 56-66.

COHEN, Fritz G., The "Tageszeiten" Quartet of Andreas Gryphius: Convergence of Poetry and Meditation, in: Argenis 2 (1978), S. 95-113.

CONRADY, Karl Otto, Lateinische Dichtungstradition und deutsche Lyrik des 17. Jahrhunderts, Bonn 1962 (Bonner Arbeiten zur deutschen Literatur. 4).

CRAMER, Thomas, Solus Creator est Deus. Der Autor auf dem Weg zum Schöpfertum, in: Literatur und Kosmos. Innen- und Aussenwelten in der deutschen Literatur des 15. bis. 17. Jahrhunderts, Hrsg. v. Gerhild Scholz Williams u. Lynne

Tatlock, Amsterdam 1986, S. (13)-(28) = Daphnis 15 (1986), S. 261-276.

CROMBIE, A. C., Von Augustinus zu Galilei. Die Emanzipation der Naturwissenschaft, Übers. v. H. Hoffmann u. H. Pleus, Köln 1964 (dtv 4285).

CURTIUS, Ernst Robert, Europäische Literatur und lateinisches Mittelalter, 2., durchges. Aufl., Bern 1954.

DALY, Peter M., Catharina Regina von Greiffenberg, in: Deutsche Dichter des 17. Jahrhunderts. Ihr Leben u. Werk, hrsg. v. Harald Steinhagen u. Benno von Wiese, Berlin 1984, S. 615-639.

- Dichtung und Emblematik bei Catharina Regina von Greiffenberg, Bonn 1976 (Studien zur Germanistik, Anglistik und Komparatistik. 36).

DIEHL, J. B., Mathias Kasimir Sarbiewski, der Vorgänger Balde's, in: Stimmen aus Maria-Laach 4 (1873), S. 159-172, 343-357; 5 (1874), S. 61-76, 365-377.

DOCKHORN, Klaus, Macht und Wirkung der Rhetorik. Vier Aufsätze zur Ideengeschichte der Vormoderne, Bad Homburg/Berlin/Zürich 1968 (Respublica literaria. 2).

DYCK, Joachim, Ticht-Kunst. Deutsche Barockpoetik und rhetorische Tradition, Bad Homburg/Berlin/Zürich 1966 (Ars poetica. 1).

FÄSSLER, Verena, Hell-Dunkel in der barocken Dichtung. Studien zum Hell-Dunkel bei J. Klaj, A. Gryphius und C. R. von Greiffenberg, Diss., Bern/Frankfurt a.M. 1971.

FECHNER, Jörg-Ulrich (Hrsg.), Das deutsche Sonett. Dichtungen, Gattungspoetik, Dokumente, München 1969.

FLEMMING, Willi, Andreas Gryphius. Eine Monographie, Stuttgart/Berlin/Köln/Mainz 1965 (Sprache und Literatur. 26).

FONTAINE, Jacques, Images virgiliennes de l'ascension céleste dans la poésie latine chrétienne, in: Jenseitsvorstellungen in Antike und Christentum, Gedenkschrift für Alfred Stuiber, Münster 1982 (Jahrbuch für Antike und Christentum. Ergänzungsband. 9), S. 55-67.

260

FORSTNER, Dorothea, Die Welt der christlichen Symbole, Innsbruck/Wien/München [4]1982.

FRANK, Horst Joachim, Catharina Regina von Greiffenberg. Leben und Welt der barocken Dichterin, Göttingen (Schriften zur Literatur. 8).

- Handbuch der deutschen Strophenformen, München/Wien 1980.

FRANK, Suso, AGGELIKOS BIOS. Begriffsanalytische und begriffsgeschichtliche Untersuchung zum "engelgleichen Leben" im frühen Mönchtum, Münster 1964 (Beiträge zur Geschichte des alten Mönchtums und des Benediktinerordens. 26).

FUCHS, Peter, Weltflucht der Mönche. Anmerkungen zur Funktion des monastisch-aszetischen Schweigens, in: Niklaus Luhmann/ Peter Fuchs, Reden und Schweigen, Frankfurt a.M. 1989 (stw 848), S. 21-45.

FULLENWIDER, Henry F., "Concors discordia": Sarbiewskis "De acuto et arguto" (1627) and Jean de Serres' Commentary on Plato's "Timaeus" (1587), in: Bibliothèque d' Humanisme et Renaissance 46 (1984), S. 619-624.

GARCIA-MATEO, Rogelio, Ignatius von Loyola in seiner sozio-kulturellen Umwelt: Spanien 1491-1527, in: Ignatianisch, Eigenart und Methode der Gesellschaft Jesu, Hrsg v. Michael Sievernich u. Günter Switek, Freiburg/Basel/Wien 1990, S. 19-41.

GNÄDINGER, Luise, Ister-Clio, Teutsche Uranie, Coris die Tapfere. Catharina Regina von Greiffenberg (1633-1694). Ein Portrait, in: Deutsche Literatur von Frauen, Hrsg. v. Gisela Brinker-Gabler, Bd. 1: Vom Mittelalter bis zum Ende des 18. Jahrhunderts, München 1988, S. 248-264.

GORCEIX, Bernard, Flambée et agonie. Mystiques du XVIIe siècle allemand, Sisteron 1977 (Le soleil dans le coeur. 10).

- Natur und Mystik im 17. Jahrhundert. Daniel Czepko und Catharina Regina von Greiffenberg, in: Epochen der Naturmystik, hrsg. v. Antoine Faivre u. Rolf Christian Zimmermann, Berlin 1979, S. 212-226.

GRIMM, Reinhold, Bild und Bildlichkeit im Barock. Zu einigen neueren Arbeiten, in: GRM NF 19 (1969), S. 379-412.

GUIBERT, Joseph de, La spiritualité de la Compagnie de Jésus. Esquisse historique, Rom 1953 (Bibliotheca Instituti Hist. S.I. 4).

HAAS, Alois M., Friedrich von Spee. Geistlicher Zeitvertreib, in: Ders., Sermo mysticus. Studien zu Theologie und Sprache der Deutschen Mystik, Freiburg i. Ue. 1979, S. 330-370.

HARMS, Wolfgang, Rezeption des Mittelalters im Barock, in: Deutsche Barockliteratur und europäische Kultur, hrsg. v. Martin Bircher u. Eberhard Mannack, Hamburg 1977 (Dokumente des Internationalen Arbeitskreises für deutsche Barockliteratur. 3), S. 23-52.

HEDWIG, Klaus, Sphaera Lucis. Studien zur Intelligibilität des Seienden im Kontext der mittelalterlichen Lichtspekulation, München 1980 (Beiträge zur Geschichte der Philosophie und Theologie des Mittelalters. NF 18).

HEIDUK, Franz, Bio-bibliographischer Abriss, in: Erdmann Neumeister, De poetis germanicis, hrsg. v. Franz Heiduk in Zusammenarbeit mit Günter Merwald, Bern/München 1978 (Deutsche Barock-Literatur), S. 271-551.

HERZOG, Urs, Divina Poesis. Studien zu Jakob Baldes geistlicher Odendichtung, Tübingen 1976 (Hermaea. NF 36).

- Lichte Nacht. Das "traurend Forschen" des Andreas Gryphius, in: Simpliciana 12 (1990), S. 493-502.

- Literatur in Isolation und Einsamkeit. Catharina Regina von Greiffenberg und ihr literarischer Freundeskreis, in: DVjs 45 (1971), S. 515-546.

HILLACH, Ansgar, Barocker Universalimus und die Rücknahme der Willensfreiheit. Aspekte der kopernikanischen Wende bei Kepler und im Spanien des 17. Jahrhunderts, in: GRM NF 33 (1983), S. 53-80.

HINMAN, Martha Mayo, The Night Motif in German Baroque Poetry, in: The Germanic Review 42 (1967), S. 83-95.

HOFMANN PEERLKAMP, P., Liber de Vita, Doctrina et Fakultate Nederlandorum qui carmina latina composuerunt, Editio altera emendata et aucta, Haarlem 1838.

HÜBNER, Jürgen, Naturwissenschaft als Lobpreis des Schöpfers. Theologische Aspekte der naturwissenschaftlichen Arbeit Keplers, in: Internationales Kepler-Symposium, Weil der Stadt 1971, Referate und Diskussionen, hrsg. v. Fritz Krafft u.a., Hildesheim 1973 (Arbor scientiarium. Beiträge zur Wissenschaftsgeschichte. Reihe A: Abhandlungen. 1), S. 335-356.

HÜBNER, Kurt, Die Wahrheit des Mythos, München 1985.

INGEN, Ferdinand van, Vanitas und Memento mori in der deutschen Barocklyrik, Groningen 1966.

JÖNS, Dietrich Walter, Das "Sinnen-Bild". Studien zur allegorischen Bildlichkeit bei Andreas Gryphius, Stuttgart 1966 (Germanistische Abhandlungen. 13).

JUNKER, Christof, Das Weltraumbild in der deutschen Lyrik von Opitz bis Klopstock, Berlin 1932 (Germanische Studien. 111).

KEMP, Friedhelm, Nachwort, in: Catharina Regina von Greiffenberg, Sämtliche Werke, Bd. 1, Millwood 1983, S. 495-535.

KEMPER, Hans-Georg, Deutsche Lyrik der frühen Neuzeit.
  Bd. 1: Epochen- und Gattungsprobleme. Reformationszeit, Tübingen 1987.
  Bd. 2: Konfessionalismus, Tübingen 1987.
  Bd. 3: Barock-Mystik, Tübingen 1988.
- Gottebenbildlichkeit und Naturnachahmung im Säkularisierungsprozess. Problemgeschichtliche Studien zur deutschen Lyrik in Barock und Aufklärung, 2 Bde., Tübingen 1981 (Studien zur deutschen Literatur. 64-65).

KIMMICH, Flora Graham, Methods of Composition in Greiffenberg's Sonnets, Diss. Yale 1969.

KOCH, Joseph, Über die Lichtsymbolik im Bereich der Philosophie und der Mystik des Mittelalters, in: Studium Generale 13 (1960), S. 653-670.

KÖNIG-NORDHOFF, Ursula, Ignatius von Loyola. Studien zur Entwicklung einer neuen Heiligen-Ikonographie im Rahmen einer Kanonisationskampagne um 1600, Berlin 1982.

KOLANOWSKI, Maximilian, De Mathia Casimiro Sarbievio Poloniae Horatio, Diss. phil., Berlin 1842.

KRAFFT, Fritz, Die Stellung des Menschen im Universum, in: Zur Entwicklung der Geographie vom Mittelalter bis zu Carl Ritter, Hrsg. v. Manfred Büttner, Paderborn/München/Wien/ Zürich 1982 (Abhandlungen und Quellen zur Geschichte der Geographie und Kosmologie. 3), S. 147-181.

- Theologie und Naturwissenschaft. Die Wende von der Einheit zur Vielfalt des Weltbildes, in: Zur Entwicklung der Geographie vom Mittelalter bis zu Carl Ritter, Hrsg. v. Manfred Büttner, Paderborn/München/Wien/Zürich 1982 (Abhandlungen und Quellen zur Geschichte der Geographie und Kosmologie. 3), S. 43-60.

KROLZIK, Udo, Säkularisierung der Natur. Providentia-Dei-Lehre und Naturverständnis der Frühaufklärung, Neukirchen-Vluyn 1988.

KRUMMACHER, Hans-Henrik, Andreas Gryphius und Johann Arndt. Zum Verständnis der "Sonn- und Feiertags-Sonette", in: Formenwandel, Festschrift Paul Böckmann, Hamburg 1964, S. 116-137.

- "De quatuor novissimis". Über ein traditionelles theologisches Thema bei Andreas Gryphius, in: Respublica Guelpherbytana, Wolfenbütteler Beiträge zur Renaissance- und Barockforschung, Festschrift Paul Raabe, Hrsg. v. August Buck u. Martin Bircher, Amsterdam 1987 (Chloe. Beihefte zum Daphnis. 6), S. 499-577.

- Der junge Gryphius und die Tradition. Studien zu den Perikopensonetten und Passionsliedern, München 1976.

- Zur Kritik der neuen Gryphius-Ausgabe, in: Zeitschrift für dt. Philologie 84 (1965), S. 183-246.

KÜHLMANN, Wilhelm, Neuzeitliche Wissenschaft in der Lyrik des 17. Jahrhunderts. Die Kopernikus-Gedichte des Andreas Gryphius und Caspar Barlaeus im Argumentationszusammenhang des frühbarocken Modernismus, in: Jahrbuch der Deutschen Schillergesellschaft 23 (1979), S. 124-153.

KUHN, Thomas S., Die kopernikanische Revolution, Braunschweig/Wiesbaden 1980 (Facetten der Physik. 8).

KUNZ, Erhard, Protestantische Eschatologie. Von der Reformation bis zur Aufklärung, Freiburg/Basel/Wien 1980 (Handbuch der Dogmengeschichte. IV. 7c (1. Teil)).

LANG, Bernhard / MC DANNELL, Colleen, Der Himmel. Eine Kulturgeschichte des ewigen Lebens, Frankfurt a.M. 1990 (es 1586).

LAURENS, Pierre, L'épigramme latine et le thème des hommes illustres au seizième siècle, in: Chevallier, R. (Hrsg.), Influence de la Grèce et de Rome sur l'Occident moderne, Actes du Colloque des 14, 15, 19 Décembre 1975 (Paris, Tours), Paris 1977 (Caesarodunum. XII bis), S. 123-132.

LAUSBERG, Heinrich, Handbuch der literarischen Rhetorik. Eine Grundlegung der Literaturwissenschaft, 2., durch einen Nachtr. vermehrte Aufl., München 1973.

LECLERCQ, Jean, Wissenschaft und Gottverlangen. Zur Mönchstheologie des Mittelalters, Düsseldorf 1963.

LEMKE, Gerhard Hermann, Sonne, Mond und Sterne in der deutschen Literatur seit dem Mittelalter: ein Bildkomplex im Spannungsfeld gesellschaftlichen Wandels, Bern 1981 (Kanadische Studien zur deutschen Sprache und Literatur. 23).

LIWERSKI, Ruth, Ein Beitrag zur Sonett-Ästhetik des Barock. Das Sonett der Catharina Regina von Greiffenberg, in: DVjs 49 (1975), S. 215-264.

- Das Wörterwerk der Catharina Regina von Greiffenberg, 2 Bde., Bern/Frankfurt a.M. 1978 (Berner Beiträge zur Barockgermanistik. 11).

LORENZER, Alfred, Das Konzil der Buchhalter. Die Zerstörung der Sinnlichkeit. Eine Religionskritik, Frankfurt a.M. 1984 (Fischer Wissenschaft. 7340).

LUBAC, Henri de, Der geistige Sinn der Schrift, Einsiedeln 1952 (Christ heute. 2. Reihe. 5).

LÜERS, Grete, Die Sprache der deutschen Mystik des Mittelalters im Werke der Mechthild von Magdeburg, München 1926.

MANHEIMER, Victor, Die Lyrik des Andreas Gryphius. Studien und Materialien, Berlin 1904.

MANNACK, Eberhard, Andreas Gryphius, in: Deutsche Dichter. Leben und Werk deutschsprachiger Autoren, Hrsg. v. Gunter E. Grimm und Frank Rainer Max, Bd. 2: Reformation, Renaissance und Barock, Stuttgart 1988 (RUB 8612), S. 225-250.

MAURACH, Gregor, Coelum Empyreum. Versuch einer Begriffsgeschichte, Wiesbaden 1968 (Boethius. Texte und Abhandlungen zur Geschichte der exakten Wissenschaften. 8).

MAUSER, Wolfram, Andreas Gryphius - Philosoph und Poet unter dem Kreuz. Rollen-Topik und Untertanen-Rolle in der Vanitas-Dichtung, in: Gedichte und Interpretationen, Bd. 1: Renaissance und Barock, hrsg. v. Volker Meid, Stuttgart 1984 (RUB 7890), S. 211-230.

- Andreas Gryphius' Einsamkeit. Meditation, Melancholie und Vanitas, in: Gedichte und Interpretationen, Bd. 1: Renaissance und Barock, hrsg. v. Volker Meid, Stuttgart 1984 (RUB 7890), S. 231-244.

- Dichtung, Religion und Gesellschaft im 17. Jahrhundert. Die "Sonnete" des Andreas Gryphius, München 1976.

MEYER, Heinz, Die Zahlenallegorese im Mittelalter. Methode und Gebrauch, München 1975 (Münstersche Mittelalter-Schriften. 25).

MEYER, Heinz / SUNTRUP, Rudolf, Lexikon der mittelalterlichen Zahlenbedeutungen, München 1987 (Münstersche Mittelalter-Schriften. 56).

MÖNCH, Walter, Das Sonett. Gestalt und Geschichte, Heidelberg 1955.

MUELLER, Ferdinand Maria, De Mathia Casimiro Sarbievio Polono e Societate Jesu Horatii imitatore, Diss. München 1917.

NEUMANN, Otto, Studien zum Leben und Werk des Lausitzer Poeten August Adolph von Haugwitz (1647-1706). Ein Beitrag zur deutschen Barockforschung, Bad Oeynhausen 1937.

NEUMAYR, Maximilian, Die Schriftpredigt im Barock. Auf Grund der Theorie der katholischen Barockhomiletik, Paderborn 1938.

OBERMÜLLER, Klara, Studien zur Melancholie in der deutschen Lyrik des Barock, Bonn 1974 (Studien zur Germanistik, Anglistik und Komparatistik. 19).

OHLY, Friedrich, Das Buch der Natur bei Jean Paul, in: Studien zur Goethezeit, Festschrift Erich Trunz, Heidelberg 1981 (Euphorion. Beihefte. 18), S. 177-232.

- Einleitung, in: Hieronymus Lauretus, Silva Allegoriarum totius Sacrae Scripturae. Barcelona 1570, München 1971, S. 5-12.

- Vom geistigen Sinn des Wortes im Mittelalter, in: ZfdA 89 (1958/59), S. 1-23.

OORSCHOT, Theo G. M. van, Nachwort zu: Friedrich Spee, Güldenes Tugend-Buch, Hrsg. v. Theo G. M. van Oorschot, (Sämtliche Schriften, Bd. 2), München 1968 (Deutsche Barock-Literatur).

OTT, Günter, Die 'Vier letzten Dinge' in der Lyrik des Andreas Gryphius. Untersuchungen zur Todesauffassung des Dichters und zur Tradition des eschatologischen Zyklus, Bern/Frankfurt a.M./New York 1985 (Europäische Hochschulschriften 1.714).

PEIL, Dietmar, Emblematisches, Allegorisches und Metaphorisches im 'Patrioten', in: Euphorion 69 (1975), S. 229-266.

- Zur "angewandten Emblematik" in protestantischen Erbauungsbüchern. Dilherr - Arndt - Francisci - Scriver, Heidelberg 1978 (Euphorion. Beihefte. 11).

PENKERT, Sibylle, Neuzeitliches Weltbild und deutsche Barockliteratur. Forschungslage, Befunde und Vorschläge, in: Germanistik und Deutschunterricht im Zeitalter der Technologie. Selbstbestimmung und Anpassung. Vorträge des Germanistentages Berlin 1987, Hrsg. v. Norbert Oellers, Bd. 1:

Das Selbstverständnis der Germanistik. Aktuelle Diskussionen, Tübingen 1988, S. 43-57.

PERRET, Jacques, L'exaltation de Daphnis (Virgile, Buc. V), in: Hommages à Jean Cousin. Rencontres avec l'antiquité classique, Paris 1983 (Annales Littéraires de l'Université de Besançon. 273), S. 123-132.

PEUKERT, Will-Erich, Pansophie. Ein Versuch zur Geschichte der weissen und schwarzen Magie, 2., überarb. u. erw. Aufl., Berlin 1956.

PHILIPP, Wolfgang, Das Werden der Aufklärung in theologiegeschichtlicher Sicht, Göttingen 1957 (Forschungen zur Systematischen Theologie und Religionsphilosophie. 3).

PÖRNBACHER, Hans, Jakob Bidermann, in: Lebensbilder aus dem Bayerischen Schwaben, Bd. 10, Hrsg. v. Wolfgang Zorn, Weissenhorn 1973 (Veröffentlichungen der Schwäbischen Forschungsgemeinschaft bei der Kommission für Bayerische Landesgeschichte. 3.10), S. 128-150.

POWELL, Hugh, Andreas Gryphius and the New 'Philosophy', in: German Life and Letters 5 (1951/52), S. 274-278.

RÄDLE, Fidel, Gottes ernstgemeintes Spiel. Überlegungen zum welttheatralischen Charakter des Jesuitendramas, in: Theatrum Mundi. Götter, Gott und Spielleiter im Drama von der Antike bis zur Gegenwart, Hrsg. v. Franz Link u. Günter Niggl, Berlin 1981 (Literaturwissenschaftliches Jahrbuch. Sonderband 1981), S. 135-159.

RAHNER, Hugo, Griechische Mythen in christlicher Deutung, Zürich ^{3}1966.

- Ignatius von Loyola als Mensch und Theologe, Freiburg i. Br. 1964.

- Ignatius von Loyola und Philipp Neri, in: Ignatius von Loyola. Seine geistliche Gestalt und sein Vermächtnis. 1556-1956, Hrsg. v. Friedrich Wulf, Würzburg 1956, S. 55-80.

- Symbole der Kirche. Die Ekklesiologie der Väter, Salzburg 1964.

RAHNER, Karl, Betrachtungen zum ignatianischen Exerzitienbuch, München 1965.

RICHTER, Karl, Die kopernikanische Wende in der Lyrik von Brockes bis Klopstock, in: Jahrbuch der Deutschen Schillergesellschaft 12 (1968), S. 132-169.

- Vanitas und Spiel. Von der Deutung des Lebens zur Sprache der Kunst im Werk von Gryphius, in: Jahrbuch der Deutschen Schillergesellschaft 16 (1972), S. 126-144.

RIMBACH, Günther C., Das Epigramm und die Barockpoetik. Ansätze zu einer Wirkungsästhetik für das Zeitalter, in: Jahrbuch der Deutschen Schillergesellschaft 14 (1970), S. 100-130.

RITTER, Joachim, Landschaft. Zur Funktion des Ästhetischen in der modernen Gesellschaft, in: Ders., Subjektivität. Sechs Aufsätze, Frankfurt 1974 (Bibliothek Suhrkamp. 379), S. 141-163 u. 172-190.

ROTHACKER, Erich, Das "Buch der Natur". Materialien und Grundsätzliches zur Metapherngeschichte, aus dem Nachlass hrsg. u. bearb. v. Wilhelm Perpeet, Bonn 1979.

RUBENSOHN, Max, Der junge Opitz, in: Euphorion 2 (1895), S. 57-99.

RUSTERHOLZ, Peter, Theatrum Vitae Humanae. Funktion und Bedeutungswandel eines poetischen Bildes. Studien zu den Dichtungen von Andreas Gryphius, Christian Hofmann von Hofmannswaldau und Daniel Caspar von Lohenstein, Berlin 1970 (Philologische Studien und Quellen. 51).

RUSTERHOLZ, Sibylle, Barockmystische Dichtung: Widerspruch in sich selbst oder sprachtheoretisch begründete Sonderform?, in: Alte und neue Kontroversen. Akten des 7. Internationalen Germanistischen Kongresses, Bd. 7: Bildungsexklusivität und volkssprachliche Literatur - Literatur vor Lessing - nur für Experten?, Tübingen 1986, S. 185-195.

- Rostra Sarg und Predigtstuhl. Studien zu Form und Funktion der Totenrede bei Andreas Gryphius, Bonn 1974 (Studien zur Germanistik, Anglistik und Komparatistik. 16).

SAINE, Thomas P., Von der Kopernikanischen bis zur Französischen Revolution. Die Auseinandersetzung der deutschen Frühaufklärung mit der neuen Zeit, Berlin 1987.

SALZER, Anselm, Die Sinnbilder und Beiworte Mariens in der deutschen Literatur und lateinischen Hymnenpoesie des Mittelalters. Mit Berücksichtigung der patristischen Literatur. Eine literarhistorische Studie, Darmstadt 1967.

SCHÄFER, Eckart, Deutscher Horaz: Conrad Celtis, Georg Fabricius, Paul Melissus, Jakob Balde. Die Nachwirkung des Horaz in der neulateinischen Dichtung Deutschlands, Wiesbaden 1976.

SCHEITLER, Irmgard, Das geistliche Lied im deutschen Barock, Berlin 1982 (Schriften zur Literaturwissenschaft. 3).

SCHINDLER, Marvin S., The Sonnets of Andreas Gryphius. Use of the Poetic Word in the Seventeenth Century, Gainesville 1971.

SCHINGS, Hans-Jürgen, Die patristische und stoische Tradition bei Andreas Gryphius. Untersuchungen zu den Dissertationes Funebres und Trauerspielen, Köln/Graz 1966 (Kölner Germanistische Studien. 2).

SCHIPPERGES, Heinrich, Welt des Auges. Zur Theorie des Sehens und Kunst des Schauens, Freiburg/Basel/Wien 1978.

SCHLEUSENER-EICHHOLZ, Gudrun, Das Auge im Mittelalter, 2 Bd., München 1985 (Münstersche Mittelalter-Schriften. 35,I/II).

SCHÖNBORN, Christoph, Die Christus-Ikone. Eine theologische Hinführung, Schaffhausen 1984.

SCHÖNE, Albrecht, Säkularisation als sprachbildende Kraft. Studien zur Dichtung deutscher Pfarrersöhne, 2., überarb. u. ergänzte Aufl., Göttingen 1968 (Palaestra. 226).

SCHWAGER, Raymund, Das dramatische Kirchenverständnis bei Ignatius von Loyola. Historisch-pastoraltheologische Studie über die Stellung der Kirche in den Exerzitien und im Leben des Ignatius, Zürich/Einsiedeln/Köln 1970.

SEDLMAYR, Hans, Das Licht in seinen künstlerischen Manifestationen, in: Studium Generale 13 (1960), S. 313-324.

SLOCUM, Malve Kristin, Untersuchungen zu Lob und Spiel in den "Sonetten" der Catharina Regina von Greiffenberg, Diss. Cornell University 1970.

SORG, Bernhard, Das lyrische Ich. Untersuchungen zu deutschen Gedichten von Gryphius bis Benn, Tübingen 1984 (Studien zur deutschen Literatur. 80).

STALDER, Xaver, Formen des barocken Stoizismus. Der Einfluss der Stoa auf die deutsche Barockdichtung - Martin Opitz, Andreas Gryphius und Catharina Regina von Greiffenberg, Bonn 1976 (Studien zur Germanistik, Anglistik und Komparatistik. 39).

STECK, Wolfgang, Transformation der Sinnlichkeit: Die Bedeutung der rituellen Erfahrung für die neuzeitliche Frömmigkeit, in: Wege zum Menschen 39 (1987), S. 262-280.

STEINHAGEN, Harald, Didaktische Lyrik. Über einige Gedichte des Andreas Gryphius, in: Festschrift Friedrich Beissner, Bebenhausen 1974, S. 406-435.

[STIERLI, Josef], Ignatius von Loyola: "Gott suchen in allen Dingen", Hrsg. v. Josef Stierli, Olten 1981.

STOLT, Birgit, Rhetorik und Gefühl im "Ackermann aus Böhmen", in: Dies., Wortkampf. Frühneuhochdeutsche Beispiele zur rhetorischen Praxis, Frankfurt a.M. 1974 (Respublica literaria. 8), S. 11-30.

STROH, Wilfried, Rezension zu: Eckart Schäfer, Deutscher Horaz, in: Gnomon 53 (1981), S. 321-337.

SULLIVAN, John Herman, The German Religious Sonnet of the Seventeenth Century, Diss. Berkeley 1966.

SYNDIKUS, Hans Peter, Die Lyrik des Horaz. Eine Interpretation der Oden.

    Bd. 1:   Erstes und zweites Buch, Darmstadt 1972 (Impulse der Forschung. 6).

    Bd. 2:   Drittes und viertes Buch, Darmstadt 1973 (Impulse der Forschung. 7).

TAX, Petrus W., Einige religiöse Sonette des Andreas Gryphius und die Tradition. Das Kirchenjahr und die Texte der Liturgie, in: Virtus et Fortuna, Festschrift Hans-Gert Roloff, Bern/Frankfurt a.M./New York 1983, S. 460-478.

TAVARD, Georges, Die Engel, unter Mitarbeit von André Caquot u. Johann Michl, Freiburg/Basel/Wien 1968 (Handbuch der Dogmengeschichte. II. 2b).

TRUNZ, Erich, Andreas Gryphius Gedicht "An die Sternen", in: Interpretationen, hrsg. v. Jost Schillemeit, Bd. 1: Deutsche Lyrik von Weckherlin bis Benn, Frankfurt a.M./Hamburg 1965, S. 19-27.

- Andreas Gryphius: Über die Geburt Jesu, in: Die deutsche Lyrik. Form und Geschichte. Interpretationen, hrsg. v. Benno von Wiese, Bd. 1: Vom Mittelalter bis zur Frühromantik, Düsseldorf 1956, S. 133-138.

VALENTIN, Jean-Marie, Le théâtre des Jésuites dans les pays de langue allemande <1554-1680>. Salut des âmes et ordre des cités, 3 Bde., Bern/Frankfurt a.M./Las Vegas 1978 (Berner Beiträge zur Barockgermanistik. 3/1-3).

VERWEYEN, Theodor / WITTING, Gunther, Das Epigramm. Beschreibungsprobleme einer Gattung und ihrer Geschichte, in: Simpliciana 11 (1989), S. 161-180.

WALLMAN, Johannes, Johann Arndt und die protestantische Frömmigkeit. Zur Rezeption der mittelalterlichen Mystik im Luthertum, in: Frömmigkeit in der frühen Neuzeit. Studien zur religiösen Literatur des 17. Jahrhunderts in Deutschland, hrsg. v. Dieter Breuer, Amsterdam 1984 (Chloe. Beihefte zum Daphnis. 2), S. 50-74.

WARSZAWSKI, Józef, Mickiewicz uczniem Sarbiewskiego, Rom 1964.

WEBER, Albrecht, Lux in tenebris lucet. Zu Andreas Gryphius' Gedicht "Über die Geburt Jesu", in: Wirkendes Wort 7 (1956/57), S. 13-16.

WEHRLI, Max, Andreas Gryphius und die Dichtung der Jesuiten, in: Stimmen der Zeit 175 (1965), S. 25-39.

- Catharina Regina von Greiffenberg, in: Schweizer Monatshefte 45 (1966), S. 577-582.

- Dichter und Weltraum, in: Schweizer Monatshefte 41 (1961), S. 881-892.

WEISZ, Jutta, Das deutsche Epigramm des 17. Jahrhunderts, Stuttgart 1979 (Germanistische Abhandlungen. 49).

WEYDT, Günther, Sonettkunst des Barock. Zum Problem der Umarbeitung bei Andreas Gryphius, in: Jahrbuch der Deutschen Schillergesellschaft 9 (1965), S. 1-32.

WIEDEMANN, Conrad, Andreas Gryphius, in: Deutsche Dichter des 17. Jahrhunderts. Ihr Leben und Werk, hrsg. v. Harald Steinhagen u. Benno von Wiese, Berlin 1984, S. 435-472.

- Engel, Geist und Feuer. Zum Dichterselbstverständnis bei Johann Klaj, Catharina Regina von Greiffenberg und Quirinus Kuhlmann, in: Literatur und Geistesgeschichte, Festschrift Heinz Otto Burger, Berlin 1968, S. 85-109.

WIETFELDT, Willard James, The Emblem Literature of Johann Michael Dilherr <1604-1669>, an important preacher, educator and poet in Nürnberg, Nürnberg 1975 (Nürnberger Werkstücke zur Stadt- und Landesgeschichte. 15).

WILDIERS, Norbert Max, Weltbild und Theologie. Vom Mittelalter bis heute, Zürich/Einsiedeln/Köln 1974.

WINDFUHR, Manfred, Die barocke Bildlichkeit und ihre Kritiker. Stilhaltungen in der deutschen Literatur des 17. und 18. Jahrhunderts, Stuttgart 1966 (Germanistische Abhandlungen. 15).

3. Nachschlagewerke

BIOGRAPHIE NATIONALE, publiée par l'académie royale des sciences, des lettres et des beaux-arts de Belgique, Bruxelles 1866-.

BIRCHER, Martin, Deutsche Drucke des Barock 1600-1720 in der Herzog August Bibliothek Wolfenbüttel, Abteilung B. Mittlere Aufstellung, Bd. 3: Theologie 1: A-E, München/New York/London/Paris 1986.

BÜCHMANN, Georg, Geflügelte Worte. Der Zitatenschatz des deutschen Volkes, 31. Aufl., durchgesehen v. Alfred Grunow, Berlin 1964.

FEJÉR, Joseph, Defuncti primi saeculi societatis Jesu, 1540-1640, Pars I: Assistentia Italiae et Germaniae (cum Galliae usque ad 1607), Rom 1982.

GRIMM, Jakob und Wilhelm, Deutsches Wörterbuch, Leipzig 1854-.

GUILHERMY, Elesban de, Ménologe de la Compagnie de Jésus. Assistance de Germanie. Seconde Série, seconde partie, Paris 1899.

HEDERICH, Benjamin, Gründliches mythologisches Lexikon, Nachdruck der Ausg. Leipzig 1770, Darmstadt 1967.

HENKEL, Arthur / SCHÖNE, Albrecht (Hrsg.), Emblemata. Handbuch zur Sinnbildkunst des 16. und 17. Jahrhunderts, Stuttgart 1967.

HOEFER (Hrsg.), Nouvelle Biographie générale depuis les temps les plus reculés jusqu'à nos jours, Paris 1855-.

HÖFER, Josef / RAHNER, Karl, Lexikon für Theologie und Kirche, 2., völlig neu bearbeitete Aufl., Freiburg i.Br. 1957-.

HOFFMEISTER, Johannes (Hrsg.), Wörterbuch der philosophischen Begriffe, 2. Aufl., Hamburg 1955 (Philosophische Bibliothek. 225).

JÖCHER, Christian Gottlieb, Allgemeines Gelehrten-Lexikon, Leipzig 1750-.

KIRSCHBAUM, Engelbert (Hrsg.), Lexikon der christlichen Ikonographie, Rom/Freiburg/Basel/Wien 1968-.

LEXIKON DES MITTELALTERS, München/Zürich 1980-.

LURKER, Manfred, Wörterbuch biblischer Bilder und Symbole, München 1973.

RITTER, Joachim (Hrsg.), Historisches Wörterbuch der Philosophie, Darmstadt 1971-.

SCHMITT, Otto (Hrsg.), Reallexikon zur deutschen Kunstgeschichte, Stuttgart 1937-.

[SOMMERVOGEL, Carlos], Bibliothèque de la Compagnie de Jésus, Première partie: Bibliographie, par Augustin et Aloys de Bakker, Seconde partie: Histoire, par Auguste Carayon, Nouvelle Edition par Carlos Sommervogel, 11 Bde. u. 1 Erg.Bd., Brüssel/Paris 1890- (Nachdr. Louvain 1960).

SOTVELLUS, Nathanael, Bibliotheca scriptorum Societatis Iesu. Rom 1676.

ZEDLER, Johann Heinrich, Grosses vollständiges Universal-Lexikon, Nachdruck der Ausg. Halle/Leipzig 1732-1754, Graz 1961-1964.